U0733133

1+X 现代酒店服务质量管理职业技能等级证书配套教材

酒店管理与数字化运营专业"岗课赛证"融通教材

现代酒店管理
与数字化运营

主　编　金　辉
　　　　李　达
　　　　王　晨
副主编　史雪梅
　　　　王光健
　　　　王培来
　　　　苏　炜
　　　　谢　强
　　　　陈海燕

中国教育出版传媒集团
高等教育出版社·北京

内容提要

本书紧紧围绕学习者职业能力培养和现代酒店业数字化发展的要求，以连锁酒店单店总经理能力要求为模型，综合酒店业真实的生态环境，详细、系统、生动地阐述了现代酒店管理与数字化运营的基本理论与实践。全书共设置 5 个模块，包括服务设计、服务标准化、服务营销、交付与管控、督导与培训，各模块均包括 6 个任务，每个任务设有任务目标、总经理日记、知识链接、练一练、拓展资料等栏目。同时引入大量相关案例资料，加入实训项目，遵循职业教育教学规律，合理分配理论与实训的比例，注重实训教学和酒店运营能力的培养，具有较强的指导性和实操性，以贴近酒店专业学生的实际需求。

本书配套建设有丰富的数字化教学资源，可通过扫描二维码进行在线学习，提升学生学习兴趣，助力学生在学习的同时进行多元化能力的提升。

本书可作为高等职业院校、职业本科院校、应用型本科院校及中等职业学校酒店类专业的教材，也可作为 1+X 现代酒店服务质量管理职业技能等级证书配套教材(初级和中级)，还可供相关从业人士作为业务参考书学习使用。

图书在版编目（ＣＩＰ）数据

现代酒店管理与数字化运营 / 金辉，李达，王晨主编. -- 北京：高等教育出版社，2023.4
ISBN 978-7-04-059454-6

Ⅰ. ①现…　Ⅱ. ①金…②李…③王…　Ⅲ. ①饭店－运营管理－高等学校－教材　Ⅳ. ①F719.2

中国版本图书馆CIP数据核字（2022）第183961号

Xiandai Jiudian Guanli Yu Shuzihua Yunying

| 策划编辑 | 张　卫 | 责任编辑 | 张　卫 | 封面设计 | 王　琰 | 版式设计 | 王艳红 |
| 责任绘图 | 李沛蓉 | 责任校对 | 马鑫蕊 | 责任印制 | 耿　轩 | | |

出版发行	高等教育出版社	网　　址	http://www.hep.edu.cn
社　　址	北京市西城区德外大街 4 号		http://www.hep.com.cn
邮政编码	100120	网上订购	http://www.hepmall.com.cn
印　　刷	河北信瑞彩印刷有限公司		http://www.hepmall.com
开　　本	787mm×1092mm　1/16		http://www.hepmall.cn
印　　张	17.5		
字　　数	400 千字	版　　次	2023 年 4 月第 1 版
购书热线	010-58581118	印　　次	2023 年 11 月第 2 次印刷
咨询电话	400-810-0598	定　　价	49.00 元

教材编委会

主　编

金　辉　李　达　王　晨

副主编

史雪梅　　王光健　　王培来　　苏　炜　　谢　强　　陈海燕

参　编

孙清一　　宋洪方　　王　彬　　吴　平　　荣跃武　　楼　侃

龚　伟　　刘　玉　　孙文颖　　张新峰　　齐　琳　　王立进

寸海梅　　宋锦波　　李微微　　杜艳葶　　郭小东

非常高兴看到《现代酒店管理与数字化运营》教材的正式出版,这是一部凝聚了华住团队几十名员工500多个日日夜夜的心血之作。作为这套教材的主编,我特别想对所有帮助和指导我们的专家们表示衷心的感谢!

随着经济社会和商业模式的不断发展与变化,中国的人才培养模式也迎来了一个全新的时代。社会对职业化人才的需求也在快速更新迭代,过去标准化的学历教育体系,容易造成产学脱节,学非所用,特别是在产业数字化转型加速、商业模式不断创新的背景下,传统职业教育必须迎来新的发展和突破,才能跟上时代的发展。自2019年开始试点的1+X职业技能等级证书制度,正是国家对职业教育改革的重要部署,也是在教育制度设计层面的重大创新。华住能够参与到这一重大的教育变革中,我们深感荣幸,也感受到肩上沉甸甸的责任。本教材全面贯彻党的二十大提出的"产教融合、科教融汇,优化职业教育类型定位"等精神,通过引入华住这样的企业力量参与职业教育,可以将酒店行业发展的最新实践和创新思考融入学校的人才培养过程中。而这本教材,正是将我们的行业最佳实践总结沉淀为教学课程,都是"有血有肉"的干货,可以作为学历教育的有力补充。

我们看到,中国的酒店业虽然市场总量足够大,但长期处在单体规模小、盈利能力低的困境中。酒店服务的可靠性也难以满足消费者日益增长的需求,导致信任危机频发,运营质量低下。但我们坚信,拥有悠久东方文化的这份底蕴足以塑造出世界级的服务和管理,而中国要从服务业大国升级为服务业强国,实现高质量发展的基础在于人才的培养! 中国服务和中国酒店业能否崛起的关键在于我们是否有能力培养出全新一代的世界级管理者!

"鲜衣怒马少年时,不负韶华行且知"。希望这本教材,以及华住搭建的真实教学场景,能让各位学子在人生最好的年华里,收获知行合一的学习体验,真正理解酒店人的艰辛与骄傲。"江山代有才人出",祝中国酒店业生生不息,愿中国服务早日站上世界之巅!

金辉

华住集团首席执行官

2023年1月

2021年,教育部印发了《职业教育专业目录(2021年)》,将智能、智慧、数字化等内涵有机融合到专业名称中,切实将专业升级与数字化改造落地落实,酒店管理专业名称也改为酒店管理与数字化运营。

这次专业目录的修订,改变的不仅是专业名称,更是增强职业教育适应性的时代期许。酒店管理与数字化运营专业自更名以来,职业教育战线的同仁进行了广泛的学理思考、理论研究和实践探索,概括起来,专业转型升级有三种模式和路径:一是课程和教学内容的重组,将原来酒店管理专业涉及信息化的课程和教学内容等进行重组,形成数字化课程;二是尝试"软件"数字化变革,购买虚拟仿真、沙盘对抗等软件来建设数字化教室,将传统教学内容与新软件结合,从而改变教学的内容和形式;三是通过"硬件"数字化推动专业数字化,构建基于真实场景的数字化教学环境,引入企业真实运行的数字技术和数据体系,潜移默化地将数字化技术、数字化思维和数字化能力等融入课程和专业发展。这些探索对推进酒店管理与数字化运营专业建设都是积极和有益的。

但在教育教学过程中,对原有知识与数字化如何深度融合、对哪些知识点进行数字化升级等问题,还有不少困惑和分歧。我想,解决这些问题最好的办法,就是到行业企业去,到酒店去,以酒店业的数字化转型实践,来解答教育教学中的问题。酒店业在数字化技术方面的探索和应用,就是职业教育专业建设中应该教和学的内容。

党的二十大对数字中国战略作出了新的部署。华住集团作为中国酒店行业的头部企业和酒店数字化运营实践的行业领先企业,已经在酒店管理与数字化运营方面深耕多年、成效显著,有力推动了中国酒店业的数字化转型和升级。在华住集团的积极组织下,青岛酒店管理职业技术学院、无锡商业职业技术学院、上海旅游高等专科学校、云南旅游职业学院、南京旅游职业学院联合编写了《现代酒店管理与数字化运营》一书。本教材有机融入和介绍了华住集团构建的"线上(华住会App/小程序)+线下(易掌柜系统为门店服务入口)+中台(PMS系统、CRM系统、赋能加盟商)"的数字化服务体系,推出了"易系列"数字化产品,如易客房、易早餐、易掌柜、易维修、易发票等等,通过酒店业真实的生态环境,服务职业教育数字化转型和人才培养,非常有意义。

但要真正实现酒店管理与数字化的有机融合,要走的路还很长。比如,如何利用酒店各种信息化平台多年累积的海量数据进行分析和提炼,对顾客进行"画像",开展精准营销;如何通过大数据分析,优化工作流程,降低运营成本;如何通过数字化升级,使信息传递更便捷、更精准、更高效,从而使管理层级扁平化等等,让大数据形成生产力,产出效益,这应该是数字化转型升级要关注的重点,欢迎更多业界和学界的朋友参与到这种探索和交流中来。

　　本书付梓在即,衷心感谢编写团队夜以继日、几易其稿的辛勤付出,感谢高等教育出版社编辑的专业指导和热心帮助。由于编者水平有限,本书难免存在缺憾与不足之处,敬请专家和广大读者不吝赐教。

教育部全国旅游职业教育教学指导委员会副主任委员

青岛酒店管理职业技术学院党委书记

2023 年 1 月

  "增进民生福祉,提高人民生活品质"是党和国家一直要实现好、维护好、发展好最广大人民的根本利益所在。而我们华住人的使命就是:成就美好生活。在我们的理解中,共同的美好生活不仅源于自身的努力,更需要我们这一代人率先垂范去构建一个良性的服务生态圈,让人们感受更多快乐,让生活更加美好。

  无论是国家发展还是产业升级,人才都是第一资源、创新都是第一动力。在全国推进文化和旅游深度融合发展的新时代中,培养造就大批德才兼备的高素质人才,是民族和产业的长远发展大计。在过去的十多年里,我们一直在尝试回答:新时代需要什么样的人才?学生需要什么样的成长道路?客户需要什么样的服务?伴随着诸多的思考和追寻,我们聚焦未来,把心血和力气充分投入到人才培养中来,我们将华住优秀的理念以及先进的数字化实践分享出来,赋能行业,培养更多的酒店数字化复合型人才。

  党的二十大明确提出"育人的根本在于立德",我们倡导和强化职业道德、劳模精神和工匠精神的培育,推进知行合一、工学结合。我们研发的这本教材,承载了酒店业对于高素质技术技能人才培养的期待。同时我们也更希望广大学习者通过教材的学习,能够清楚地看到国内的本土酒店品牌已有的突破性实践和实力,短短二十多年发展到与世界领先酒店集团同等的水平,增强民族自信、历史自信和文化自信。

  教材出版在即,感谢参与教材编写的各位专家以及华住集团的骨干,大家的辛劳让人钦佩。也很欣慰我们能够有机会代表行业把积累了 25 年的中国本土连锁酒店实践智慧向院校传播,为行业的未来做贡献。我们深信,这本教材的推广与应用,必将助力我们共同创造中国酒店业美好未来。但由于经验时间所限,不足之处在所难免,我们诚挚期待各方批评指正。

  华住能有机会代表国内连锁酒店参与到国家 1+X 证书制度试点工作中来,我们倍感荣幸同时也深知任重道远。我们衷心希望,通过我们的努力和项目的实施,有更多的年轻人加入酒店行业中来,为民族品牌的崛起而努力,一起成就共同的美好生活!

华住集团高级副总裁

2023 年 1 月

党的二十大对加快建设网络强国、数字中国作出一系列新部署,指出要加快发展数字经济,促进数字经济和实体经济深度融合,这为中国酒店业的发展指明了新的发展方向。2019 年,教育部、国家发改委、财政部、市场监管总局联合印发了《关于在院校实施"学历证书 + 若干职业技能等级证书"制度试点方案》,部署启动"学历证书 + 若干职业技能等级证书"(简称 1+X 证书)制度试点工作。将学历证书与职业技能等级证书相结合,探索推行 1+X 证书制度,也是《国家职业教育改革实施方案》中的一项重要部署,是一项重要的制度创新。2020 年,华住集团申报的现代酒店服务质量管理职业技能等级证书成功入选了教育部公布的"第四批职业教育培训评价组织和职业技能等级证书试点名单"。1+X 现代酒店服务质量管理职业技能等级证书植根酒店数字化的基因,以"中国服务"和"中国酒店职业教育"的理念赋能中国职业教育的发展、改革和创新。

2021 年,教育部将高职酒店管理专业更名为酒店管理与数字化运营专业,酒店专业的数字化职业教育改革的重要性日益凸显。华住集团作为中国酒店行业的重要企业和酒店数字化运营和实践的行业领先企业,已经在酒店管理与数字化运营方面深耕多年、成效显著,有力推动了中国酒店业的数字化转型和升级。同时,将华住好的做法和经验融入学校的教育中,助力中国酒店管理专业的"三教"改革。

本教材由华住集团和青岛酒店管理职业技术学院联合牵头编写,并负责教材大纲的审定和教材内容的统稿工作。具体编写分工如下:第一模块由青岛酒店管理职业技术学院组织编写,第二模块由无锡商业职业技术学院组织编写,第三模块由上海旅游高等专科学校组织编写,第四模块由云南旅游职业学院组织编写,第五模块由南京旅游职业学院组织编写。

在教材出版之际,首先要对编写团队的所有成员致以最真挚的谢意,其辛勤的付出让教材得以顺利出版,同时也要感谢高等教育出版社编辑的专业指导与热心帮助,使教材在编写过程中思路更为开阔、清晰。本教材在编写的过程中参考和借鉴了酒店行业诸多同行和专家的优秀研究成果,在此一并表示由衷的感谢!由于编者水平有限,本书难免存在缺憾与不足之处,敬请专家和广大读者不吝指正。

编者

2023 年 1 月

目录 <<<<<<<

二维码资源目录 <<<<<<

模块一　服务设计

模块导读

　　随着科技进步和人们对服务质量要求的不断提高,服务质量观念也在不断深化。当人们对现有产品服务感到不能满足,或者希望有一种更好、更优质的产品服务来取代,而酒店服务创新领域供给不足时,这时服务设计的存在就能很好地解决问题。

　　在做服务设计时须以设计目标为导向,以顾客为中心,思考让自己的设计打动客户,让客户感受到你的专业服务,这些都需要有富有创意的表达和过硬的专业技能。

　　本模块主要从仪容仪表设计、安全制度制定、卫生计划制定、早餐标准流程制定、组织架构设计、服务功能规划六个方面展开,尝试探讨如何进行服务设计,向多个跨渠道的客户提供更好、更新、更全面的服务体验。

■ **思维导图**

```
                                              ┌─────────────────┐
                              ┌──────────────┤   仪容仪表规范    │
                  ┌──────────┐│               └─────────────────┘
                  │仪容仪表设计├┤               ┌─────────────────┐
                  └──────────┘├──────────────┤   优雅礼仪规范    │
                              │               └─────────────────┘
                              │               ┌─────────────────┐
                              └──────────────┤华住集团《黄金手册》│
                                              └─────────────────┘

                                              ┌─────────────────┐
                              ┌──────────────┤   安全管理纲要    │
                              │               └─────────────────┘
                              │               ┌─────────────────┐
                  ┌──────────┐├──────────────┤ 酒店安全制度的内容 │
                  │安全制度制定├┤              └─────────────────┘
                  └──────────┘├──────────────┤ 酒店安全制度的制定 │
                              │               └─────────────────┘
                              ├──────────────┤酒店安全事故应急预案举例│
                              │               └─────────────────┘
                              └──────────────┤华住集团数字化安全管理│
                                              └─────────────────┘

                                              ┌─────────────────┐
                              ┌──────────────┤ 客房单项清洁计划  │
                              │               └─────────────────┘
                  ┌──────────┐├──────────────┤楼层公区单项清洁计划│
                  │卫生计划制定├┤              └─────────────────┘
                  └──────────┘├──────────────┤华住集团干净"5+5"原则│
                              │               └─────────────────┘
                              └──────────────┤易客房设置卫生计划 │
                                              └─────────────────┘
  ┌──────┐
  │服务设计│
  └──────┘                                    ┌─────────────────┐
                              ┌──────────────┤ 酒店早餐的类型   │
                              │               └─────────────────┘
                  ┌──────────┐├──────────────┤  早餐备餐程序    │
                  │早餐标准流程├┤              └─────────────────┘
                  │   制定    ├──────────────┤  早餐服务流程    │
                  └──────────┘│               └─────────────────┘
                              ├──────────────┤  餐厅收餐程序    │
                              │               └─────────────────┘
                              └──────────────┤ 数字化核销早餐流程 │
                                              └─────────────────┘

                                              ┌─────────────────┐
                              ┌──────────────┤ 组织架构设计的基本原则│
                              │               └─────────────────┘
                              ├──────────────┤数字化时代组织设计的演变和发展│
                              │               └─────────────────┘
                  ┌──────────┐├──────────────┤华住集团组织数字化方案│
                  │组织架构设计├┤              └─────────────────┘
                  └──────────┘├──────────────┤常见的酒店组织架构类型│
                              │               └─────────────────┘
                              ├──────────────┤酒店组织架构设计的内容│
                              │               └─────────────────┘
                              └──────────────┤酒店组织架构设计的程序│
                                              └─────────────────┘

                                              ┌─────────────────┐
                              ┌──────────────┤   服务设计思维    │
                              │               └─────────────────┘
                  ┌──────────┐├──────────────┤服务设计因素和服务蓝图│
                  │服务功能规划├┤              └─────────────────┘
                  └──────────┘├──────────────┤阅读和使用服务蓝图 │
                              │               └─────────────────┘
                              └──────────────┤ 酒店服务蓝图示例  │
                                              └─────────────────┘
```

任务一 仪容仪表设计

任务目标

1. 了解仪容仪表的重要性
2. 熟悉酒店仪容仪表的基本要求
3. 掌握酒店仪容仪表设计的基本规范

总经理日记

不一样的面试

2021 年 10 月 16 日 晴

今天,小岳和小陈来酒店应聘。小岳是店里值班经理小张介绍的应届毕业生,不知是不是因为有朋友的事先介绍,对于此次面试,小岳并未表现出太在意。约定的时间已过去五分钟,才见小岳不急不忙地走进店里,他穿着一件皱皱的格子衬衫,显得无精打采。另一位面试者小陈也是今年的应届毕业生,他提前 15 分钟便来到店里。恰好我在前台,很快注意到他:整洁得体的着装,整齐流畅的发型,都给人以精神、干练的感觉。甚至在临进门时,他还上下打量了一下自己,自觉地在地垫上擦了擦鞋底,进门后随手将门轻轻关上。跟他交谈时,他注意倾听,回答问题准确、迅速,我们的交谈十分愉快。最后,我录用了小陈。

不注意仪表,给人的第一印象是缺乏事业心、条理性较差,会给工作和人际交往带来负面影响。

小陈应聘的是前台岗位,下周就会来酒店正式上班。很期待小陈今后在前台这一岗位上的工作表现,我也会继续关注小陈,给予他一定的岗位培训。希望小陈的饱满热情和良好的形象管理不仅可以感染身边的同事,也可以给予客户良好的印象。

请思考:为什么"我"会对小陈有这么高的评价和期许?我们是否应该向小陈学习,从细节做起,注意个人的仪容仪表?那么,在酒店的日常工作中,怎样的仪容仪表才能给人留下良好的第一印象呢?

知识链接

《荀子·修身》有云:"人无礼则不生,事无礼则不成,国家无礼则不宁。"

礼仪,是中华民族数千年文明的基础,是中华文明得以绵延不绝的重要保障。在汉语中,"礼"和"仪"是两个词。《说文解字》中有"礼,禮履也。所以事神致福也,从示从豊",意思是礼是指用盛玉的器具祭祀神和人的活动,目的是事奉天地鬼神,求其降福于人;"仪:度也"(段玉裁注:度,法制也),意思是仪的本意指法制、准则、标准、典范,后引申为仪表、礼节、仪式。

在现代社会,礼仪是人们在长期共同生活和交往过程中逐渐形成的,是人们为维系社会正常生活而共同遵守的道德规范和行为准则,是人们在社会的各种具体交往中为了表示相互尊重,在仪表、仪容、仪态、仪式、言谈举止等方面约定俗成的、共同认可的规范和程序。

在酒店的日常工作中,员工的仪容仪表是酒店一张无形的"名片",良好的仪容仪表可以使顾客感受到尊重、提升其入住体验。因此,仪容仪表设计对酒店服务品质的提高具有重大意义。

一、仪容仪表规范

(一)仪容

1. 男士

发型要求:短发为宜,前不覆额,后不抵领,侧不盖耳,可适当使用发胶或发蜡。

面部修饰:面部干净、整洁,保持面部干爽,无油光,不留胡须。

2. 女士

发型要求:前不过眉,侧不盖耳,后不抵领,中长发须束马尾或盘发。

面部修饰:面部干净、整洁,在工作时间内须化淡妆。

(二)仪表

1. 男士着装

(1)服装要求。

① 工装须常换洗并熨烫,保持干净挺括,无污垢,无破损。

② 工装穿戴整齐,不可缺件,扣子齐全,须扣紧。

③ 衣领、袖口保持干净,不可将衣袖、裤脚挽起。

④ 着黑色光面系带皮鞋,鞋面为黑色、鞋跟不超过 4 厘米。

⑤ 着纯黑短袜,干净,无破损,禁止穿白色、花色袜子。

(2)饰品要求。

① 领带干净笔挺,领带结端正,领带长度适宜。

② 工牌、徽章按岗位要求标准佩戴左胸前,位置端正,无锈迹。

③ 工装口袋应保持平整,避免因装过多东西而鼓起。

④ 皮带、裤腰处不可挂钥匙、手机等物件。

⑤ 手腕除手表外无任何饰品。

（3）个人卫生要求。

① 手部干净、清爽，指甲修剪整齐，无污垢。

② 整体干净整洁，无头屑、无异味。

（4）精神面貌要求。自然、大方、不矫作，整齐清洁，精神奕奕，充满活力。

2. 女士着装

（1）服装要求。

① 工装须常换洗并熨烫，保持干净挺括，无污垢，无破损。

② 工装穿戴整齐，不可缺件，扣子齐全，须扣紧。

③ 衣领、袖口保持干净，不可将衣袖、裤脚挽起。

④ 须穿肉色丝袜、黑色光面浅帮高跟鞋（跟高 3~5 厘米），鞋面干净、光亮，不露脚趾和脚跟。

（2）饰品要求。

① 只可佩戴直径不超过 5 毫米的素色无坠耳钉。

② 可佩戴设计简单的细项链。

③ 工牌、徽章按岗位要求佩戴于左胸前，位置端正，无锈迹。

④ 工装口袋应保持平整，避免因装过多东西而鼓起。

⑤ 皮带、裤腰处不可挂钥匙、手机等物件。

⑥ 手腕除手表外无任何饰品。

⑦ 袜子干净，无破损，禁止穿有花纹的丝袜。

（3）个人卫生要求。

① 手部干净、清爽，指甲修剪整齐，无污垢，不涂颜色艳丽的指甲油；除婚戒外，不得佩戴任何首饰。

② 干净整洁，无头屑、无异味。

（4）精神面貌。自然、大方、不矫作，整齐清洁，精神奕奕，充满活力。

（三）仪态

1. 微笑

微笑是一种通用语言，能体现一个人的热情、修养和魅力。真正的微笑是发自内心的，是一种真情流露。只有理解顾客的需求之后，才会产生同理心和责任感，从而发自内心地、主动地向顾客提供微笑服务。

2. 眼神

眼睛是心灵之窗，人们可以借助眼神传递各种信息。与人交谈时，自然地注视对方，是一种礼貌和尊重。正确的目光是自然地注视对方眉毛至鼻梁的区域，不左顾右盼，也不紧盯对方。在道别或握手时，应该注视着对方的眼睛。

3. 站姿

站姿是人最基本的姿势，优美、典雅的站姿能体现一种静态美。服务人员站立时身体应朝向正前方，挺胸，收腹，手和脚的姿势如下：

（1）手。女士双手交叠于小腹前方,手指并拢,两手虎口相交;男士左手握空拳,右手握在左手手腕处。

（2）脚。脚尖正朝前方,女士双腿并拢,男士双脚之间距离与肩同宽。

4. 坐姿

（1）女员工的坐姿标准。从椅子的左边入座,坐椅子的前三分之二位置;穿裙子时,入座前要将裙子捋平;上身挺拔、收腹挺胸、双肩后展下沉;膝盖并拢、双脚并拢;双手虎口相嵌自然叠放在两腿之上;眼睛平视前方、面带微笑。

（2）男员工的坐姿标准。从椅子的左边入座,坐椅子的前三分之二位置;上身挺拔、收腹挺胸、双肩后展下沉;双脚分开与肩同宽;双手自然叠放在两腿的膝盖上;眼睛平视前方、面带微笑。

5. 走姿

（1）女员工走姿标准。

① 女士走路应步子小、频率快。

② 头部端正,目光平视前方。

③ 上身自然挺直,收腹。

④ 两臂在身体两侧自然摆动。

⑤ 脚尖朝前,走在两条靠近的平行线上,两膝轻微摩擦。

⑥ 步态自如、轻柔,有节奏感,显出端庄文雅的淑女形象和良好的工作效率。

（2）男员工的走姿标准。

① 男士走路应步子大、频率快。

② 头部端正,下颌微收,闭口,目光平视前方。

③ 上身不动,两肩不摇,收腹。

④ 两臂在身体两侧自然摆动。

⑤ 步态稳健,显出得体的绅士风度。

6. 蹲姿

（1）女员工蹲姿标准。下蹲时左脚在前,右脚稍后,两腿靠紧向下蹲。左脚全脚着地,右脚脚尖着地,基本上以右腿支撑身体。用一手拾物,另一手搭在裙边,注意膝盖不能朝前方。

（2）男员工蹲姿标准。下蹲时左脚在前,右脚在后,两腿垂直向下蹲。左脚全脚着地,小腿基本垂直于地面,基本上以右腿支撑身体。用一手拾物,另一手自然搭在膝盖上面。

（四）注意事项

员工整理仪容仪表,维护自我形象的全部工作应在"幕后"进行,绝不可在客人面前打领带、提裤子、整理内衣、照镜子、抹口红等,这些行为会给人留下无教养、不尊重他人的印象。

二、优雅礼仪规范

（一）语言沟通

在语言沟通中,应使用如下礼貌用语。

1. "五声"礼貌用语

(1) 顾客来到时有迎客声。

(2) 遇到顾客时有称呼声。

(3) 受人帮助时有致谢声。

(4) 麻烦顾客时有道歉声。

(5) 顾客离店时有送客声。

2. "十字"礼貌用语

"十字"礼貌用语如下：请、您好、对不起、谢谢、再见。应请字不离口、谢字随身走。

3. 问候

问候用语如下：您好，早上好，下午好，晚上好，祝您入住愉快。

4. 致谢

致谢用语如下：× 先生/女士，谢谢；十分感谢；非常感谢。

5. 迎送

欢迎用语如下：欢迎光临 ×× 酒店；请这边走；请跟我来；您慢走，期待您下次入住；× 先生/女生，您慢走，再见。

6. 征询

征询用语如下：请问有什么可以帮到您？请问您还有其他需要吗？这里有……请问您想要哪一种？让我来帮您。

7. 应答

应答用语如下：请稍等；好的，没问题；好的，我马上过来；这是我的荣幸；不客气；不用谢，这是我应该做的。

8. 致歉

致歉用语如下：很抱歉先生，为了您的安全，我们需要核对一下您的身份证；抱歉，让您久等了，请稍候；对不起；抱歉，打扰您；给您添麻烦了。

9. 赞赏

赞赏用语如下：感谢您的理解；感谢您的宝贵意见。

10. 祝贺

祝贺用语如下：祝您生日快乐；祝您新春愉快；祝您入住愉快。

(二) 举止礼仪

服务人员递送房卡、发票等物品时，应用双手。

1. 递送房卡

(1) 双手拿住房卡两角，正面朝上递给顾客并指引上面的房间号（勿报出房号，字体正面朝向顾客）。

(2) 话术：× 先生/× 女士，这是您的房卡（并指引房号），入住期间有任何需求欢迎致电前台，祝您入住愉快。

2. 递送发票

(1) 为顾客打印好发票后双手拿住上方两个小角，正面朝上递给顾客（字体正面朝向顾客）。

(2) 话术：× 先生 / × 女士，这是您的发票，请您核对信息。

（三）接待礼仪

1. 指引手势

(1) 走廊引路。

① 应走在顾客左前方的两三步处。

② 自己走在走廊左侧，让顾客走在走廊中央。

③ 与顾客的步伐保持一致，并适当做些介绍。

(2) 楼梯间引路。

① 让顾客走在右侧，自己走在左侧。

② 遇拐弯或有楼梯台阶的地方应使用引导手势，并提醒顾客"这边请"或"注意台阶"等。

2. 电话礼仪

(1) 三声内接听，因故未及时接听说抱歉。

(2) 应先问候，再报酒店名称，如"您好，×× 酒店 / 前台。请问有什么可以帮您？"

(3) 声音适中、愉快、亲切。

(4) 微笑接听电话，你的微笑让对方能感受到。

(5) 一只手接电话，另一只手可做记录。

(6) 道别前，询问"请问还有什么可以帮您？"或者使用"× 先生 / 女士，感谢您的来电，期待您的入住"等道别用语，等待顾客先挂机后再挂机。

3. 奉茶

(1) 一位顾客时。左手托杯底，右手握杯身下半部分（酒店标志朝向客人），便于客人取用。

(2) 多位顾客时。使用托盘，酒店标志向外，如有杯柄（马克杯 / 咖啡杯），杯柄向右。

(3) 话术。

春 / 夏："尊敬的 × 先生 / 女士，天气干燥 / 炎热，请您喝杯 ××× 茶润润喉。"

秋 / 冬："尊敬的 × 先生 / 女士，天气转凉 / 寒冷，请您喝杯 ××× 茶暖暖身。"

4. 护梯

(1) 来到电梯厅门前，先按电梯按钮。

(2) 一般将左手放在腹部，右手臂挡住电梯侧门。

(3) 到达目的楼层，待电梯门打开后，做出请顾客先出的动作，可说："×× 层到了，请您先行。"

三、华住集团《黄金手册》

由于仪容仪表规范对员工及酒店的重要性，华住集团秉承以顾客为中心的理念，以服务规范为目标，编制了《黄金手册》作为规范员工的行为准则。《黄金手册》内容简洁凝练，从信条、观念等方面出发，形成 12 条行为准则，主要内容包括以下几点。

1. 黄金准则

常怀感谢之心，从顾客角度看问题。

2. 服务信条

待客如亲友，心怀善意、乐意。

3. 服务三部曲

（1）温暖而愉快地问候。

（2）及时热情地响应客人需求，如果无法满足客人需求，寻找替代的方法。

（3）愉快地道别，以姓氏称呼客人。

4. 服务观念

（1）我代表华住，我要赢得客人的信任和好感。

（2）帮助客人是我真正的工作，不限于我的日常职责。

（3）我言行举止得体和有素养。

（4）客户不满意时，接受抱怨，诚恳道歉并设法改善，不论是否是我个人的错误。

5. 经营观念

（1）我们交付的产品和服务质量可靠。清洁和安全居首位。

（2）我们努力让每位客人都乐意成为回头客。

（3）我们用心倾听，持续改进。

练一练

一、单项选择题

1. 对于酒店员工，男士着装时要求黑色光面系带皮鞋、鞋底为黑色，鞋跟不可超过（　　　）。

A. 3 厘米　　　　　　B. 4 厘米　　　　　　C. 5 厘米　　　　　　D. 6 厘米

2. 女士着装中要求只可佩戴不超过（　　　）的素色无坠耳钉。

A. 4 毫米　　　　　　B. 5 毫米　　　　　　C. 8 毫米　　　　　　D. 10 毫米

3. 坐椅子时，应该坐在椅子的前（　　　）左右的位置。

A. 三分之一　　　　　B. 三分之二　　　　　C. 四分之一　　　　　D. 二分之一

4. 下列有关仪容卫生的叙述正确的有（　　　）。

A. 男员工可以烫发，但鬓角不应盖过耳部

B. 为了美观可以涂颜色艳丽的指甲油

C. 在酒店岗位上可以戴任何款式的耳环和戒指

D. 女员工可适当化妆，但应以浅妆、淡妆为宜

5. 接电话礼仪中要求电话铃响（　　　）之内接起电话。

A. 一声　　　　　　　B. 两声　　　　　　　C. 三声　　　　　　　D. 四声

二、判断题

1. 在给顾客递送房卡时,应双手拿住房卡两角,正面朝上递给顾客,指引上面的房间号,并报出房间号。 （　　）

2. 在给顾客奉茶时,应右手托杯底,左手握杯身下半部分,并把酒店的标志朝向客人。 （　　）

三、填空题

某酒店的企业文化是 ××××,其定位是 ××××。请你利用本任务所提供的相关知识与资料库,基于该酒店的特点来填写以下体现酒店各工位精神风貌的简要仪容仪表规范文件。

××酒店员工仪容仪表规范文件

一、仪态

1. 员工在岗时应 ＿＿＿＿＿＿＿＿＿＿＿＿。

2. 与顾客对话时应 ＿＿＿＿＿＿＿＿＿＿＿＿。

3. 遇到意外状况时应 ＿＿＿＿＿＿＿＿＿＿＿＿。

二、仪容

1. 男士发型 ＿＿＿＿＿＿＿＿＿＿＿＿＿＿。

2. 女士发型 ＿＿＿＿＿＿＿＿＿＿＿＿＿＿。

3. 男士面部 ＿＿＿＿＿＿＿＿＿＿＿＿＿＿。

4. 女士面部 ＿＿＿＿＿＿＿＿＿＿＿＿＿＿。

三、仪表

服装

1. 男士 ＿＿＿＿＿＿＿＿＿＿＿＿＿＿＿。

2. 女士 ＿＿＿＿＿＿＿＿＿＿＿＿＿＿＿。

饰品

1. 男士 ＿＿＿＿＿＿＿＿＿＿＿＿＿＿＿。

2. 女士 ＿＿＿＿＿＿＿＿＿＿＿＿＿＿＿。

拓展资料

提升酒店形象的工作应当认真落实到平时工作的每一个细节中,对于员工的具体仪容仪表都应进行规范设计,让员工将最好的精神面貌展现给顾客。

扫描二维码,一起学习酒店仪容仪表规范的相关内容。

视频:酒店
仪容仪表
规范

任务二　安全制度制定

任务目标

1. 了解酒店安全管理的重要性与数字化酒店安全管理
2. 熟悉酒店安全制度的基本内容
3. 掌握酒店安全制度基本规范设计的要求

总经理日记

我今天感受到了什么叫"吓得腿软"

2021 年 10 月 28 日　多云

"季总,我今天感受到了什么叫吓得腿软。"这句话来自酒店值班经理小姜,其实,我何尝不是。

上午给管理层的培训。培训结束后,刚走到厨房门口就闻到一股刺鼻的煤气味。我喊了一声:"不好! 快去厨房看看!"小姜急忙跑进厨房,当时厨工林姨正在洗碗,小姜立即上前关闭煤气灶阀门,打开窗户,就见林姨慢慢地坐到地上,呼吸异常、精神涣散。我们立即扶着林姨走出厨房,并拨打 120 叫救护车。

幸好,林姨只是轻度煤气中毒,留院观察治疗即可。如果再晚一点发现,后果不堪设想。

复盘发现:厨房煤气没关好,窗户、门紧闭导致林姨煤气中毒。事件的原因显然是没有按照规范操作。

我们在工作中有时会疏忽大意,但是安全工作却不能有一点马虎。我记得前领导说过一句话:酒店管理,安全是一等一的大事,作为总经理,安全管理出问题将被一票否决,需警钟长鸣。

事件发生后,要尽快梳理下安全制度,培训督导检查,制定闭环措施,保障员工、客人的安全是酒店的责任。

请思考:制定酒店安全制度需要考量哪些方面? 你是如何看待安全这件事的?

知识链接

酒店的经营与管理必须要树立防范在先、警惕在前的安全意识,居安思危,思则有备,备则无患。制定安全制度是现代酒店服务质量管理的基础工作,酒店的安全管理影响着每位顾客的生命及财产安全,也关系到酒店的经营与发展。

在酒店管理中首先要规范制定酒店安全管理制度,从而减少安全隐患。在酒店发生安全事故时,应及时、有效地控制、减轻和尽量消除突发事件所造成不良的影响,提高突发事件的应急处理能力。

一、安全管理纲要

无论是对于酒店管理集团还是单体酒店,制定安全管理纲要都是加强酒店安全管理的着力点,安全管理纲要的制定是突出防范重点、明确安全责任的重要举措,是提升酒店管理水平的有力保障。安全管理纲要主要包括以下内容。

(1)明确安全管理纲要的目的和适用范围。

(2)确定安全管理责任人及其具体职责。

(3)制定安全管理纲要的基本内容。

二、酒店安全制度的内容

制定酒店安全制度应包括如下内容。

1. 酒店防火安全责任制

(1)酒店防火责任制的责任划分。

(2)各安全责任人的工作职责。

(3)建立酒店防火安全责任制的程序。

(4)罚则及相关附件。

2. 消防设备管理

(1)火灾自动报警系统的安装、检查与维护。

(2)消防联动控制系统的检查与维护。

(3)自动喷水灭火系统的检查与维护。

(4)消火栓给水系统的检查与维护。

(5)消防设施和器材管理制度。

(6)火警、故障的处置程序。

3. 消防安全管理制度

(1)消防宣传教育制度。

(2)志愿消防队的组织管理制度。

(3)员工宿舍安全管理制度。

(4)火灾隐患整改制度。

(5) 易燃、易爆危险品的保管制度。

(6) 用火、用电安全管理制度。

(7) 电气防火管理制度。

(8) 防雷、防静电检查和管理制度。

(9) 燃气液化气管理制度。

(10) 消防监控室管理制度。

(11) 厨房安全管理制度。

(12) 仓库安全管理制度。

(13) 变配电室安全管理制度。

(14) 锅炉房安全管理制度。

(15) 电梯管理制度。

(16) 水泵房安全管理制度。

(17) 工程员工防火制度。

(18) 酒店重大安全隐患报备处理细则。

4. 酒店治安管理制度

(1) 治安管理通则。

(2) 住宿 / 访客登记制度。

(3) 发现人员死亡应急处置。

(4) 旅客财物寄存保管制度。

(5) 安全巡逻制度。

(6) 酒店物防、技防设施管理制度。

(7) 反针孔探测工作制度。

(8) 四级安全事故提报制度。

(9) 停车场管理制度。

(10) 酒店内场地转租及大型活动申报。

(11) 酒店被政府征用及被征用期间发生安全突发事件工作指引。

5. 门店安全事故应急预案

(1) 治安安全类。

(2) 消防事故类。

(3) 食品卫生类。

(4) 信息安全类。

(5) 舆情类。

(6) 生产安全类。

三、酒店安全制度的制定

(一) 酒店安全管理的基本要求

1. 提高酒店员工的安全意识,做好员工的安全业务培训。

酒店员工安全培训是酒店安全管理的重要职责。酒店的服务活动都是由酒店员工向顾客提供的,经常对酒店员工进行安全方面的培训,可以提升员工对酒店安全问题的认识,消除安全隐患,减少安全事故的发生。对全体员工进行安全业务培训,包括未发生事故时的预防、发生事故时的处理等,提高员工对各种犯罪活动的警惕性,使酒店广大员工牢固树立"安全第一"的观念,提高对安全工作的认识。

2. 健全酒店安全管理的组织架构和安全管理制度

安全组织是现代酒店安全管理的组织,也是现代酒店安全计划、制度与安全管理措施的执行机构,负责现代酒店的安全与治安工作。酒店的安全组织一般由安全管理委员会、安全管理小组、治安协管小组和消防管理委员会等组成。对于具体的安全制度,酒店各部门一方面应严格执行,不能松懈,做好预防管理;另一方面要落实安全管理制度的基础,积极推行安全保卫岗位责任制。

3. 做好日常接待服务中的安全管理

做好日常接待服务中的安全管理、预防事故发生是酒店日常接待服务中的安全管理的重要工作内容之一。日常接待服务的安全管理主要包括门卫安全管理、前厅柜台接待服务安全管理、客房日常安全管理。门卫安全管理主要负责做好顾客进出、员工进出、客人来访等安全管理工作;前厅柜台接待服务安全管理要认真做好每位顾客的住宿登记、临时户口报送管理和客房钥匙管理以及协助配合公安部门的工作。客房日常安全管理包括客房安全、客房巡视检查、电器防火安全、楼层顾客会客安全管理等。

4. 做好应急预案,妥善处理安全事故

由于酒店客流量大,人员复杂,尽管酒店千方百计加强安全管理,仍不可能做到完全杜绝事故的发生。因此,要提前做好紧急事件突发处理预案,一旦发生紧急事件,酒店员工能够进行快速处理。其中包括会同有关部门和人员及时查明事件原因和责任人,分清事件性质,根据情节轻重采取处理措施等。

(二)华住集团酒店安全制度

(1)按照国家法律、法规的规定,切实落实治安管理和内部安全防范工作措施,确保酒店内治安秩序良好。

(2)积极参加公安、旅游管理部门组织的治安综合治理工作,按照公安机关的规定落实技防和人防措施。发生重(特)大刑事案件、治安灾害事故应立即组织现场保护工作并及时报告公安机关,积极配合、协助公安机关开展有关调查工作。

(3)酒店在开业(含试营业)2个月前,向所在地的区、县公安机关申请办理许可证手续,其中,新建、改建或扩建接待境外人员住宿的旅馆的,应事先征得市公安机关和旅游行政管理部门的同意。

(4)酒店内部治安管理应当突出保护酒店内人员的人身安全,酒店不得以经济效益、财产安全或者其他任何借口忽视人身安全。

(5)总经理是酒店治安的主要负责人,是第一治安安全责任人,对酒店的内部治安保卫工作负责。

(6)定期对酒店员工开展以"四防"(防火、防盗、防破坏、防治安灾害事故)和"三禁"

(禁毒、禁赌、禁娼)为主要内容的治安防范教育,增强员工的安全防范意识。维护酒店场所治安秩序,及时制止违反治安管理的行为,并将涉案人员移送公安机关查处。

(7) 酒店接待客人住宿必须登记。登记时,必须一人一证,应当查验客人的身份证件,按规定的项目如实登记并及时上传公安系统。

(8) 酒店应当在前台等醒目位置设置访客登记告示牌。访客应征得被访客人的同意,并由专人负责检查访客的有效身份证件并上传公安系统,填写《访客登记单》,23:00后禁止访客。《访客登记单》应装订成册,保留期限不得少于一年。

(9) 酒店严禁接待如下人员。

① 严禁未满16周岁人员单独入住。

② 如未成年人有成年人陪同一起入住,酒店需要核对相关身份证明,如同住为监护人,则可按照住宿登记规定登记入住。如酒店无法核实同住人是否为监护人,则按照住宿登记规定入住后,酒店需及时向当地公安机关报告。

③ 严禁酗酒后可能危及他人安全的人员入住。

④ 严禁患有或者疑似患有危害他人安全的精神疾病的病人入住。

⑤ 严禁携带可能危及他人安全或者影响酒店正常经营的动物入住。

⑥ 严禁从事违法犯罪活动的,以及违反法律、法规、规章规定的其他情形的旅客入住。

(10) 严禁顾客将易燃、易爆、剧毒、腐蚀性和放射性等危险物品带入酒店。顾客因公携带的枪支弹药,一律上交酒店所在地公安机关或军事部门代为保存。

(11) 酒店应当在大堂公共区域、主要通道、客房等放置安全提示的相关资料,设置应急疏散、防火警示等安全图示。客房电气用品还应当配有相应的安全使用说明。

(12) 酒店应当设置顾客财物保管箱、柜或者保管室、保险柜,指定专人负责保管工作。对顾客寄存的财物,要建立登记、领取和交接制度。

(13) 物品寄存应严格实行"两签三核对"等管理制度,做到寄存、领取、核对、交接的手续完备、记录清楚。"两签"指寄存/提取物品时顾客与服务员双签名,"三核对"指核对顾客姓名、房号和行李件数。

(14) 贵重物品保管期间,未经顾客同意,酒店不得检查、使用或者允许他人检查、使用所保管的物品,但法律另有规定的除外。

(15) 酒店对顾客遗留物品应当妥为保管,设法归还原主或揭示招领;经招领三个月后无人认领的,要登记造册,送当地公安机关按拾遗物品处理。对违禁物品和可疑物品,应当及时报告公安机关处理。

(16) 酒店所有员工发现违法犯罪分子、形迹可疑人员和被公安机关通缉的罪犯,应当立即向总经理和当地公安机关报告,不得知情不报或隐瞒包庇。

(17) 酒店内严禁提供卖淫、嫖宿、赌博、吸毒、传播淫秽物品等违法犯罪活动场所。

(18) 酒店内不得酗酒滋事、大声喧哗,影响他人休息,严格控制顾客私自留客住宿或者转让床位。

(19) 酒店设置机动车停车场为顾客提供免费停车服务的,也应当建立相应的安全保护和秩序维护制度,并在停车场设立免费停车制度的告示牌,并当面告知顾客安全妥善保管自己的车辆。

（20）酒店提供经营性停车服务的，应当按照当地政府关于公共停车场管理的规定办理备案手续，遵守相关的收费标准并明码标价。

（21）酒店投保公众责任保险的，对因酒店责任造成的顾客人身、财产损害，由保险公司在保险责任范围内予以赔偿。

（22）酒店将部分经营场地出租给他人从事经营活动的，应当查验承租人的相关许可证件和营业执照，并与承租人签订合同，约定经营内容、经营秩序维护等事项。酒店应当督促承租人依法经营，发现承租人有违法行为的，应当予以劝阻，并立即向有关部门报告。

（23）酒店应当推行顾客限制吸烟制度。有条件酒店可以划定禁止吸烟区域，或设置专门禁烟住宿楼层。

（24）有大会议室的酒店，外接 300 人以上的业务，举行展览、展销、文艺等活动的，酒店须持当地政府有关主管部门的批准件，报请所在地的区、县公安机关审核，未经审核同意，不得举行相关活动。

四、酒店安全事故应急预案举例

电梯故障事件是重大酒店安全事故之一，应对突发电梯故障事件的预案如表 1-1 所示。

表 1-1　电梯故障应急预案

步骤	标准	提示
1. 情况获悉	• 员工发现； • 顾客报告； • 监控发现； • 总经理在知晓事件的 1 小时内提报	• 如酒店夜间无管理人员在场，由在酒店内职务最高者处置； • 员工接报或发现电梯故障困人时，必须及时报告总经理； • 不得私自解救顾客，应由电梯维保单位解救
2. 故障处理	• 联系电梯维保商，请其尽快赶赴现场施救； • 在电梯口告知顾客电梯暂停使用； • 酒店应与困梯顾客保持联系，以防顾客惊慌； • 如维保商无法及时赶来，拨打 110 报警求助； • 施救结束后，如发现被困人员有受伤或不适情况，应立即拨打 120 急救中心求助或陪同前往医院治疗； • 如造成人员死亡的，参照《人员死亡应急预案》执行	—
3. 善后处理	• 如造成顾客人身伤害或财物损失，应与客人协商赔偿和弥补事宜； • 指派专人代表酒店向受困顾客致歉； • 核查事故原因，查找隐患漏洞，进行追责； • 事故处理完毕后，及时上报处理结果	—

五、华住集团数字化安全管理

当门店发生消防、治安、信息安全、卫生、舆情、生产等安全事故时,应及时处置和提报,并在集团、事业部等部门的组织指挥下,稳妥、有效地应对各类可能发生的安全风险、舆情风险、法律风险,最大化保障门店运营秩序,降低损失。图1-1为华住集团四级安全事故提报系统的界面。

图 1-1　华住集团四级安全事故提报系统

华住集团一直致力于探索酒店管理与数字化运营的先进理念,在酒店安全管理方面也践行数字化改革,推出了"易安全"移动操作系统(其界面见图1-2),以更好地管控集团消防等各类安全风险,规范隐患处理的操作流程,提高隐患整改效率。

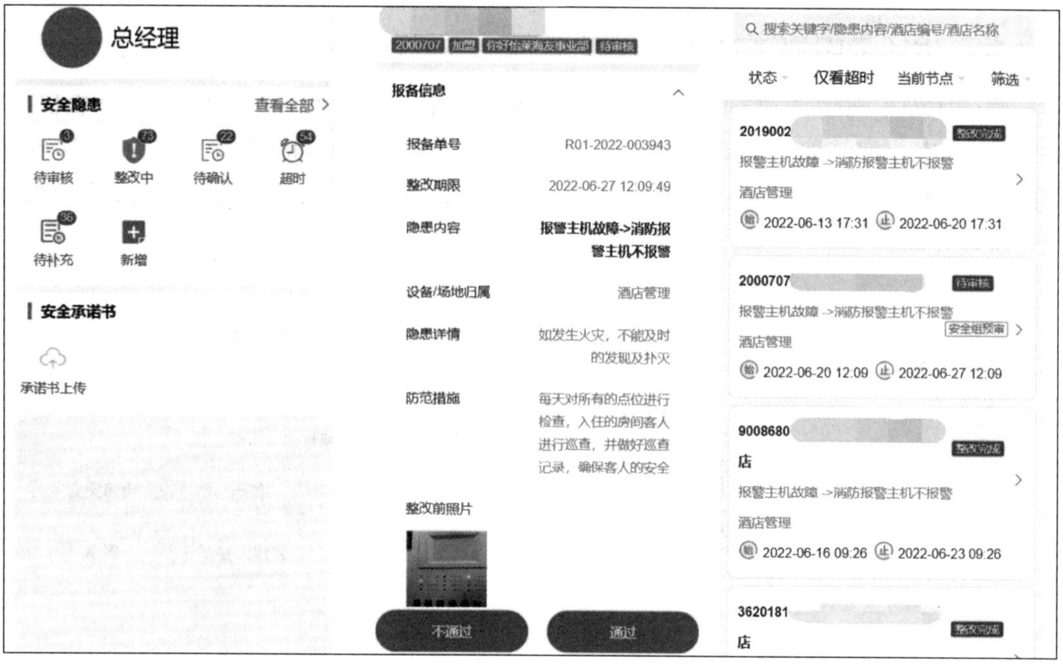

图 1-2　易安全系统界面

练一练

一、单项选择题

1. 以下不属于消防设备管理的是（　　）。

A. 消防联动控制系统的检查与维护

B. 自动喷水灭火系统的检查与维护

C. 酒店防火责任制的划分

D. 消防栓给水系统的检查与维护

2. 以下不属于酒店治安管理制度的是（　　）。

A. 旅客财物寄存保管制度

B. 反针孔探测工作制度

C. 四级安全事故提报制度

D. 消防监控室管理制度

3. 以下关于酒店治安管理制度的内容中错误的是（　　）。

A. 严禁未满 24 周岁人员单独入住

B. 严禁酗酒后可能危及他人安全的人员入住

C. 严禁患有或者疑似患有危害他人安全的精神疾病的病人入住

D. 严禁携带可能危及他人安全或者影响酒店正常经营的动物入住

4. 以下关于酒店治安管理制度的内容中错误的是（ C ）。

A. 按照国家法律、法规的规定,切实落实治安管理和内部安全防范工作措施

B. 定期对酒店员工开展以"四防"和"三禁"为主要内容的治安防范教育

C. 酒店接待客人住宿不登记也可以

D. 严禁客人将易燃、易爆、剧毒、腐蚀性和放射性等危险物品带入酒店

5. 以下关于突发停电、停水、停气应急预案的内容中错误的是（ B ）。

A. 值班经理与工程人员第一时间赶到现场

B. 不需要及时与客人联系,报告相关情况

C. 在突发停电时,启用应急照明

D. 事件现场处理结束后应当填写《安全事故记录表》报运营部

二、判断题

1. 酒店在开业(含试营业)1 个月前,向所在地的区、县公安机关申请办理许可证手续,其中新建、改建或扩建接待境外人员住宿的旅馆,应事先征得市公安机关和旅游行政管理部门的同意。 （ ✓ ）

2. 严禁未满 16 周岁人员单独入住,如未成年人有成年人陪同一起入住,酒店需要核对相关身份证明,如同住为监护人,则可按照住宿登记规定登记入住。 （ ✓ ）

拓展资料

　　酒店安全无小事,安全管理是保障客人平安入住的一项重要工作。随着时代的发展,数字化在酒店行业中的应用越来越普遍,华住集团推出了"易安全"移动操作系统和安全事故提报系统,以提升酒店安全管理的质量和效率。今后,数字化在酒店安全管理中的运用也将进一步降低管理成本和提高安全品质。

视频:数字酒店之安全事故提报系统

　　扫描二维码,一起学习数字酒店之安全事故提报系统的相关知识。

任务三　卫生计划制定

任务目标

1. 了解卫生计划制定的重要性
2. 熟悉酒店卫生计划的基本内容
3. 掌握酒店卫生计划设计的基本规范与数字化应用

总经理日记

不够雅观的空调

2021 年 11 月 27 日　阴

今天,我代表酒店参加了某区卫生局举办的专题会议。会上专家拿出某家酒店客房风机盘管过滤网照片,照片一拿出便引起了一部分在场人员的议论。

图片为我们展示了一个过滤网基本堵死的空调出风口。专家介绍,这个照片是住店顾客拍摄的,还上传到了网上,当时引起了很大反响,并直接导致该酒店经营严重受损。之后酒店积极进行了整改,但即使按照监管部门的要求进行了整改,顾客也并不买账。道理很简单,以小见大,顾客看到了出风口过滤网连表面的清洁工作都没有做到位,难免会想到看不到的地方或许更加糟糕。

看到这样的照片和这样的后果,同为酒店人的我,深感责任重大,一定要引以为戒。会议结束后,我便检查了酒店的空调出风口,都是符合标准的,这和平时的定期检查和卫生计划息息相关。

在日常的管理工作中,这样的出风口其实不仅会影响客人对酒店服务的感知,进而发生投诉,还会增加空调的耗电量。按照大清洁计划,本周的工作重点就是空调出风口内外的消毒和大清洁,我要亲自督导实施。

今天的事件让我想起上总经理课时老师经常说的一句话:服务无小事,细节造完美。

请思考:如果你是总经理,会如何落实卫生计划的制定和实施? 如果你是顾客,会关注空调出风口的卫生情况吗?

知识链接

酒店要树立良好的形象和在竞争中名列前茅,就必须要在硬件和软件建设上符合现代化要求,在服务、安全、卫生上达到高水平。要实现酒店卫生的高水平,必须从理论到实践上都要做好卫生管理。

制定卫生计划是现代酒店服务质量管理的基础工作,是酒店管理人员的基本工作要求。干净卫生是客人的重要诉求和关注点,甚至是在日趋严峻的市场竞争中胜出的决定性因素之一,因而制定酒店各个区域的清洁卫生标准规范是现代酒店的重要工作内容之一。

一、客房单项清洁计划

干净整洁的客房对于酒店有重大意义,因为客房是顾客接触最多、使用时间最长的区域,客房清洁质量的高低会直接影响顾客的入住感受。

定期的单项清洁计划有助于酒店做好卫生清洁的细致工作,表 1-2 为华住集团客房单项清洁项目表。

表 1-2　客房单项清洁项目

项目	要求	清洁标准
排风扇	每季度(月)一次	无污渍、无灰尘、消毒
硅胶除霉	每季度一次	硅胶无发霉、发黑现象
花洒	每季度一次	无堵塞
灯罩虫尸	每季度一次	无虫尸、无灰尘
床箱内部、床底	每半年一次	床底地面无污迹、无灰尘、无垃圾,床箱内侧无明显污迹
纱窗	每年一次	无积灰
窗帘、窗纱	每年一次	无污渍、无异味、无褶皱、无破损、无明显抽丝
被芯、枕芯	集中供暖地区每年一次 / 其他区域每年两次	被芯和枕芯干燥、干净、无异味、无头发、无明显污渍
床褥垫	每年一次	无污渍、毛发
内外窗大清洁	每年一次	无污迹、无积灰、无水迹

注:清洁频次可根据运营实际情况调整。

二、楼层公区单项清洁计划

酒店楼层公区涉及范围广、人员流动量大,清洁工作内容复杂,因此,楼层公区清洁工作需要详细的清洁计划以保证不遗漏任何一个角落,以维护酒店形象,如表 1-3 所示。

表 1-3　楼层公区单项清洁项目

项目	要求	清洁标准
公区窗帘	每年一次	无污渍、无异味、无褶皱、无破损、无明显抽丝
工作车帆布袋	每月一次	无污渍、无异味、无破损
公区内、外窗大清洁	每年一次	无污渍、无水迹、无积灰
公区橱窗玻璃	每月一次	无污渍
灯罩虫尸	每季度一次	无灰尘、无虫尸
工作间门框	每月一次	无污渍
公区沙发清洁	皮革,每月一次,布艺,每季度一次	无污迹
公区电话消毒	每周一次	无灰尘
公区电梯轿厢、门槽、门	每半月一次	无污迹、手印

续表

项目	要求	清洁标准
公共卫生间大清洁	每月一次	无异味、无垃圾、无污渍
员工更衣室大清洁 （含淋浴及卫生间）	每月一次	无垃圾、无异味
客房仓库清洁	每季度一次	物品整齐,无积灰、无异味
墙、顶角蛛网	每月一次	无蛛网
垃圾桶内胆	每月一次	无污渍、无异味
工作车顶部分隔栏	每月一次	无污渍
工作间墙面	每月一次	无污渍
公区空调出风口、面板、隔尘网清洁	每月一次	无积灰、无异味
外场酒店绿化带	每周一次	无垃圾、无枯叶、无杂草,花盆、围栏无明显污渍
门头	每季度一次	无明显积灰、污迹
顶招、侧招	每年一次	无明显积灰、污迹

注:清洁频次可根据运营实际情况调整。

三、华住集团干净"5+5"原则

华住集团干净"5+5"原则包括客房和餐饮两部分的各5个卫生原则。

1. 客房

（1）第一时间撤换所有布草和巾类,保证一客一换;

（2）规范清洗、消毒杯子;

（3）抹布分色专用,不用客用毛巾做清洁;

（4）撤换有污渍的枕芯、被芯和床护垫;

（5）保证布草合格洗涤。

2. 餐饮

（1）餐具消毒;

（2）无过期变质三无产品;

（3）厨房工具消毒;

（4）食品加膜加盖,标签合规;

（5）厨房餐厅无虫害。

四、易客房设置卫生计划

在现代酒店管理场景下,数字化可以有效地帮助我们实现很多日常管理功能,华住集团推出的房务管理系统易客房（E-housekeeping）是一款集客房管理、布草计件、客需响应、工程维修于一体的数字化移动解决方案，见图1-3。相比传统的纸上手写、话机呼叫的调度、记录方式，易客房系统能根据PMS系统里的实时房态，准确调度客房清洁师的工作任务，大幅提升出房效率。打通了客房清洁、房态更新、采购、维修、计件等环节，所有客房经理和员工都可以用手持设备及时记录房间的状态。易客房系统一经推出，出房时间缩短了44分钟，大大提高了工作效率。客房周转率提高，时租房的销售额增加，整个酒店的经营得到更有力的支撑。通过易客房软件，在手机上为酒店的客房服务人员分配待清扫的房间、记录清扫结果、提出整改意见，降低了人员沟通与重复工作的成本，从而酒店成本降低，服务人员收入提高，员工队伍稳定，卫生质量有保障，客人的感受也更好了。当某个服务人员忙不过来的时候，易客房系统还允许别的服务人员去抢单。如果客人觉得服务人员的工作到位，还可以在App上给予好评和"打赏"，这对服务人员来说也是一项激励。

易客房系统支持酒店自定义设置单项清洁任务及清洁周期，服务人员每次打扫房间后可以对完成的单项清洁项进行选择，完成快速记录（见图1-3和图1-4）。客房打扫不仅仅包括每日的退房打扫，还包括对客房细节的清洁服务，这会提升客人的入住体验。

图1-3　易客房系统单项清洁报表

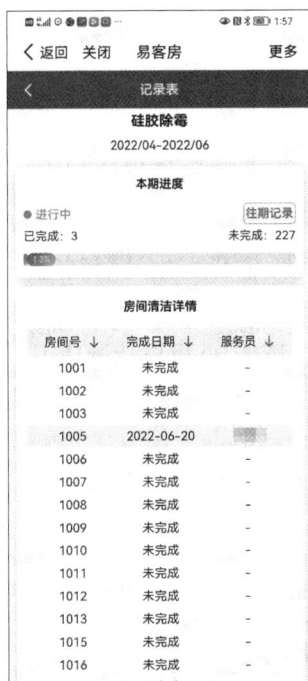

图1-4　易客房系统记录表

练一练

一、单项选择题

1. 对中高档酒店而言,(　　)是客人的重要诉求和关注点,甚至是日趋严峻的竞争中的决定性因素之一。

A. 品味　　　　　　B. 干净　　　　　　C. 舒适　　　　　　D. 美观

2. 卫生计划制定是现代酒店服务质量管理的(　　)工作。

A. 核心　　　　　　B. 重要　　　　　　C. 基础　　　　　　D. 附加

3. 在客房单项清洁计划中,被芯、枕芯的清洁标准是(　　)。

A. 无头发等异物　　B. 无明显污渍　　　C. 干燥、干净且无异味　　D. 以上皆是

4. 在楼层公区单项清洁计划中,工作间门框的清洁要求是(　　)。

A. 每年一次　　　　B. 每季度一次　　　C. 每月一次　　　　D. 每周一次

5. 易客房系统支持酒店设置(　　)清洁任务及其(　　)。

A. 单项　要求　　　B. 多项　要求　　　C. 单项　周期　　　D. 多项　周期

二、判断题

1. 灯罩中的虫尸如不影响美观,可以忽略不处理。　　　　　　　　　　(　　)

2. 外场酒店绿化带应做到无垃圾、无枯叶、无杂草,花盆、围栏无明显污渍。　(　　)

拓展资料

　　酒店卫生计划制定是现代酒店服务质量管理的基础工作,是酒店管理人员的基本工作任务。只要能制定出细致周到的卫生计划表,根据卫生规范进行清洁,就可以让酒店卫生工作事半功倍。

　　扫描二维码,了解酒店楼层公区单项清洁标准的相关内容。

资料:楼层
公区单项
清洁标准

任务四　早餐标准流程制定

任务目标

1. 了解酒店早餐标准流程制定的重要性

2. 熟悉酒店早餐标准流程制定的基本内容

3. 掌握酒店早餐标准流程制定的基本规范设计与相应工作岗位中的早餐标准流程制定

总经理日记

你们就让我吃这样的早餐吗?

2021 年 12 月 21 日　大雪

今天气温骤降,餐厅的早餐冷得很快。早上 9 点 26 分,酒店客人汪先生来到餐厅,当时餐品不是很充裕。汪先生准备用餐时却发现餐品已经冷了。汪先生很生气:"你们的服务也太差了,早餐又少又凉。你们就让我吃这样的早餐吗?"餐厅服务员不知所措,连忙道歉,并联系了我。

我接到电话后第一时间来到餐厅,为汪先生端上一杯现磨咖啡并坐下来沟通。经过沟通我了解到:汪先生由于工作性质,每天都会忙到很晚,早上 9 点左右起床,所以不能早起吃早餐,甚至有的时候赶不上吃早餐。沟通中我发现汪先生餐盘里面盛着炒面,于是便让厨师为他单独做了一碗炒面,又给他做了一碗热腾腾的蛋花汤。

汪先生见状有些不好意思,连声道谢。我表示这是我们应该做的,能让顾客在酒店有在家一样的温暖是我们的追求。随后汪先生添加了我的企业微信,后续入住如果有什么需求我们也能尽心服务。

事后我给餐厅有关员工开会,特意提到了此类问题。厨师表示每天 9 点半撤餐,如果不提前关电源,撤餐时会很烫手,所以每天都在 9 点左右关闭电源。由于今天突然降温,导致食物很凉……

请思考:我们应该制定怎样的餐厅岗位标准流程才能避免再有顾客投诉餐食温度、数量和品种?

知识链接

良好的早餐供给和高品质的服务不仅能够给顾客带来良好的身心状态,也可以提高住店体验。早餐标准流程的设计有利于规范和引导早餐服务人员的服务意识,调整工作情绪,创造热情友好的人文环境,给客人以亲切感、舒适感和惊喜感。

一、酒店早餐的类型

（一）自助式早餐

1. 餐台功能区

自助餐台按照功能进行区域划分,可分为六大功能区:餐具区、热菜 / 主食区、西点区、酱菜 / 湿点区、甜品 / 水果区、饮料区。

（1）餐具区分为自助餐圆盘、筷子取用区以及调羹、饭碗和饮料杯取用区。

（2）热菜 / 主食区摆放热菜、主食、中点、粗粮和蛋类。

（3）西点区摆放西点和配料。

（4）酱菜 / 湿点区摆放酱菜和粥。

（5）甜品 / 水果区摆放水果或甜品。

（6）饮料区摆放冷、热饮料。

2. 功能区排序

为了便于顾客的取用和食品的合理安排，结合餐厅的实际情况，区域安排的顺序为：餐具区→热菜 / 主食区→西点区→酱菜 / 湿点区→甜品 / 水果区→饮料区。餐区与餐区之间的结合应自然，过渡应平滑。

3. 服务器具摆放

将食品夹（勺）摆放在相应的餐盘 / 炉边的骨碟上，并与自助餐台保持平行。餐台卡摆放在食品对应的地方，台卡制作要符合酒店 VI 设计 [1] 规范。

4. 餐台

餐台可以通过设置台阶错层，增加立体层次来进行美化。

自助式早餐可根据地区顾客的饮食习惯适当调整品种，但数量不低于酒店规定的数量。

（二）套餐式早餐

在客人办理入住时或电话沟通确认早餐内容（需确认项：中式或西式，中式主食或西式主食，饮品，希望用餐时间，是否有忌口）。

每日必须提供至少 1 款中式早餐、1 款西式早餐供顾客选择，每日套餐项目至少 3 天不可重复（建议厨房提供未来 3 天的菜单供前台人员知晓）。

中、西款式菜单需严格按照种类要求配置，款式大类可按照实际情况合理搭配。

在与客人确认早餐时需询问其是否有忌口及过敏的食物，并及时做好记录，与厨房工作人员进行交接。

（三）外带式早餐

外带式早餐又称为路早，是方便客人因个人情况无法在酒店内用早餐而准备的用餐形式。外带式早餐可根据酒店实际运营情况，参考套餐式早餐进行出餐。

二、早餐备餐程序

1. 岗前准备

（1）准时到岗，按规定着装。

（2）检查整理仪容仪表。

（3）至前台领取餐厅钥匙，并在前台的《钥匙领用记录本》上做好领用记录。

（4）了解当日住客情况。

---

① VI 是指视觉识别系统（visual identity），顾名思义，酒店 VI 设计也就是酒店视觉识别系统设计。酒店 VI 设计在酒店品牌信息爆炸的时代，对于酒店自身形象和品牌文化的形成以及提升自我竞争力都起着重要的作用。（资料来源：方钰，王雅晨. 酒店 VI 设计中图形符号的视觉语言表现研究 [J]. 西部皮革，2020,42(22):88–89.）

2. 餐厅环境布置

（1）检查并打开部分灯光。

（2）调节室温。

（3）擦拭餐台、餐桌、餐椅等表面，并摆放整齐。

（4）自助餐台摆放。

3. 早餐备餐流程

（1）整理好自助早餐台面，摆放食品盛器、电器设备，对整个台面进行装饰。

（2）在干净的酱、醋瓶内灌入相应的调料。

（3）在自助餐台上铺设餐具、用具、餐巾纸。

（4）开餐前15分钟将所有的自助餐炉加水、点火或打开加热设备。

（5）将厨房制作完成的早餐按规定摆放上自助餐台，并在菜肴前配好相应的标签立牌。

4. 准备营业

（1）开启咖啡机、面包机等电器设备，设置在工作状态。

（2）巡检自助餐台，开启所有照明灯光，打开电视并设置频道和音量。

（3）根据开餐时间正式接待顾客用餐。

三、早餐服务流程

1. 问候顾客

迎候并主动问候每位客人，礼貌地请客人出示房卡。对于无房卡的顾客，可礼貌地询问其房号和姓名，以便进行早餐核销。

2. 账务处理

根据酒店的早餐用餐收费标准进行核对和收取相关费用。

3. 餐间服务

（1）巡视和清理餐台上的食品，当食物剩下1/3时，应及时添加。

（2）及时整理和增补自助餐台上的餐具。

（3）及时撤走托盘车上的餐具。

（4）及时清理、清洁、消毒餐具，消毒后放入保洁柜。

（5）密切注意顾客用餐所需，及时提供相应的服务。

（6）向对餐食不满意的顾客致歉，并表示尽快改进。

4. 送别客人

当客人用餐完毕离开餐厅时，应与顾客礼貌道别，并提醒顾客保管并携带好自己的物品。及时清理餐桌和餐具，清理餐桌时注意是否有顾客的遗留物品。

5. 早餐结束

将菜肴、食品收回厨房，汇总顾客的意见和建议，并报告值班经理。

四、餐厅收餐程序

1. 关闭电源

关闭电视、空调、灯光、加热设备等的电源,收餐期间建议开一半或三分之一的照明即可,以不影响工作为原则。

2. 撤回食物

(1) 食物回收至指定器皿内。

(2) 次日尚未过保质期的未开封的面包、黄油、果酱等可回收再使用。

(3) 其他食物撤回,放入指定容器中,由厨工当日负责处理,此类食品不得再提供给客人食用。

(4) 查看咖啡、果汁等类食品的库存,不足时应及时提出申购。

(5) 回收食物时,手不得直接接触食物,次日过保质期的食物应及时处理。

3. 餐厅清洁

(1) 桌面所有餐具撤回保洁柜。

(2) 清洁、保养咖啡机、面包机等自助设备。

(3) 清洁保养餐桌、座椅、墙面和装饰物。

4. 补充餐具、调味料

将清洗干净的餐具、水杯放入保洁柜,清洁调料罐,补充牙签盅。

5. 餐桌、椅整理

将餐厅的桌椅重新摆放整齐,使桌边、桌角、椅背全部在各自的直线上排列。

6. 安全监测

(1) 切断所有的水、电、气等设备的开关。

(2) 与当班经理一起全面检查安全和防火。

(3) 关闭所有门窗并上锁。

(4) 填写《餐厅厨房安检记录本》,并签字。

(5) 将餐厅钥匙归还至前台,在前台的《钥匙领用记录本》上做好归还记录。

五、数字化核销早餐流程

酒店提供良好的服务与互动体验,可以使客人提升或保持较高的满意度和较为舒适的用餐体验。核销早餐是顾客进入早餐厅的第一件事,如何带给顾客良好的服务体验是服务人员需要面对的首要问题。

1. 传统酒店纸质表单核销早餐

传统的酒店早餐核销大部分是通过纸质表单核销,由于纸质表单并不能实时更新早餐信息,会出现顾客实际购买早餐但纸质表单无记录的尴尬情况,此时再次耗时和前台核对无疑会给顾客带来不好的体验。若酒店同时有多个餐厅可以食用早餐,那么纸质表单将很难支持多餐厅同时核销。

使用传统的纸质表单统计早餐信息除了会有不准确的情况,也会有成本核算困难的问题,这部分早餐成本和收入需要再次手工计入酒店实际成本,过程中会耗费大量的人工却不能保证数据的准确。

2. 数字化核销方式

目前华住集团易早餐系统(E-Breakfast)支持多种核销早餐的方式,包含读卡核销、手动核销、电脑端刷卡核销。使用易早餐系统,可快速完成早餐核销操作,帮助酒店员工减少核对时间、提高准确性。并且客人实际用早餐情况都数字化统计在册,实时核算成本,减少了人工核算的工作量,并且可以自动输出相应的报表,非常方便。

(1)读卡核销早餐。开启读卡快速核销功能后,将顾客的房卡放置在手机上即可查看其早餐信息并进行核销。读卡快速核销功能可以提高酒店餐饮部门的工作效率,避免出现大量顾客排队等待核销的情况,节约了顾客的时间。

(2)手动核销早餐。使用手动核销功能,在系统中读取房号或输入房号进行查询,弹出确认消费窗口,从中操作即可(见图 1-5 和图 1-6)。在易早餐系统中,即使已经在前台办理退房手续的顾客依然可以前往餐厅核销早餐,从而可以让顾客自由选择退房与用餐的先后顺序。

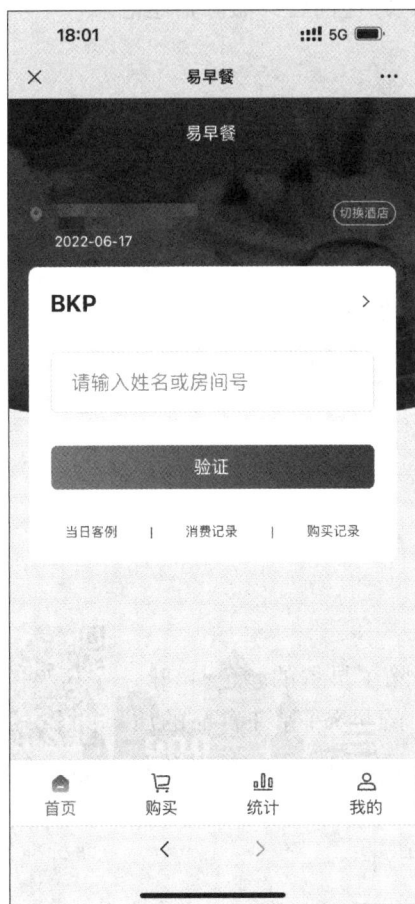

图 1-5　易早餐系统的查询界面

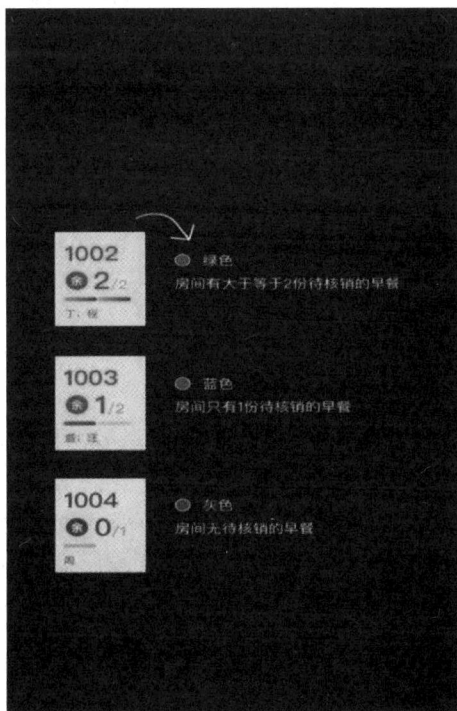

图 1-6　易早餐系统的核销界面

练一练

一、单项选择题

1. （　　）摆放热菜、主食、中点、粗粮和蛋类。

A. 西点区　　　　　B. 饮料区　　　　　C. 甜品/水果区　　　D. 热菜、主食区

2. （　　）不属于套餐式早餐的确认内容。

A. 客人的电话　　　B. 中式或西式　　　C. 是否有忌口　　　D. 希望用餐时间

3. 以下关于早餐服务流程的说法中正确的一项是（　　　）。

A. 对于前来用早餐但是没有带房卡的顾客，餐厅服务员应当进行坚决的阻拦

B. 为避免浪费食物，应当在餐台上的食物无剩余时再进行添加

C. 对于不满意的顾客，如问题不严重，可以尽量忽视不处理

D. 当顾客用餐完毕离开餐厅时，应当与其礼貌道别

4. 以下关于餐厅收餐程序中的安全监测工作要求的说法中错误的是（　　　）。

A. 应当切断所有的水、电、气等设备的开关　　B. 与餐厅服务员一起全面检查安全和防火

C. 填写《餐厅厨房安检记录本》，并签字　　　D. 钥匙归还前台并做好归还记录

5. 使用易早餐系统读卡快速核销需要（　　　）。

A. 读取房号或输入房号

B. 将早餐成本与收入计入酒店实际成本

C. 输入顾客入住所持身份证号码与电话号码

D. 将顾客的房卡放置在手机上查看其用餐信息

二、判断题

1. 餐厅服务员应对顾客的意见和投诉快速反应，并及时向上级汇报。　　　　　　　（　　　）

2. 自助餐台按照所使用功能进行区域划分，可分为六大功能区，即餐具区、热菜/主食区、西点区、酱菜/湿点区、甜品/水果区、饮料区。　　　　　　　　　　　　　（　　　）

拓展资料

酒店早餐温度管理标准及方法

对酒店而言，早餐的品质和服务关乎客户满意度，除了早餐的颜色、口味，温度也要考虑在内。酒店如何让客人吃到有"温度"的早餐，保证食品的质量，这离不开酒店早餐食品温度标准的制定、早餐保温不佳的原因分析以及有针对性的改善方法，掌握这些，轻松搞定酒店早餐品质！

扫描二维码，一起来学习酒店早餐温度管理标准和方法。

视频：酒店
早餐温度管
理标准和
方法

任务五　组织架构设计

任务目标

1. 了解组织架构的基本内容
2. 熟悉组织架构设计的要素与原理
3. 掌握不同品牌、档次、规模酒店的组织架构设计的基础知识,以及品牌标准完整的组织架构设计

总经理日记

我 的 学 长

2021 年 12 月 23 日　晴

今天迎来了阔别已久的艳阳天,下午是桔子酒店新产品的发布会。发布会上众星云集,酒店行业的"大咖"纷纷登台发言。我的学长小华是集团的一名城市总经理,也在发布会上做经营策略方面的分享。短短几年不见,他已经相当沉稳老练。

在发布会后的酒会上,我和小华学长聊到了他的职业发展。我们同样学的是酒店管理专业,他毕业进入连锁酒店集团工作,从前台做起,用了三年半的时间晋升到门店总经理,带店四年后晋升至城市总经理,管理着 30 多家酒店,这在传统酒店行业是几乎不可能的事情。和他丰富的酒店运营经验相比,我还需要继续努力学习。

小华学长分享他从基层做到城市总经理的职位,得益于公司完善的组织架构和快速晋升机制,也与他个人对行业的热爱和努力密切相关,他踏踏实实地从基层积累经验、储备知识、加强历练,从而走得更好、更远。

酒店业属于传统行业,从业人员的晋升需要有基层的经验和历练,但是在现代酒店的场景下,结合数字化,人才的画像又有所不同,努力探索和进取的同时,还需要有好的组织培养,才会有更好的未来。

请思考:小华能够在短短几年内晋升到城市总经理,除了其自身的努力外,还有什么因素让他能够快速晋升? 小华所在集团的组织架构与传统酒店行业的组织架构有什么不同? 你更偏好哪一种组织架构?

知识链接

组织是一个群体(两个以上的人)为实现既定目标,通过分工、合作及不同层次的权力、责任制度构成的集合系统。酒店组织通过合理组织及协调各种资源,形成酒店的接待能力、管理体制和组织架构,来实现酒店的经营目标。

酒店组织架构的设计是指对酒店组织架构进行规划、构造、创新或再造,以确保组织目标的有效实现。酒店组织架构设计有利于酒店为实现其经营目标而进行合理、有效的内部分工协作,在岗位范围、责任、权力等方面形成优良、高效的架构关系。

一、组织架构设计的基本原则

1. 战略发展优先原则

企业组织架构设计首先要满足企业战略发展需求。在企业战略发展进程中,小时间尺度战术下,组织的结构与管理直观地体现为对企业现阶段经营管理的服务,而最主要的则是大时间尺度战术下必须满足企业对未来战略发展与变革的要求,也就是必须时刻紧紧围绕企业整体战略目标来进行。

2. 集权与分权相结合的原则

在企业组织构架设计中,应根据具体的管理情况,对集权与分权灵活协同地应用,做到两者互为补充,既有矛盾,又有统一,但又不顾此失彼。为了确保企业在大生产过程中的统一领导与指挥,对人力、物力、财力以及其他企业资源进行合理配置与利用,可以以集权管理模式为主。而为了激发下属的积极性、主动性、创造性,还需要采用某种分权管理模式。

3. 层级边界清晰原则

层级管理原则是组织设计所奉行的一项传统原则。也就是说,组织是一个由各种级别的职务群或者岗位群构成的岗位体系,岗位具有特定性与唯一性,也就是说,各种岗位只可能在组织的某一个级别上存在,而没有超组织级别上存在。仅向唯一的上级汇报,不越级、不多头汇报;与此同时,该具体上级管理人员以岗位管理标准为限度处理下级的汇报。如此,就可以避免出现组织管理混乱。

4. 稳定性主导原则

为了实现企业的稳定、健康和可持续发展,企业的组织设计一般应根据其规模、环境和信息沟通条件,选择稳定性最强的组织结构模式,全面分析组织结构的内外部影响因素,构建企业内部的功能模块和各模块间的组合形式。

5. 动态适应性权变原则

企业组织设计的根本目的是为企业的总体战略和日常业务目标服务。然而,由于国家政策的调整、市场需求的变化和经营环境的变化,客观上要求企业的战略和经营目标也要动态调整或优化。

6. 整体协调原则

现代企业的管理内容众多,专业跨度大,工作量大。设置不同的专业部门,有利于提高管理的专业化和针对性,从而保证管理的质量和效率。但是,各部门必须在合理分工的基础上,定期开展多方合作和横向协调,确保企业整体管理的联动、和谐和高效,实现企业组织的总体目标。

二、数字化时代组织设计的演变和发展

组织架构图是组织的框架体系,通过架构图就能知道组织有多少个层级、部门和岗位,它反映的是管理人员横纵向的分工关系。

1. 信息技术对组织设计的影响

随着信息技术的快速迭代,计算机设备从互联网、移动互联网时代逐步升级到移动互联网、物联网时代。

对应这种技术升级,组织的数字化应用和组织特性从原来的社交网络分析、知识管理、外部商业智能演变到大数据分析、数字化组织、平台型组织。

数字化时代的平台型组织和组织设计因素强调:塑造员工的创造性文化、投资于数字化人才、促进软件技能和团队打造。

数字化对组织设计的影响则体现在:组织小型化、组织结构去中心化、增进组织结构的横向协调和协作、网络型组织增强。

数字化时代的组织设计,深刻地体现信息技术对其演变和发展的巨大影响,这种影响同样渗透到酒店行业。

2. 全服务、职能场景的酒店组织架构和数字化背景下连锁酒店的组织结构

酒店的经营为24小时不间断运行,因此酒店的运营,通常分为两大部分:服务和职能。全服务、职能场景酒店的人力资源、财务等职能部门的岗位数量往往较多(见图1-7);总监制的架构设计使得管理层人数增多,酒店人力资源成本升高。

酒店的规模和经营管理方式不同,组织设计时可根据实际经营目标对架构进行增减。

数字化背景下连锁酒店的组织结构表现出小型化、去中心化,同时也更加强调扁平化和横向协调协作。以某酒店集团经济型品牌和中档品牌的组织架构为例来说明,如图1-8和图1-9所示。

不同类型的酒店有不同的组织架构,在没有设置客房经理岗位的酒店中,客房经理的相应工作由客房主管负责。中档型酒店有值班经理和总经理助理,而经济型酒店只有值班经理。

从图1-8和图1-9不难看出,随着集团酒店数字化解决方案的升级换代,经济型品牌和中档品牌都创建了全新的面向服务的组织架构。

原本的前台接待、安保等岗位变得更加强调服务场景,成为集接待、收银、迎宾、客户关系为一体的前台服务大使和安全服务员。服务成为酒店各个岗位的名词后缀。每一个岗位的服务场景、业务流程、标准化模块又共同明确了这个岗位的职责、数字化要求、文化创新能力。

这两种品牌酒店的面向服务的组织架构还体现在将人力资源、财务、法务等职能集中到酒店集团的运营中心,实现了数字化时代的业务归核,从而大大降低了各门店的岗位数量和人力资源成本。

```
                                                          ┌─ PA
                                          ┌─ 行政管家 ────┼─ 布草房
                                          │              ├─ 制服房
                                          │              └─ 洗衣房
                          ┌─ 房务总监 ────┤
                          │               │              ┌─ 行政酒廊
                          │               │              ├─ 礼宾
                          │               └─ 前厅部      ├─ 总机
                          │                  经理     ───┼─ 服务中心
                          │                              ├─ GRO
                          │                              └─ 前台接待
                          │
                          │                              ┌─ 管事
                          │               ┌─ 餐饮部      ├─ 宴会
                          │               │   经理     ──┼─ 中餐
                          ├─ 餐饮总监 ────┤              └─ 西餐
                          │               │
                          │               │              ┌─ 特色餐厅厨房
                          │               └─ 行政总厨 ───┼─ 西餐厨房
                          │                              └─ 中餐厨房
                          │
                          │                              ┌─ 新媒体
                          │               ┌─ 公关部      ├─ 市场策划
                          │               │   经理     ──┴─ 公关部
                          ├─ 市场营销 ────┤
董事会─总经理─驻店经理 ────┤   总监        │
                          │               └─ 销售部      ┌─ 销售
                          │                  经理     ───┴─ 宴会销售
                          │
                          │                              ┌─ 应付管理
                          │               ┌─ 财务部      ├─ 应收管理
                          │               │   经理     ──┴─ 审计
                          ├─ 财务总监 ────┤
                          │               │              ┌─ 成本控制
                          │               └──────────────┼─ 仓管
                          │                              └─ 采购
                          │
                          │               ┌─ 培训经理 ──── 培训
                          ├─ 人力资源 ────┤
                          │   总监        │              ┌─ 薪酬与绩效
                          │               └─ 人事部      ├─ 招聘
                          │                  经理     ───┴─ 人事
                          │
                          │               ┌─ 工程部      ┌─ 空调
                          ├─ 工程总监 ────┴─  经理     ──┼─ 维修
                          │                              └─ 电工
                          │
                          │                              ┌─ 消防
                          └─ 安保总监 ───────────────────┼─ 外保
                                                         └─ 内保
```

图 1-7　全服务、职能场景下的酒店组织架构图

```
总经理
  │
高级值班经理/
值班经理
```

前台服务大使 ┃ 餐厅服务员 ┃ 厨师 ┃ 客房经理/客房主管 ┃ 安全服务员 ┃ 工程维修工

客房清洁师

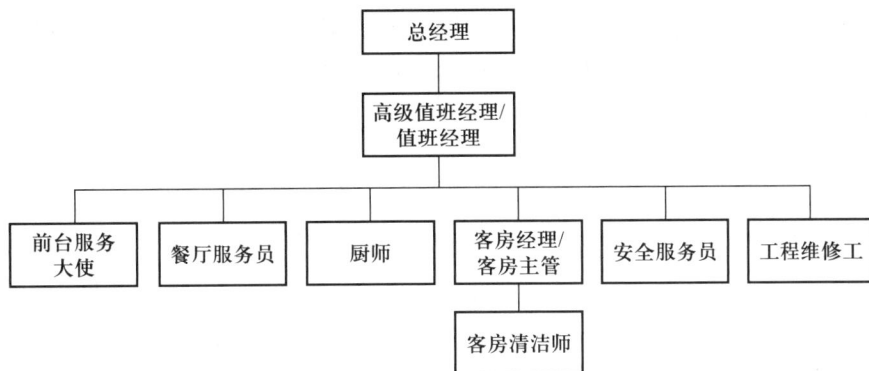

图 1-8 经济型品牌酒店的组织架构

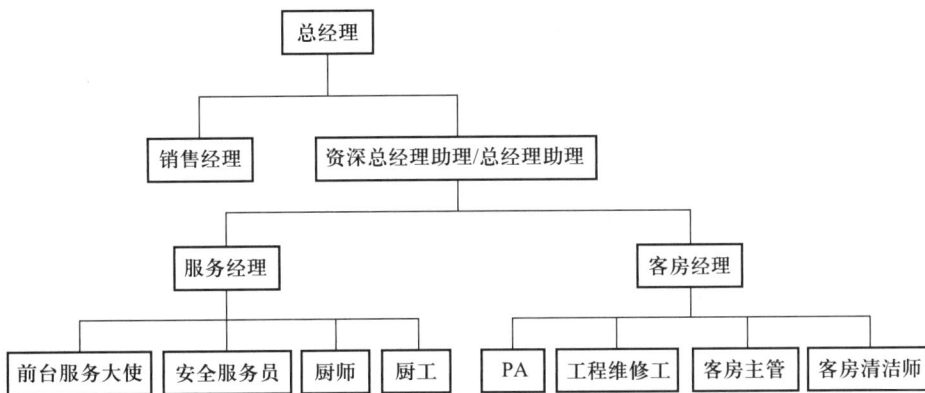

```
总经理
  │
销售经理 ┃ 资深总经理助理/总经理助理
              │
        服务经理        客房经理
```

前台服务大使 ┃ 安全服务员 ┃ 厨师 ┃ 厨工 ┃ PA ┃ 工程维修工 ┃ 客房主管 ┃ 客房清洁师

图 1-9 中档品牌酒店的组织架构

数字化场景下的总经理、值班经理、总经理助理等岗位的概念和职责也产生了巨大的变化。一个门店的总经理、值班经理、总经理助理岗位虽然不多,却在很大程度上实现了组织的协同运行。店内的业务流程管理已经完成了智能体系搭建,向着操作自助化、自动化、无人化的方向演进;总部向这些岗位提供了用以协同工作的平台管理工具,辅助它们实现了组织人才的管理标准化。

对于所有入职酒店集团的员工来说,集团扁平化的组织结构在其职业晋升的过程中则表现出更多优待和迅捷的特性。一位酒店集团新人入职客房清洁师或前台服务大使岗位后,往往只需通过两到三个层级的晋升即可成为门店总经理,获得可观的年薪和职业荣耀。酒店集团还给予一线酒店员工系统、完善的职业培训、轮岗、城市互访、证书考核等助力,帮助每一个拼搏的员工打通职业发展的绿色通道。

作为酒店集团每一个独立运转的酒店,都是麻雀虽小,五脏俱全。集团扁平化的运作和宽幅的管理模式,不仅会优化人力成本,而且使人才的业务和管理能力得到锻炼,再加上数字化的加持和集团优良的运作机制,使员工晋升机会大大增加。

3. 职务说明书

组织架构图只能显示组织有多少个部门和岗位,不能明确显示各个部门和岗位的职责、职权以及相互关系。通过职务说明书,就能够明确各部门、各岗位的职责及相互之间的关系。职务说明书要求简单、明确地指出该岗位的工作内容、职责与权力,与其他部门和职务的关系,以及承担该职务的员工应具备的基本素质、知识背景、工作经验、能力等条件,如表 1-4 和表 1-5 所示。

表 1-4　职务说明书(驻店经理)

部门名称	总经理办公室		
直接上级	总经理	本职	驻店经理
职位概述	在总经理的领导授权下,具体负责整个酒店的对客服务质量和各项工作标准以及协调处理运转过程中的日常具体事务。遇有重大问题,要及时向总经理汇报		
岗位职责	1. 在总经理带领下,负责酒店的日常经营管理工作,对各项经营管理指标负责; 2. 提出酒店的经营管理思路,协助确定酒店年度经营计划,并指挥落实; 3. 协助建立、健全酒店内部管理系统、运行机制及各项规章制度; 4. 协调各部门的关系; 5. 研究市场发展趋势,协调制定酒店各服务产品价格体系; 6. 审定酒店的市场营销方案,不断开拓市场; 7. 提高酒店的管理水平、服务质量		
任职要求	1. 大专及以上学历,旅游管理、酒店管理等相关专业; 2. 10 年以上星级酒店工作经验,其中 5 年以上酒店前厅、餐饮或客房等岗位管理经验,同等岗位两年以上经历,有酒店筹建、开业经验优先考虑; 3. 熟悉酒店各营业部门的服务及管理流程,善于成本控制; 4. 具有良好的协调沟通、管理和团队建设能力,事业心强		
驻店经理日常工作内容	1. 驻店经理受总经理的委托和授权,全面指导协调督促整个酒店的对客服务运转工作。驻店经理首先要能理解酒店总经理的各项意图、决策、对酒店运转管理的思路和要求,保持与总经理在运转管理思路上高度一致。这是驻店经理工作的前提; 2. 驻店经理的主要工作职责是负责整个酒店的日常接待服务工作,驻店经理要了解客情况和酒店各部门的工作状态,阅读有关运转报告、报表和有关信息,以此指导酒店的运转工作;主持召开每天的晨会,讲评质量,布置检查每天的工作;及时协调解决运转过程中各部门发生的问题,定期召开会议了解运转工作是否正常,酒店出现规格、质量问题应及时纠正;处理客人事务,保持与客人的接触,主动征求客人的意见,经常不断改进酒店服务和管理;总经理不在店时,代表总经理处理全店各项工作。酒店出现重大问题和情况及时向总经理汇报		

表 1-5　职务说明书(单店总经理)

部门名称	分公司酒店		
直接上级	区域经理	本职	单店总经理
职位概述	以提供住客高品质的居住体验为宗旨,在区域经理的督导下,带领酒店所有员工承担所管辖酒店的正常运营,建立工作标准并执行相关考核。负责酒店对外沟通协调,谨慎处理门店涉及的突发事件		

续表

岗位职责	1. 负责酒店全面日常运营管理； 2. 负责与政府等相关部门的沟通与协调工作； 3. 负责酒店日常营收、成本控制、财务、人事相关工作等； 4. 负责所管辖酒店的日常销售工作及销售任务的完成； 5. 负责与公司人事部、培训部、员工规划与发展部共同完成所管辖酒店的人员招聘、培训及员工关怀工作
任职要求	1. 大专及以上学历； 2. 1年以上连锁酒店同等岗位经验或星级酒店管理岗位经验； 3. 丰富的酒店运营和管理经验，扎实的酒店基础业务能力，较强的沟通表达、逻辑思维能力； 4. 认真负责，有责任心、事业心及敬业精神； 5. 可接受区域内短期派遣
单店总经理日常工作内容	（一）市场营销 1. 完善人员编制及岗位细分，督促全员销售落地的执行； 2. 拓宽市场渠道，针对前期工作中做好市场调研，合理进行市场定位、渠道划分，对销售市场做明确的细分； 3. 建立灵活的价格体系，对于不同的客户采取不同的维护方式； 4. 完善工作流程，建立各种检查制度，加强内部培训及管理的流程 （二）前厅 1. 完善前台培训与新人帮带任务，符合礼貌礼节培训管理； 2. 建立顾客评价及回访制度，全方位多角度收集顾客的意见，不断提高顾客满意度； 3. 建立新员工培训制度，并进行危机处理和服务补救方面的培训 （三）客房 1. 加强查房力度，实行层级查房制，规范内部管理； 2. 进行交叉培训，节约酒店的人力成本，实现员工的一专多能； 3. 重视网络订房顾客对酒店提出的建议，并进行有效的整改； 4. 根据卫生监督局的要求，建立客房部卫生管理档案，对客房区域的卫生进行监督、检查和管理； 5. 对客用品严格控制，每房间客用品的消耗必须如实进行记录，并实行回收制度； 6. 合理、及时地控房和封闭楼层，以减少因为控房不当所产生的能源浪费； 7. 组织并安排所有员工熟知并执行员工守则，积极引导酒店管理理念； 8. 加强厨房内部培训，制定质量体系检查标准 （四）财务 1. 审核相关的财务资料，完成资金、资产清单、财务档案、印章等的整理工作，与相关部门配合进行固定资产、低值易耗品的盘点工作； 2. 规范核算方式及账务处理； 3. 遗留的应收款项的催收； 4. 完善财务审批制度和审核流程； 5. 配合业主公司完成各类数据报表； 6. 按要求每月提交损益报表和盘存表

续表

单店总经理日常工作内容	（五）行政人事 1. 完善年薪资标准表； 2. 进行人力成本预算； 3. 制定人力资源管理流程； 4. 制定酒店薪酬福利管理制度； 5. 制定中层干部评估表和酒店现有人员评价； 6. 组织并协调高峰期间各部门的支援工作； 7. 组织每月员工生日会； 8. 组织企业文化宣传和工作纪律检查 （六）安全保障 1. 确保酒店无治安案件、无刑事案件和火灾安全事故的发生； 2. 每季度组织一次消防疏散演习； 3. 进行客房和重点部位的水、电、气、门、窗、锁安全检查，确保酒店及客人的安全； 4. 加强车场防盗管理的力度； 5. 进行每月一次的消防设备检测与发电机电动测试； 6. 每周进行巡楼检查，如发现隐患，及时提出整改意见并落实整改； 7. 完善灭火设备，健全指示标志，畅通疏散通道； 8. 开展消防知识培训，理论与实践相结合 （七）工程维修 1. 审核保修合同、供水合同、供电合同、煤气合同； 2. 审核客房维修保养清单； 3. 制定月度报表汇报制度； 4. 制定节能方案； 5. 检查能源消耗和温度控制日志； 6. 每月审核能源费用

三、华住集团组织数字化方案

1. 方案简介

华住集团组织数字化采用人力资源信息管理（Electronic Human Resource，EHR）系统平台（见图1-10），该平台可以方便地支持门店通过店长专区处理人事相关的各类事务。门店管理者也可通过手机端的门店平衡计分卡（balanced score card，BSC）实时管理看板（见图1-11）及其他相关应用，实时了解酒店考核动态，处理相关事宜。员工可通过EHR平台提供的贯穿员工全生命周期的各类应用（见图1-12），获得高效的人力资源服务。加盟商也可通过系统及时获得酒店人力相关数据及服务。人力资源团队则可通过组织盘点系统、组织体检卡、人才档案卡的应用，实现组织诊断的有效精准管理；通过招聘数字化系统、灵活用工服务平台、人才建模盘点工具、培训系统的运用，实现人才供应的适配；通过全员生命周期文化体系产品、升级体系、即时激励、绩效管理等系统对精神物质激励的支撑，提高员工的价值认同。

图 1-10　EHR 首页

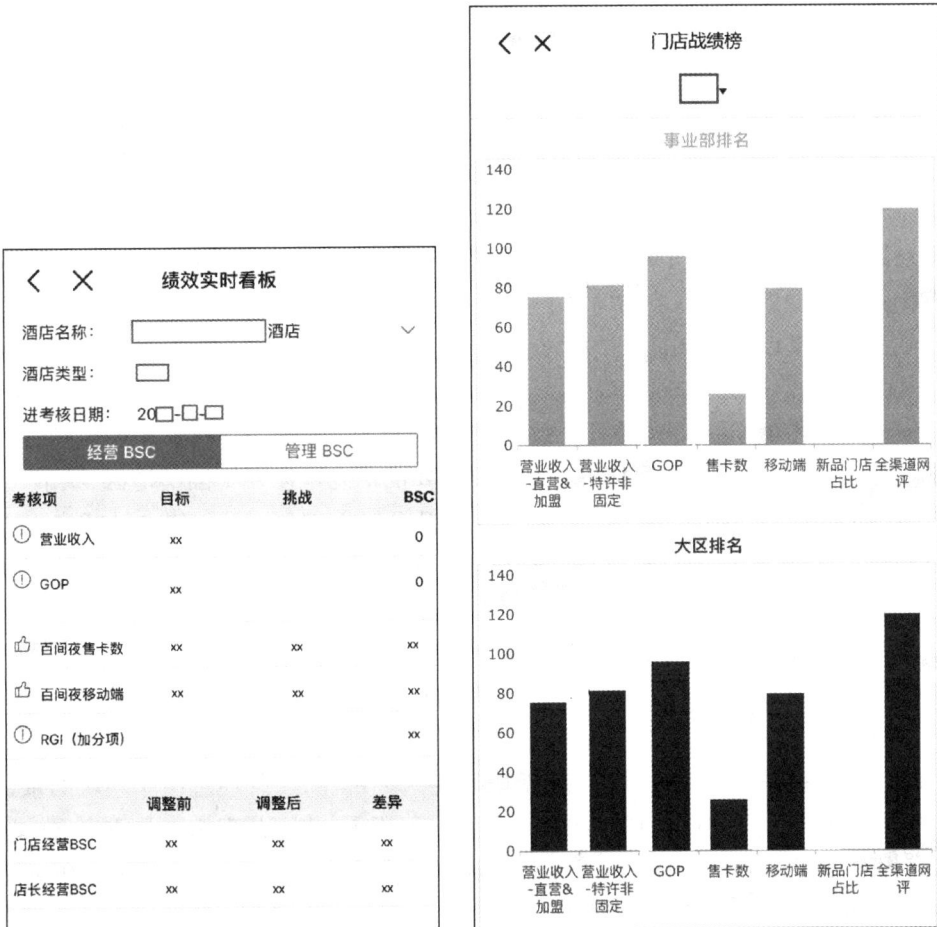

图 1-11　门店 BSC 实时管理看板

第0层 面向员工	EHR 人事系统	应聘时 线上面试邀约 线上应聘登记 表填写 人才库	入职时 电子OFFER 电子档案 电子合同 签约	试用期 新员工大礼 包 AI智能问答 转正申请	在职中 绩效考核 线上培训 精神激励 物质激励	离职时 线上离职 交接	离职后 员工关怀 问候

第1层 面向员工	员工服务平台	热线电话	服务机器人	聊天机器人	考勤服务	我的奖金&工资单

第2层 面向店长 面向HR 面向加盟商	面向店长		面向HR			面向加盟商
	店员入职　店员异动 店员薪酬　考勤排班 店员奖金　店员周薪 门店体检卡　绩效看板		组织&人才盘点　组织体检卡　人才档案卡 员工入离职管理平台　薪酬方案　薪资核算 电子签约　假勤管理　福利管理 绩效考核　全生命周期文化体系产品			劳资关系　薪酬福利 实收实付 员工培训 数据平台 审计合规

整合服务	招聘系统、组织系统、人事系统、考勤系统、算薪系统、人才盘点系统等整合和对接

图 1-12　EHR 服务界面

华住集团的数字化系统建设为快速落实公司战略调整构建了高效的组织能力,为酒店各类业务场景信息化提供可靠的基础数据保障,为员工治理、员工能力、员工意愿等人力资源核心业务提供了关键技术支撑。

2. 方案的优势

(1)降低沟通和信息成本。

随着数字技术的推广,华住集团中酒店服务端口之间的直接连接成为可能,酒店与外部世界合作与沟通的信息成本也大大降低。减少不必要的中间环节,降低客户订单成本,已成为企业构建核心竞争力的途径。

(2)使沟通和信息更流畅、更真实。

在华住集团内部,通过物联网、大数据、移动互联网等技术的应用,实现信息的自动实时采集和传输,信息壁垒正在逐步打破。华住集团的信息可以在不同的地区、城市、门店和级别之间快速、顺畅地传递和共享,无须像传统组织那样自上而下逐级传达或自下而上逐级上报。同时,也避免了信息在逐层传输过程中的失真。数字化技术的应用,使华住集团的扁平化组织既是原因也是结果。

(3)通过模块输出标准化服务,实现标准化和灵活性的统一。

华住集团组织数字化必须实现标准化与柔性化的统一。组织模块化是这一过程的必由之路。通过业务流程重组,打破了各个业务环节之间的强耦合关系,使其成为一个可分离、可配置和可组装的插件。各模块突出功能,封装内部流程,并通过组织模块的接口向外部输出标准化服务。在建设华住集团数字组织的过程中,建立共享中心是重点之一。共享中心是组织模块化的典型方式,它不仅可以提供标准化服务,还可以在标准化服务的基础上,根据自身的特点制定个性化的计划。

（4）企业平台化，员工创客化。

酒店集团数字组织下的酒店与个人之间的关系将不再是一种必要的管控关系，而是一种互利的合作关系，企业将成为平台，员工将成为创客。这更有利于充分发挥组织中个人的创业意识和创新能力。平台与个人之间实现了授权与利益共享的合作关系。平台型企业的目标不是高度集中资源，而是利用平台赋权赋能个人，充分下放权力，保持组织的创造力和创新能力。每一位酒店员工都将成为数字组织中更受重视和尊重的元素。

总体来说，数字化不仅给酒店集团带来了技术变革和组织模式的变革，也推动了行业模式的进步。

四、常见的酒店组织架构类型

酒店对部门划分后，要把酒店各部分在组织中给予定位，使各部分有机地组合起来。酒店通过组织架构对系统内的各部分进行定位和组合。因经济成分和投资形式多样，酒店也有多种管理模式，于是酒店组织架构分为多种类型。较典型的酒店组织架构有以下几种。

1. 直线制组织架构（适用于规模小、业务简单的酒店）

直线制，顾名思义，是一种基于直线的垂直领导的组织形式。其特点是组织的各个层次都被安排在一个垂直系统中，酒店订单和信息从酒店的最高级别垂直发布和传输到最低级别；各级经理对下属有直接的权力，对所有业务都有统一的指挥权。

直线制组织架构（见图 1-13）要么没有职能部门，要么有一个或两个职能部门，一个职能部门有多个管理职能。直线制组织架构更适合规模小、业务简单的酒店。

2. 直线职能制组织架构（适用于旅居功能齐全的非多种经营的酒店）

目前，大多数酒店采用直线职能制的组织架构（见图 1-14）。直线职能制组织架构较适合有较齐全的旅居功能而无其他多种经营的酒店，其特点是把酒店所有的部门分为两大类：一类是业务部门，业务部门实行直线制组织架构，如酒店的前厅、客房、餐饮、娱乐、工程等均属于业务部门；另一类是职能部门，职能部门实行职能制组织架构，如酒店的办公室、人事、财务、安保等均属职能部门。业务部门的管理者在自己的职责范围内拥有业务的决定权，为其下级安排工作任务并对其下级的工作负全部责任。职能部门的管理者只对业务部门提供建议和进行相关管理职能的业务指导，不能安排业务部门的工作任务。直线制和职能制的结合形成了直线职能制的组织架构。

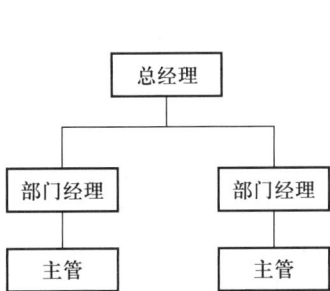

图 1-13　直线制组织架构示意

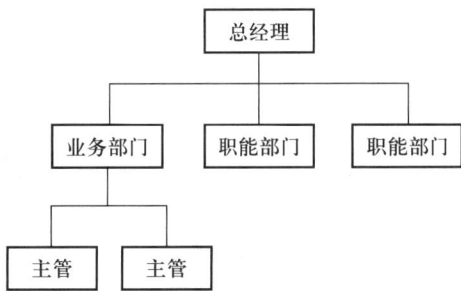

图 1-14　直线职能制组织架构示意

酒店的直线职能制组织架构可以有多种形式,目前较常用的是总监制。总监制是指酒店的组织架构在总经理和部门经理之间加一个管理层级——总监的管理形式。总监可以分管某一部门的业务工作,如客房总监、餐饮总监等,也可以分管几个部门的工作。总监是组织为了限制总经理的管理宽度过大而设立的。在一些规模较大的酒店,如客房超过 500 间,又有很大的洗衣房和园林绿化,酒店客房部的组织机构太庞大,就会设置房务总监这个职位来统管客房部和前厅部。

3. 事业部制组织架构(适用于多业务经营,拥有公寓、楼宇、物业等多种产品、服务的酒店集团)

事业部制组织架构应用于部分工业企业中。这种组织架构形式是在总公司的领导下按特定的产品设立几个事业部,各事业部在经营管理上拥有自主权和独立性(见图 1-15)。它的组织特点是:公司集中决策,事业部分散经营,每个事业部独立核算。例如,有的酒店公司有附属的旅行社、大型餐馆、酒店用品工厂等,有的酒店拥有独立的公寓楼、写字楼等。

酒店主体是一个核算单位,酒店下属各单位又是几个核算单位,酒店主体及各下属单位均在酒店组织系统之中。酒店公司可设立职能部门,管理整个系统的相关事务,各下属单位也可设立相关的职能部门或职能岗位,处理子系统的相关业务。

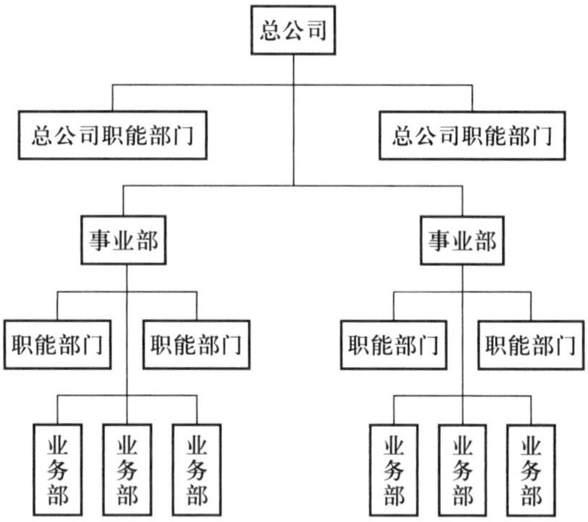

4. 矩阵型组织架构(适用于酒店集团公司或输出管理的大型酒店)

矩阵型组织架构是工业企业常用的一种组织形式。矩阵型组织架构在图示上把职能部门按纵向排列,把产品项目部按横向排列,互相交叉形成一个矩阵,这就形成纵、横两套管理系统(见图 1-16)。产品项目部设经理职位,在总经理的直接领导下工作。职能部门设经理职位,职能部门成员可参与各产品项目部的工作。

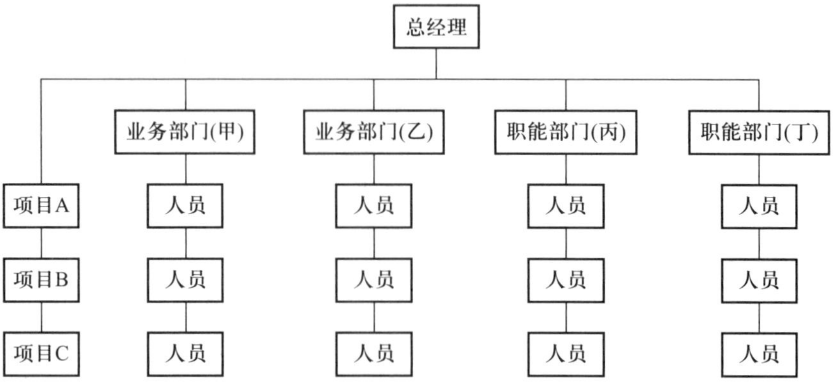

图 1-15 事业部制组织架构示意

图 1-16 矩阵型组织架构示意

　　目前,采用矩阵型组织架构的主要是一些酒店集团或进行产出管理的大型酒店。它们在原有矩阵型组织架构的基础上,按酒店行业的特点对组织架构进行了改进,其特点如下:酒店集团是一个系统,集团设有领导机构和各职能部门,职能部门对各项目部进行专业化管理。集团下设多个项目部,例如,外部输出管理的一组人员是一个项目部,集团的子公司也是一个项目部。项目部成员接受项目部经理的领导,职能部门可以对项目部进行专业指导和检查,但没有指挥权。这种组织形式即使集团处于统一领导之下,也能充分发挥各项目部的主动性和积极性。

　　酒店的组织架构主要有以上四种类型。各酒店在形成自己的组织架构时,可根据自身的经营需要进行一些调整。

五、酒店组织架构设计的内容

　　1. 横向架构

　　横向架构也叫组织架构的横轴线、X 轴。横向架构包括职能架构和部门架构,职能架构指组织有多少项业务以及各业务之间的关系,部门架构指组织有多少个部门及各部门之间的关系。酒店横向架构设计包括如下内容。

　　(1) 确定酒店组织架构的总体模式。根据酒店的性质、规模等条件,结合酒店内部情况选择组织架构的总体模式。

　　(2) 确定酒店的组织机构。确定酒店的决策机构、执行机构、监督机构、反馈机构。

　　2. 纵向架构

　　纵向架构也叫组织架构的纵轴线、Y 轴。纵向架构包括层次架构和职权架构,层次架构是指决策层、管理层、执行层的管理层次构成;职权架构是指各层次、各部门在权力和责任方面的分工及相互关系。酒店纵向架构设计包括如下内容。

　　(1) 确定管理层次和管理幅度。酒店组织管理幅度的大小主要取决于管理者的能力、下属的成熟度、工作标准化的程度、工作条件和环境等。

　　(2) 酒店岗位设计。酒店岗位设计要合理,应重点培养多面手及复合型人才,实现岗位交叉设计与内部人员流动,提高人员工作效率。

　　(3) 建立组织管理制度。组织管理制度主要是对各个管理机构和岗位的职责做出相应的规定及要求。

六、酒店组织架构设计的程序

　　酒店组织架构设计的程序如表 1-6 所示。

　　酒店组织架构设计的程序需要体现出从设计原则到修正反馈,有始有终,以终为始的闭环思路和设计初心。完整的组织架构设计有骨、有肉、有灵魂,在充分体现组织文化创新的先进性同时,更要为组织注入数字化灵魂,架构纵向实现层级压缩,架构横向实现职能共享与协同整合。

表 1-6　酒店组织架构设计的程序

序号	设计程序	工作内容
1	业务流程的总体设计	围绕酒店的战略目标、市场定位和产品定位进行业务流程的总体设计,并对流程进行优化
2	确定管理岗位和部门机构	根据优化后的业务流程岗位确定管理岗位和部门
3	对各岗位负责、定员、定编	分析各岗位的工作目标和任务,明确各岗位的工作职责、工作内容和操作程序
4	制定相应的管理制度	原则上规定管理工作中的基本事项、要素关系、操作程序及其相应的联系方式
5	规定各岗位人员的职务工资和奖励级差	根据各岗位在业务流程中的重要性、对人员素质和能力的要求、任务的权重、劳动强度、技术的复杂性、工作的难度、环境条件的差异、管理水平、风险程度等指标,根据平等投资和平等收入的边际生产率原则,考虑每个岗位人员薪酬的差异

练一练

一、单项选择题

1. (　　)不属于酒店纵向架构的设计内容。

A. 酒店岗位设计　　　　　　　　　B. 建立组织管理制度

C. 确定管理层次和管理幅度　　　　D. 确定酒店组织架构的总体模式

2. 以下不属于常见的酒店组织架构类型的是(　　)。

A. 直线制组织架构　　　　　　　　B. 直线职能制组织架构

C. 菱形职能制组织架构　　　　　　D. 矩阵型组织架构

3. 在矩阵型组织架构中,职能部门对于项目部(　　)。

A. 可以做专业指导检查并拥有完全指挥权

B. 可以做专业指导检查并拥有部分指挥权

C. 可以做专业指导检查,但无指挥权

D. 不可以做专业指导检查,也无指挥权

4. (　　)作为组织的框架体系,决定着组织的形状,能反映出来管理人员横向和纵向分工关系。

A. 服务蓝图　　　　　　　　　　　B. 组织架构图

C. 计算机系统　　　　　　　　　　D. 服务流程图

5. 纵向架构中,层次架构的管理层次不包含以下哪一项(　　)。

A. 决策层　　　　　　　　　　　　B. 管理层

C. 基层员工　　　　　　　　　　　D. 执行层

二、判断题

1. 酒店的组织管理幅度越宽越好。　　　　　　　　　　　　　　（　　）

2. 直线职能制组织架构比较适合规模小、业务较单纯的酒店。　　（　　）

拓展资料

　　酒店的组织架构由许多相互联系与合作的部门和人员共同形成,是一个有机的整体,目的是为了实现酒店的经营管理目标。随着信息化技术的发展,更多行业开始向数字化转型,数字酒店组织架构也就应运而生了。为了便于更形象生动地讲解数字酒店组织架构的内容,制作了相关视频短片。

　　扫描二维码,一起来学习数字酒店组织架构的相关知识。

视频:数字酒店组织架构

任务六　服务功能规划

任务目标

1. 了解服务、服务设计、服务功能规划的含义
2. 熟悉酒店服务功能规划工作的基础知识
3. 掌握服务蓝图的构成与使用

总经理日记

酒店没有预订部

2021 年 12 月 31 日　晴

今天,原同事小刘电话告知我:她失业了,想找个酒店预订部文员的工作。

她说:"我在预订部做了 8 年,还想找个预订部的工作。"

我问:"能转岗位吗?"

她说:"我只会做预订部的工作,商务中心的工作也可以做。不过,我已经 8 年没有在商务中心工作了,不知道是否能胜任。"

可是,我工作的酒店没有预订部、没有商务中心,也没有相关岗位。

或许小刘还不知道,现代酒店行业中的服务功能规划距多年前已经有了很大的变化。

20年前,计算机还未普及,顾客如有上网和发传真等需求,需要去酒店的商务中心办理。小刘当年在商务中心工作,她总是很认真地帮助顾客处理一些文件编辑工作,多次获得顾客的表扬。随着计算机的普及和网络的覆盖,在商务中心上网的顾客越来越少,商务中心也就被取消了,由前台工作人员协助客人完成一些打印、复印的工作。再后来,随着智能手机的普及,这部分需求也逐渐减少。商务中心被取消后,小刘去了预订部,负责处理电话预订业务。

数字化发展到今天,我所工作的酒店,已经使用AI机器人负责接打电话了,也就没有预订部门了。在现代酒店数字化的场景下,我们围绕客户的价值创造进行变革,组织随之变得扁平化,服务功能规划也在不断更新迭代,没有预订部门了,我该怎么帮到她呢?

请思考:为什么原先起着重要服务作用的商务中心和预订部门都被取消了? 你认为这样的服务功能规划是否合理?

知识链接

一、服务设计思维

1. 服务设计思维的核心

服务设计的重点是将服务战略和创新服务理念融入生活,通过整合各种内部和外部基础功能,为顾客、员工、商业伙伴打造全方位的服务体验。从顾客的角度来看,服务设计致力于使服务界面有用、可用并满足需求;从服务提供商的角度来看,服务设计是为了使它们的服务更加有效、高效和与众不同。

服务设计思维的核心主要包括以下五个方面。

(1) 以顾客为中心。从顾客的视角来设计和体验服务。

(2) 覆盖化。设计思维尽可能覆盖服务涉及的全部基础功能。

(3) 流程化。服务应可视化为一系列相互关联的活动。

(4) 有形化。将无形的服务转化为可见的服务展示形式。

(5) 整体性。全面考虑整个服务环境。

2. 酒店智慧服务设计

酒店智慧服务设计致力于智能机器人、人机交互、数字化服务模块打造。

(1) 为顾客提供高效率的服务。

华住集团酒店前台已经涵盖:智慧服务设计,帮助顾客通过"易掌柜"终端办理入住;对服务机器人下达指令,帮顾客提供取物送物、智慧洗衣等服务内容。在实现"易掌柜"自助终端和服务机器人协同联动的过程中,前台服务大使由以往站在前台内面对面为顾客办理入住、结算的工作模式,变为走出前台引导互动、肩并肩协助客人自助办理手续的工作模式。这些酒店的服务动线设计是以用户需求为中心,多点交互式的,同时也是人机交互、高度智能化的。

目前,漫心和水晶酒店的前台多呈开放型岛屿式。由传统封闭式的工作空间、单向平行式服务动线,升级为开放式的服务场景,多向交互式服务动线。前台不仅满足登记、入住、结算的服务需求,更成为整个酒店前厅多功能服务场景的核心,一个连接所有服务区域的功能岛屿。

(2) 解决顾客视角最关注的服务模块。

汉庭、桔子等品牌酒店在大数据分析的支持下,对店内的淋浴、床及床品、高速网络覆盖等服务模块进行了全方位的升级改造,充分满足商旅顾客"洗好澡、睡好觉、上好网"的核心服务需求。

(3) 将舒适、品质、美好等轻奢需求可视化、物质化、体验化。

为顾客的社交、会客、讨论等延伸服务场景提供具有城际特色、文化标签、艺术品位的开放功能区域、酒店景观、健身设施等。走进很多城市的全季酒店,顾客不仅可以感受在前台"易掌柜"自助终端办理入住、结算、发票业务的快捷性和私密性,更可在酒店绿化景观区域打卡今天的商旅风景;在酒店一侧开放式的阅读休闲区,可获得免费咖啡、圆桌、分组等快捷会议服务场景,且在充分满足商旅服务需求的同时不增加任何费用。

二、服务设计因素和服务蓝图

1. 服务设计因素

服务设计因素是同时向顾客和员工表达酒店将设计和传送什么样的服务蓝图。这些因素包括结构性因素和管理因素。

(1) 结构性因素。

① 传递过程:前台和后台、自动化、顾客参与。

② 设施设计:尺寸、艺术性、布局。

③ 地点:顾客人数统计、单一或多样化地点、竞争、地点特征。

④ 能力设计:顾客等候管理、服务人员数量、预估并平衡供需波段(如需求常量和需求高峰)。

(2) 管理因素。

① 服务情境:服务文化、激励、选择和培训、对员工的授权。

② 质量:评估、监控、方法、期望与感知、服务保证。

③ 管理能力和需求:调整需求和服务供应控制的战略、等候管理。

④ 信息:竞争性资源、数据收集。

2. 服务蓝图

(1) 服务蓝图的概念和地位。

服务蓝图是详细描画顾客体验和服务系统的图片或图示。服务蓝图应具有明确性,服务过程中涉及的各类人员都可以理解并客观使用服务蓝图。在服务开发的设计阶段,服务蓝图最为有用。

服务蓝图可同时直观地从几个方面展示服务:描绘服务实施的过程、接待顾客的地点、顾客和员工的角色、服务中的可见要素。它提供了一种把服务合理分块的方法,再逐一描述步骤或任务、执行任务的方法和顾客能够感受到的服务展示。服务蓝图可视化了酒店与特定客户旅程中的接触点直接相关的不同服务组件(人员,设备设施和流程)之间的关系。

酒店为了在竞争激烈的市场中进行准确定位,准备服务蓝图是建立服务流程的第一步。决策仍然是在服务需求的复杂性和多样性基础上制定的。服务蓝图展示的步骤和顺序由服务传递结构的复杂程度以及步骤决定。

(2) 服务蓝图的构成要素。

服务蓝图的主要包括顾客行为、前台行为、后台行为和支持过程(见图1-17)。绘制服务蓝图的规则并非一成不变,因此,其中的特殊符号、分界线的数量、每个组成部分的名称都是可变的。当深刻理解了绘制服务蓝图的目的,并把服务蓝图当成一种有效的技术而不是规则时,所有问题都迎刃而解了。实际上,和其他过程图示方法相比,灵活性是服务蓝图的优势之一。

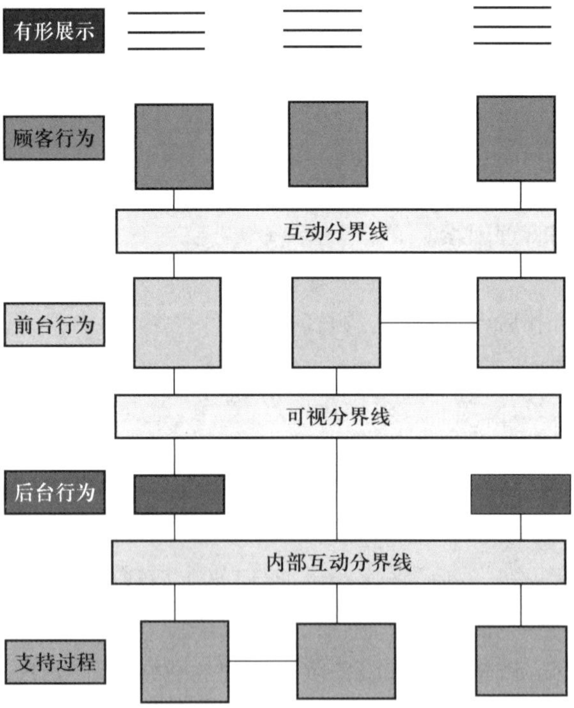

图 1-17 服务蓝图示意图

① 顾客行为。顾客行为是指顾客与服务系统进行交互时所执行的步骤。

② 前台行为。前台行为是指直接针对顾客的操作。这些操作可以是人对人的或人对机的。人对人的操作是员工(与客户互动的人)所执行的步骤和活动。人对机的操作是顾客与自助服务设备的交互。

需要注意的是,并非每个顾客接触点都执行前台操作。顾客可以直接与服务系统交互,则不会涉及前台行为的参与者,顾客直接下单购买商品,则会直接进入后台行为。每当顾客与服务系统进行交互时,顾客都会判断系统的服务质量并做出是否购买的决定。

③ 后台行为。后台行为是指在幕后进行的支持前台行为的活动。这些活动可以由后台员工执行,也可以由前台员工执行,但执行人对顾客而言是不可见的,例如,服务员在厨房展示系统中输入订单。

④ 支持过程。支持过程是指支持员工为客人提供服务的内部系统。例如,家电公司的支持过程包括网上购物、支付验证、定价、送货等。

(3) 行动领域分界。

服务蓝图的 4 个要素由 3 条水平分界线分开。

第一条是互动分界线,表示顾客与组织间的直接互动。一旦有垂直线穿过互动分界线,即表明顾客与组织间直接发生了接触或产生一个服务接触。

第二条是可视分界线,它把顾客所有能看得见的服务活动和看不见的活动分割开来。看服务蓝图时,通过分析有多少服务发生在可视分界线上下,就可以判断是否向顾客提供了更多的服务。可视分界线还可以把服务人员在前台与后台所做的工作分开。例如,医生既对病人进行面对面的交流、诊断等可视的前台工作,也进行事先阅读病历、事后记录病情等不可视的后台工作。

第三条是内部互动分界线,它把前台员工的行为与服务支持活动分割开来。垂直线穿过内部互动分界线则意味着发生了内部服务接触。

服务蓝图的最上面是服务的有形展示,典型的做法是在每一个接触点上方都列出服务的有形展示。

根据服务的复杂度和设计需要,可以选择性地使用以下信息,从而使服务蓝图更加全面和清晰。

① 时间。服务的提供伴随着时间的消耗,服务蓝图中的一步可能需要 5 秒,也可能需要 5 分钟,所以在顶部增加的时间能帮助大家更好地理解这个服务。

② 质量衡量。服务的成功或价值需要一些体验因素来衡量,这些因素是用户在心里判断服务是成功还是失败的关键时刻。例如,等待时间。

③ 情绪旅程。对某些服务来说,理解用户的情绪状态是非常必要的。

④ 拆分前台。当多个接触点同时提供服务体验时,最好将每个接触点拆分到单独的通道(例如,用户与数字设备的互动和用户与服务人员的互动)。

⑤ 拆分后台。后台可以由人、系统,甚至设备构成。对于细节的或聚焦于局部的服务蓝图,将后台拆分成内部员工、应用、数据和基础设施能区分出不同领域的服务。

⑥ 服务体验周期的各阶段。服务是随着时间展开的,如果按体验周期的各阶段来呈现,则服务会更清楚。例如,顾客是如何被吸引来的,怎么开始使用服务的,体验服务的情况,结束使用服务后的效果,然后有可能再次使用服务而变成回头客。

⑦ 主要互动行为的照片 / 草图。用漫画形式让顾客快速了解这些服务是如何随着时间来展开的。

服务蓝图与其他流程图最显著的区别是:服务蓝图将顾客及其对服务过程的体验作为

根本关注点。在设计服务蓝图时,从顾客对过程的体验出发,反向设计,最后描绘服务提供系统。每个行为部分中的方框则表示相应的服务参与者执行或体验服务的步骤。

(4) 服务蓝图的作用。

① 提供创新平台。

② 了解人员角色,以及职能、人员和组织之间的依赖程度。提供有利于创新的战略和战术。

③ 转化、存储创新和服务知识。

④ 从顾客的角度设计互动的真实瞬间。

⑤ 对服务流程中测量和反馈的关键点提出建议。

⑥ 明确竞争态势。

⑦ 了解理想的顾客体验。

三、阅读和使用服务蓝图

管理经营目标不同,服务蓝图的阅读方法也不同。

若目标是了解顾客对服务过程的观感或体验,可从左到右阅读,跟踪顾客行为事件。阅读时可思考:顾客是怎样使用服务产品的? 会如何选择? 顾客是否需要高度参与到服务中? 什么是顾客角度的服务有形展示? 服务蓝图与组织的战略和定位是否一致?

若目标是了解服务员工角色,或前台技术与服务员工行为的集合,可水平阅读蓝图,但阅读的关注点应集中在可视分界线上下的行为上。阅读时可思考:过程合理、高效吗? 谁会接触顾客? 时间节点、频率如何? 要一站式顾客服务,还是必须多点服务? 顾客角度的人和技术的集成、互动是否无缝?

若目标是了解服务过程各因素的集合,或识别员工在服务环境中的位置,服务蓝图可纵向分析。这会明确显示起关键作用的任务和员工,显示组织深层、内部行为与直接服务效果的关联度。阅读时可思考:顾客互动环节的后台支持有哪些? 支持过程中从员工到员工的关联有哪些?

若目标是对服务进行再设计,可全面阅读服务蓝图,了解服务过程的复杂性并思考如何改变路径,从顾客角度体验改变路径对员工和内部过程的影响(也可反向推导)。服务蓝图可评估服务系统的整体有效性和产出能力,并推导出路径改变所带来的系统影响;解决服务过程中可能出现的失效点、瓶颈点、顾客痛点。这些环节的发现有助于实施跟踪举措,并针对特定的问题或部分内容进行细致剖析。

四、酒店服务蓝图示例

酒店服务蓝图涵盖了服务传递的全部处理过程。服务蓝图可以帮助我们思考如下问题:哪些信息在增加顾客活动的便利性上是必要的? 是否有一些处理过程可有可无或可由顾客自助(如快速结账离开)? 哪些处理过程是潜在的失败点? 例如,"送餐要求"活动可能需要一些条款,如计算菜品的数目以免出现错误。

假如某顾客自驾去某城市旅游,入住酒店后发现衣服脏了,便打电话给服务中心要求洗衣服务,在这个过程中,顾客会产生哪些服务行为? 酒店员工需要提供哪些服务? 请看图 1-18。

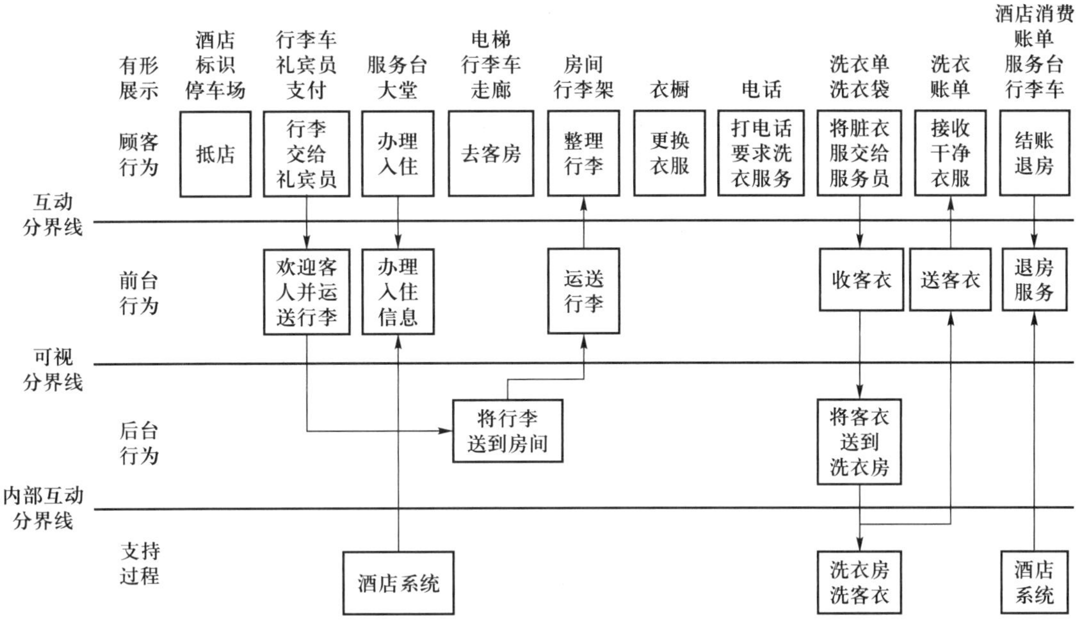

图 1-18　酒店服务蓝图示意

　　蓝图最顶端是顾客可以看到(如酒店标识、员工工装和房间的装饰)和体验到(如等候入住、洗澡、看电视、洗衣服务)的"物质证据"。管理学可能会问这些证据是否与顾客的期望相一致,是否和酒店的形象相一致。

　　互动分界线以上的活动是顾客在购买、消费和评价服务的过程中的顾客发起的步骤、做出的选择以及与酒店的互动。与互动分界线交叉的垂直线描绘了顾客与服务情境之间的直接接触。我们可以提出以下问题:顾客是应该与同一个服务人员互动还是应该由多个服务人员提供服务(比如,搬运一个顾客的行李包)? 门童、前台接待员、行李员和洗衣服务员所需要的人际关系技能是否相同?

　　与顾客活动相平行的是接触员工活动的两个方面。在可视分界线以上的活动顾客完全可以看到,所以称为前台行为(如入住登记和搬运行李)。在可视分界线以下的活动是后台行为,顾客是看不见的(如通过打电话要求洗衣服务),关键点在于后台人员合理安排服务以避免前台出现延误。

　　在内部互动分界线以下是支持过程,它们引发出有关酒店诸如内勤系统的能力要求等方面的问题,例如,酒店预订信息系统和洗衣房。

　　最后,服务蓝图中可视分界线的位置能够实时显示顾客在服务传递过程中的参与程度。

　　总体来说,服务蓝图是服务传递系统的准确定义,它有利于管理者在进行决策前检验服务情况。通过服务蓝图能够找出潜在的机遇和危机,以便决策和解决问题。

练一练

一、单项选择题

1. 服务设计思维的核心包括（　　　）。

A. 以用户为中心　　　B. 流程化　　　　　C. 整体性　　　　　D. 以上都是

2. 服务蓝图是详细描绘顾客体验和服务系统的（　　　）。

A. 图片或图示　　　　B. 方案　　　　　　C. 图表　　　　　　D. 可视化数据

3. 服务蓝图的主要构成不包括（　　　）。

A. 顾客行为　　　　　B. 市场环境　　　　C. 后台行为　　　　D. 支持过程

4.（　　　）表示顾客与组织间直接的互动。

A. 可视分界线　　　　B. 互动分界线　　　C. 内部互动分界线　D. 以上都是

5. 酒店服务蓝图最顶端是顾客可以看到和体验到的物质证据，被描述为（　　　）。

A. 支持过程　　　　　B. 后台行为　　　　C. 前台行为　　　　D. 有形展示

二、判断题

1. 服务设计的重点是将服务战略和创新服务理念融入生活，通过整合各种内部和外部利益相关者，为顾客、员工、商业伙伴和公民打造全方位的服务体验。　　　　　　　　（　　　）

2. 市场细分的一个基本前提是：每个细分部分的需求是不同的，因而对服务或产品的需求也不同。　　　　　　　　　　　　　　　　　　　　　　　　　　　　　（　　　）

拓展资料

　　酒店服务的不断提升是为了给顾客带来更好的入住体验，酒店需要将服务战略和创新服务理念融入酒店管理的方方面面，酒店数字化运营便是大幅提升顾客入住体验的核心之一，致力于打造自身的服务与产品，为顾客提供尽可能多的舒适与便捷。

视频：比心汉庭

　　扫描二维码，观看短视频"比心汉庭"的相关内容。

模块二　服务标准化

模块导读

　　建立标准化流程和程序，是创造稳定绩效的关键。然而，服务的无形性决定了服务是非常易变的。服务的质量取决于由什么人提供服务，以及在何时何地提供服务。没有两个完全一样的员工，也没有两个完全一样的顾客，那么就没有两种完全一致的服务。

　　因此，只有标准化的作业，才能有标准化的服务和产品，才能为服务型企业带来更好的产品和更高的效率，才能尽可能消除生产过程中的变数。不确定性越小，成功的概率越大，服务的成本也越可控。为了保障服务的质量，我们应当对整个服务流程做分解，给每个动作建立标准，对员工做培训，让员工在服务中落实这些标准，并通过客户反馈和巡查督导不断改善。

　　本模块根据顾客结构特点、新的消费习惯、设施设备的改造升级等内容，从高效化和人性化两个维度去考虑，尝试对前台、客房、餐厅岗位标准，客房清洁、质量检查标准，以及对重大投诉处理预案的服务标准的流程进行规范，达到向顾客提供质量稳定的产品和服务的目的。

■ **思维导图**

```
                                            ┌─ 前台岗位部分重点流程
                          前台岗位
                          标准流程 ─────────┤
                          制定(SOP)          └─ 前台岗位数字化运营

                                            ┌─ 客房经理部分重点工作流程
                          客房岗位
                          标准流程 ─────────┤
                          制定(SOP)          └─ 客房清洁师重点工作流程

                                            ┌─ 餐厅服务员早餐备餐工作流程
                          餐厅岗位
                          标准流程 ─────────┼─ 餐厅服务员收餐工作流程
                          制定(SOP)          │
                                            └─ 餐厅厨师岗位职责

                                            ┌─ 客房清洁次序
                                            │
                                            ├─ VD房清洁流程
                          客房清洁          │
          服务标准化 ─────  标准制定 ───────┼─ 客房大清洁流程
                                            │
                                            ├─ 卫生间大清洁流程
                                            │
                                            └─ OD房清洁的注意事项

                                            ┌─ 酒店质检的重要意义
                                            │
                                            ├─ 质检的分类和内容
                          质量检查          │
                          标准设计 ─────────┼─ 质检方法
                                            │
                                            ├─ 质检工作的误区
                                            │
                                            └─ 质检标准举例

                                            ┌─ 导致顾客投诉的原因
                                            │
                                            ├─ 酒店顾客常见的重大投诉类型
                          重大投诉          │
                          处理预案 ─────────┼─ 处理重大投诉的技巧
                          制定              │
                                            ├─ 顾客投诉处理的方法
                                            │
                                            └─ 重大投诉处理流程示例
```

任务一 前台岗位标准流程制定（SOP）

任务目标

1. 了解前台工作的特点和实际工作需要
2. 熟悉酒店行业通行前台岗位标准和工作流程基础知识
3. 掌握酒店前台岗位标准流程制定的步骤和方法

总经理日记

失而复得的手提包

2021年1月11日 多云

张先生是我们酒店的一位常住顾客。今天，他和往常一样出差入住我们酒店，但因为酒店正在接待一个大型团队，在他到达酒店时，所预订的房间还没有打扫出来。

前台工作人员告知张先生还需要1小时房间才能打扫好，于是张先生决定先出去和朋友吃个饭再回来办理入住，并提出把行李寄存在酒店前台，等房间收拾好后工作人员帮他把行李放进去。交代完这些，张先生就急匆匆地走了。

下午三点，张先生自己在易掌柜系统办理了入住手续。进入房间后张先生未发现行李，就打电话提醒前台工作人员帮忙把行李送到房间，得知前台并未找到行李后，张先生又着急又生气地说："包内有重要文件，今天要带着去见客户，如果丢了，那损失没法估量！"事情紧急，我和值班经理快速了解了情况后，从警方处调取了酒店监控录像。通过监控，我们发现张先生寄存的行李和团队顾客的行李一起被收进了行李房，由于张先生行李的款式和另一位顾客的行李特别相近，被错拿了。

我们第一时间联系拿错行李的顾客，得知他已经到达高铁站，便马上赶到高铁站把行李换了回来，才避免这个事件的升级。我们也诚挚地和两位顾客道歉并取得了他们的谅解。

请思考：前台岗位运转的好坏直接反映了酒店的服务质量和管理水平，如果没有好的流程标准并严格执行，是没办法服务好顾客的。那么，制定怎样的前台岗位标准流程才能避免上述的事件发生呢？

📚 知识链接

前厅部(Front Office)是酒店负责招徕并接待顾客,推销客房及餐饮等酒店服务,并为顾客提供各种综合服务的部门。前厅部的工作对酒店市场形象、服务质量、管理水平和经济效益有着至关重要的影响。

前厅部的主要机构均设在顾客来往最频繁的地段——酒店大堂。前厅部是酒店的"神经中枢",是酒店联系顾客的桥梁和纽带,是酒店经营管理的窗口。前厅部的管理体系、工作程序和员工的素质与表现,无不对酒店的形象和声誉产生重要影响。

前台岗位作为现代酒店前厅部的一个重要组成部分,对酒店的经营管理起着重要作用,前台岗位的运行情况如何,会直接体现酒店的服务质量与管理水平,关系到酒店的经济效益与市场形象。前台岗位对酒店的重要性主要体现为:前台岗位是酒店的形象代表——营业窗口、门面;前台岗位是酒店经营活动的核心——"神经中枢";前台岗位为酒店管理提供参谋与助力;前台岗位对酒店组织客源、创造经济收入起着至关重要的作用。

前台岗位要将良好的接待体验顺利地提供给顾客,需要制定和遵循标准作业流程。标准作业流程(standard operating procedure,SOP)是对某一事件的标准操作步骤和要求的书面描述,用来指导和规范日常工作。从管理学的角度来讲,标准作业程序能够缩短新进人员面对不熟练且复杂的事务所花的学习时间,只要按照步骤指示就能尽可能避免失误与疏忽。

前台岗位标准作业流程是指将前台岗位的某一工作行为的标准操作步骤和要求用书面形式描述出来,用于指导和规范日常的工作。前台岗位标准作业流程的实质就是把细节量化,用通俗的话说就是把某个服务过程的关键控制点提炼出来,并加以量化。在具体实施的过程中,前台岗位标准作业流程的核心就是要满足企业的实际工作需求并且能够落实,而不是流于表面。

因此,酒店前台岗位有没有标准作业流程,如何制定适合日常经营管理需要的前台岗位标准作业流程就成为企业间的核心竞争力之一。

一、前台岗位部分重点流程

前台接待工作可以分成日班和夜班两部分,其重点工作流程如表 2-1 和表 2-2 所示。

表 2-1　前台服务员(日班)部分重点工作流程

工作步骤	工作流程	注意事项与参考话术
岗前准备	1. 准时到岗,着装整齐; 2. 注意仪容仪表,精神饱满; 3. 进行签到; 4. 佩戴对讲通信设备	1. 携带员工卡; 2. 注意发型、服装、鞋袜等细节; 3. 女生淡妆上岗,符合仪容仪表规范; 4. 男生面部整洁,符合仪容仪表规范

续表

工作步骤	工作流程	注意事项与参考话术
日班进行接班	1. 打印小商品报表,清点小商品; 2. 打印前台交接班报表; 3. 清点前台备用金; 4. 阅看《前台交接班记录本》和前台各类记录本; 5. 复核各类移交的物品、票据、发票,了解移交的特殊事项; 6. 确认无误后在《前台交接班记录本》上签字; 7. 检查公安上传系统有无未上传或未记录的信息; 8. 查阅酒店管理系统(PMS 系统)公告栏中的信息; 9. 查看酒店管理系统(PMS 系统)中的房态和流量; 10. 检查前台用品有无短缺; 11. 检查前台设施设备的运转情况; 12. 关注大堂环境	1. 特殊事项包括:免打扰(do not disturb, DND)房、余额不足房、叫醒服务、借物情况、保险箱的使用、顾客转交物品、顾客寄存物品、顾客遗留物品等; 2. 移交内容若有出入或不明事项,须及时沟通确认并更正; 3. 检查 POS 单、发票等各类办公用品是否充足; 4. 了解当天的预订、入住房态和流量的情况,以便于控制房态; 5. 关注大堂卫生是否符合标准,若不达标应及时通知公共区域服务员进行保洁
日班下班前的准备工作	1. 打印《交接班表》; 2. 清点前台现金; 3. 在《前台交接班记录本》上进行交接事项的填写并签字	1. 在《封包投款记录本》上填写"投放记录",双方确认签字; 2. 在值班经理或另一位前台工作人员的共同监督下,将封包投入保险箱

表 2-2 前台服务员(夜班)重点工作流程

工作步骤	工作流程	注意事项与参考话术
岗前准备	1. 准时到岗,着装整齐; 2. 注意仪容仪表,精神饱满; 3. 进行签到; 4. 佩戴对讲通信设备	1. 携带员工卡; 2. 注意发型、服装、鞋袜等细节; 3. 女生淡妆上岗,符合仪容仪表规范; 4. 男生面部整洁,符合仪容仪表规范
提供前台服务	1. 打印前台交接班报表; 2. 清点前台备用金; 3. 阅看《前台交接班记录本》和前台各类记录本; 4. 复核各类移交的物品、票据、发票; 5. 了解移交的特殊事项; 6. 确认无误后在《前台交接班记录本》上签字; 7. 检查公安上传系统有无未上传或未记录的信息; 8. 检查前台用品有无短缺;	1. 注意叫醒服务、借物情况、保险箱的使用、顾客转交服务、顾客寄存服务、顾客遗留物品等; 2. 移交内容若有出入或不明事项,须及时沟通确认并更正; 3. 检查 POS 单、发票等各类办公用品是否充足; 4. 了解当天的预订、入住房态和流量的情况,以便于控制房态; 5. 关注大堂卫生是否符合标准,若不达标及时通知公共区域服务员进行保洁;

续表

工作步骤	工作流程	注意事项与参考话术
提供前台服务	9. 检查前台设施设备的运转情况; 10. 查阅酒店管理系统(PMS系统)公告栏的信息; 11. 查看酒店管理系统(PMS系统)中的房态和流量; 12. 关注大堂环境; 13. 主动问候来往的顾客; 14. 按顾客的合理需求提供个性化服务	6. 面带微笑; 7. 按标准流程执行
夜班下班前的准备工作	1. 打印《交接班表》; 2. 清点前台现金; 3. 在《交接班表》上进行交接事项的填写并签字; 4. 7点准时开启背景音乐	1. 在《封包投款记录本》上填写"投放记录",双方确认签字; 2. 在值班经理或另一位前台工作人员的共同监督下,将封包投入保险箱

二、前台岗位数字化运营

易掌柜系统秉承"30秒入住,0秒退房"的产品设计理念,通过前台自助入住、智能硬件集成等功能,打造全场景数字化顾客体验,可支持一站式自助服务(快、保护隐私、无接触),给顾客提供了多种服务选择。从技术角度上,该系统实现了自助一体化的设备整合;在应用角度上,该系统能够满足不同业务场景下各类网络连接条件(宽带、窄带、VPN虚拟专用网络、Internet)的安全管理要求。除此之外,易掌柜系统还能够实现统一异构的各地区接口方案适配对接、人脸识别和证件照精准比对、自动化运维跨平台技术等功能,部分重要应用技术也获得了公安部第三研究所相关认证以及用户方的一致好评。在实际场景中,易掌柜系统能够解决以下业务痛点。

1. 简化住宿手续

2. 缩短顾客的等待时间

3. 减少前台的工作强度

4. 降低不必要的错误

5. 提供无接触服务

练一练

一、填空题

请你利用本任务所提供的相关知识与资料库,基于前台日班与夜班之间的交接班,制订此次交接班工作流程的规范文件。

酒店前台日班与夜班交接班规范流程

1. 日班下班前的准备工作

(1) 工作流程。

① _____。

② _____。

③ _____。

......

(2) 注意事项。

2. 日班进行交接班

(1) 工作流程。

① _____。

② _____。

③ _____。

......

(2) 注意事项。

3. 夜班岗前准备

(1) 工作流程。

① _____。

② _____。

③ _____。

......

(2) 注意事项。

4. 夜班进行交接班

(1) 工作流程。

① _____。

② _____。

③ _____。

......

(2) 注意事项。

二、单项选择题

1. 下列选项中,不是形容前台岗位的是(   )。

A. 前台岗位是酒店形象的代表——营业窗口、门面

B. 前台岗位是酒店管理的主要负责人

C. 前台岗位是酒店业务活动的中心——"神经中枢"

D. 前台岗位是酒店组织客源、创造经济收入的关键角色

2. 下列选项中,不属于前台服务员(白天)"日班进行接班"工作流程的是(　　　)。

A. 查看酒店管理系统中的房态和流量

B. 7点准时开启背景音乐

C. 复核各类移交的物品、票据、发票

D. 检查公安上传系统有无未上传或未记录的信息

3. 下列选项中,不属于前台服务员(夜班)工作流程的(　　　)。

A. 阅看《前台交接班记录本》和前台各类记录本

B. 夜间巡视楼层并做记录

C. 清点前台备用金

D. 复核各类移交的物品、票据、发票

4. 下列选项中,不属于前台服务员(夜班)"夜班进行交班"工作流程的是(　　　)。

A. 清点、移交物品、票据、发票

B. 重要事项做好移交记录

C. 填写《前台交接班记录本》,交接事项经接班人确认无误后,双方签字

D. 打印《交接班表》

5. 下面选项中,不符合前台岗位标准作业流程编写前准备的是(　　　)。

A. 不去了解酒店业的国内外顾客的消费需求

B. 与相关服务运营和支持部门协调讨论

C. 了解酒店业相关的标准作业流程

D. 参考新品牌的标准作业流程样本

三、判断题

1. 前厅部也称客务部、前台部,负责招徕并接待顾客,销售酒店客房、餐饮、娱乐等产品和服务,协调酒店各部门的对客服务,为酒店高级管理决策层及各相关职能部门提供各种信息。　　　　　　　　　　　　　　　　　　　　　　　　　　　　(　　)

2. 标准作业流程是对某一事件的标准操作步骤和要求的书面描述,用来指导和规范日常工作。　　　　　　　　　　　　　　　　　　　　　　　　　　　　　　　(　　)

拓展资料

前台岗位是酒店的门面,往往决定了顾客对酒店的第一印象。能否做好前台人员、环境、设施等各个方面的管理,直接影响着顾客满意度。酒店总结过往经验,顺应行业发展,对前台岗位标准作业流程进行探索和总结。随着数字化时代的到来,前台岗

视频:日班前台工作内容

视频:夜班前台工作内容

位也要实现数字化才能跟得上行业的发展。扫描二维码,了解酒店如何利用数字化技术进行前台日班接待与前台夜班接待。

任务二　客房岗位标准流程制定(SOP)

任务目标

1. 了解客房岗位的特点和实际工作需要
2. 掌握酒店行业通行的客房岗位标准、工作流程等基础知识
3. 掌握客房管理区域、经营范围实际情况、服务生产要求
4. 掌握酒店标准化文件规范
5. 掌握并运用酒店客房岗位标准流程制定的步骤和方法,制定酒店客房岗位标准流程

总经理日记

不翼而飞的重要文件

2022 年 1 月 15 日　晴

今天下午,前台接到一位顾客来电,顾客表示自己的重要资料丢了,并非常生气:"今天是谁给我打扫的房间? 我桌上的资料去哪了? 你们知不知道这个东西是我做了一晚上才完成的?"

前台听后,立即对顾客进行安抚,并询问具体情况:"先生您先别着急,我这边马上联系一下今天打扫您房间的客房清洁师。请问您丢失的资料是什么样的? 放在什么位置了?"

顾客着急地回答:"就是十几张 A4 纸,上面记录的全都是信息和文字,我出门之前就放在圆桌上了,回来就找不到了!"

前台再次安抚顾客并第一时间找到客房经理了解情况。

根据易客房系统显示,客房清洁师小李在下午 14 点左右进入房间进行了住客打扫。通过询问小李,我们了解到,她在进入房间打扫时,注意到顾客圆桌上有几张纸,但因为这些纸张和顾客吃完的外卖混放在一起,并且有点脏了,就误以为是顾客不需要的,一起扔掉了。

值班经理和小李立即前往垃圾寄存间。由于当天住客比较多,垃圾袋有十多个,大家一包包地打开垃圾袋寻找。功夫不负有心人,终于找到了顾客丢失的那份资料。

值班经理随后打电话告知顾客资料已经找到,请他放心。随后诚挚地道歉并取得了顾客的谅解。

为顾客提供干净、安全的客房和环境,满足顾客合理的服务需求,是每位客房清洁师的职责所在。完善的标准和流程,定期的督导培训,是保障工作顺利进行的基础。

请思考:我应该制定怎样的客房岗位标准流程才可以杜绝此类事件的再次发生?

知识链接

客房是酒店的基本设施,是酒店商品不可缺少的组成部分。客房产品是酒店经营的最主要的产品之一,客房是客人的"家外之家"和"第二办公室"。客房并不单指房屋建筑,而是一个综合性的概念:房间形体是它的外壳,设备用品及精美装修是它的实体,客房服务是其价值的重要组成部分。

客房部是现代酒店的一个重要部门。客房部又称房务部或管家部,是酒店向顾客提供住宿服务的部门,为住店顾客提供各种客房服务项目,负责客房设施设备的维修保养,并承担着客房和酒店公共区域的清洁卫生工作。客房服务质量的好坏直接影响顾客对酒店产品的满意度,也影响着酒店的经济效益和声誉。

客房部要将合格的客房产品顺利提供给顾客,需要制定和遵循严格的客房岗位标准作业流程。因此,酒店客房岗位有没有标准作业流程,如何制定适合日常经营管理需要的客房岗位标准作业流程就成为企业间竞争的核心之一。

一、客房经理部分重点工作流程

客房经理的工作重点内容分为 5 个步骤,每个步骤的分步骤及其注意事项如表 2-3 所示。

表 2-3　客房经理部分重点工作流程

步骤	分步骤	注意事项
分发钥匙、房卡、对讲机	向客房员工分发钥匙、房卡、对讲机	1. 检查钥匙与对讲机的完好情况; 2. 核对总卡、楼层卡的数量; 3. 客房各级员工应妥善保管当日所领用的钥匙、对讲机及楼层卡
安排工作	1. 按照培训计划做岗前小培训,检查员工仪容仪表; 2. 开例会,填写《例会记录》,请员工签字; 3. 员工在楼层门卡钥匙分配签收表上签字; 4. 通过易客房系统安排当日工作; 5. 向员工发放房卡、取电卡、钥匙和对讲机; 6. 卫生计划和大清洁房间安排	—

续表

步骤	分步骤	注意事项
检查公共区域	1. 检查早班楼层服务员对所管辖区域的清洁情况； 2. 检查除客房区域以外公共区域的清洁	关注酒店公共区域卫生
巡视期间记录房态差异	现场巡视,有房态差异及时报告总经理/值班经理,并在易客房系统内记录	1. 走廊地毯需每日吸尘； 2. 从帆布袋中取出垃圾袋时,如有渗漏立即套袋,防止污染地毯； 3. 工作间、工作车上物品按规定整齐摆放,晾挂清洗消毒后的抹布
检查 VD 房做房质量	1. 及时查房,修改易客房系统中的房态； 2. 保持对讲机畅通,与总台有效沟通； 3. 循环检查各楼层房间	1. 做好查房记录,保证至少每小时更新一次房态,必须使用易客房系统实时置换房态,即检查完一间置换一间； 2. 时租房入住必须做好记录,避免房态二次更改错误； 3. 巡视检查房间质量、员工操作和服务规范,尤其关注爱干净项目； 4. 对服务员做相应的考核记录和现场的督导培训(操作规范、服务规范、安全意识)； 5. 查房时需携带一面小镜子,检查死角卫生

　　客房主管是客房的管家,对酒店、顾客都有相当重要的作用。扫描二维码,了解华住集团客房主管每日的工作流程。

视频:客房主管每日工作流程

二、客房清洁师重点工作流程

　　客房清洁师的重点工作流程包括签到上岗、参加晨会、保洁准备工作、保洁工作、领取布草、清洁楼层区域、结束工作 7 个方面,具体流程如表 2-4 所示。

表 2-4　客房清洁师重点工作流程

主步骤	分步骤	注意事项
签到上岗	1. 提前到岗准备； 2. 标准着装,注意仪容仪表	1. 请假需事先申请或通知,并得到客房经理的同意； 2. 佩戴好工号牌
参加晨会	1. 参加晨会,听取客房经理的工作安排； 2. 在《楼层门卡钥匙分配签收表》上签名	聆听岗前培训和重要事项,熟知当日单项清洁项目

续表

主步骤	分步骤	注意事项
保洁准备工作	1. 检查工作车配备,并按标准摆放布草; 2. 检查清洁用具,按规定放置在指定位置; 3. 领取客用品,补足工作车上的用品	1. 抹布按规定放入抹布盒; 2. 客用品和布草按规定摆放; 3. 如夜间保安代收布草,检查复点工作间的布草,发现缺漏要及时上报和补充
保洁工作	1. 按规范清洁走廊; 2. 按照易客房系统的标准要求操作,进行逐间清洁; 3. 脏布草投入指定地点; 4. 发现遗留/损坏物品,立即上报客房经理、前台; 5. 发现工程问题及时上报	1. 客房清洁师需在清洁房间前及每天下班前清洁走廊; 2. 做房顺序为:请速打扫→前台急需空、退房→住客房→预退房→维修房; 3. 客房清洁师可根据顾客的需求,调整顺序
领取布草	1. 领取干净布草; 2. 布草折叠整齐后,摆放在布草柜内; 3. 复核楼层布草数量	布草清点数量应与楼层工作间标配数一致
清洁楼层区域	1. 按要求清洁走廊; 2. 清理工作车、工作间,垃圾投放到指定地点; 3. 清洗清洁用具; 4. 离开工作间关灯、锁门(随时)	1. 走廊地毯需每日吸尘; 2. 从帆布袋中取出垃圾袋时,如有渗漏立即套袋,防止污染地毯; 3. 工作间、工作车上的物品按规定整齐摆放; 4. 晾挂清洗、消毒后的抹布
结束工作	1. 交接和记录特殊事项; 2. 归还钥匙、对讲机,并在《客房工作记录本》上做归还记录; 3. 退出易客房系统	1. 特殊事项向客房经理汇报; 2. 钥匙不得由他人代还

客房清洁师的工作非常重要,他们是保障顾客拥有舒适、整洁的休息环境的重要因素。扫描二维码,了解酒店客房清洁师的每日工作流程。

视频:客房清洁师每日工作流程

练一练

一、单项选择题

1. 下列选项中,不是客房经理每日工作范畴的是(　　　)。

A. 每天早上召开客房人员的例会,并检查员工的仪容仪表

B. 负责排班、制作考勤表,汇总计件统计表并提交上级审核

C. 配合前台妥善处理顾客的投诉,努力满足顾客的合理需求

D. 制定客房设施设备保养计划、公共区域大清洁计划、客房卫生计划和安排灭虫除害工作

2. 下列选项中,不属于客房经理"检查 VD 房做房质量"分步骤的是(   )。

A. 保持对讲机畅通,与总台有效沟通

B. 及时查房,填写客房检查记录表或修改易客房系统的房态

C. 检查床箱底部卫生

D. 循环检查各楼层房间

3. 下列选项中,不属于客房清洁师保洁准备工作步骤的是(   )。

A. 检查工作车配备,并按标准摆放布草

B. 检查清洁用具,按规定放置在指定位置

C. 领取客用品,补足工作车上的用品

D. 发现遗留 / 损坏物品,立即上报客房经理、前台

4. 下列不属于客房清洁师清洁楼层区域需注意事项的是(   )。

A. 走廊地毯需每日吸尘

B. 工作间、工作车上物品按规定整齐摆放

C. 晾挂清洗、消毒后的抹布

D. 布草清点数量应与楼层工作间标配数一致

5. 下面不符合客房岗位标准流程(SOP)的描述是(   )。

A. 客房岗位标准作业流程是指将客房部某岗位某一工作行为的标准操作步骤和要求以统一的格式描述出来,用于指导和规范日常的工作

B. 客房岗位标准作业流程的精髓是将细节进行量化,通俗来讲,就是对某一服务流程中的关键控制点进行细化和量化

C. 在实际执行过程中,客房岗位标准作业流程的核心是符合本企业实际工作需要并可执行,不流于形式

D. 客房岗位标准作业流程是指将餐饮部某岗位某一工作行为的标准操作步骤和要求以统一的格式描述出来,用于指导和规范日常的工作

二、判断题

1. 客房清洁师在保洁工作中的做房顺序为:请速打扫→前台急需的空、退房→住客房→预退房→维修房→退房。   (   )

2. 客房是酒店的基本设施,是酒店商品不可缺少的组成部分,是酒店的主体部分,客房产品是酒店经营的最主要的产品,满足顾客住宿的需求是客房部的最主要的功能。(   )

拓展资料

客房管理中存在很多痛点,例如,吵——沟通全靠叫、慢——前台收到反馈易错易漏、耗——纸上排班、排房、计件、怕——敲门去打扫,顾客还在,满意度降低,因此,提高客房管理效率,实现客房岗位的管理流程化、精细化是很重要的。

为了高效运营,酒店组建 IT 团队建设数字化客房管理系统,一方面,大幅提升房间卫生的管理效率,另一方面,尽可能降低各家门店围绕卫生问题的额外支出。

扫描二维码,了解更多关于数字酒店之客房管理的相关知识。

视频:数字
酒店之客房
管理

任务三　餐厅岗位标准流程制定(SOP)

📺 任务目标

1. 了解酒店的定位、餐厅工位的特点等。
2. 掌握经营范围实际情况、服务生产要求。
3. 掌握酒店标准化文件规范。
4. 掌握并运用酒店行业通行餐厅岗位标准、工作流程基础知识,制定酒店餐厅岗位标准流程

🔅 总经理日记

不忍心丢掉的鸡蛋

2022 年 1 月 28 日　阴

昨天入住的团队较多,餐厅很忙,一早我便去餐厅帮忙。

进门就看到餐厅服务员李姨在收顾客用过的餐盘,忙得汗流浃背。我急忙帮她收起掉落在地上的餐巾纸,和她一起收拾。

"季总,谢谢您! 您别弄脏衣服,我来就好。"

李姨是入职刚一个月的新员工,她今天看起来情绪不高,和顾客的互动没有了往日的热情。收市后我和李姨坐在餐厅唠起家常,得知李姨有两个儿子都在上大学,为了供儿子们上大学,她和老公从农村老家出来,每天打两份工,工作很辛苦。聊起她今天情绪不高的原因,原来是早上值班经理小姜批评了她。

"团队顾客用餐,喜欢拿很多食品一桌人一起分享,拿的多浪费了很多。收餐时桌上剩下了煮鸡蛋,鸡蛋没有变质,我不忍心丢掉,擦了擦放回布菲炉里。当时被姜经理看到了,训了我一顿。我知道我错了,不应该这样做,但是我真的不想浪费。"李姨说着又要掉眼泪,我急忙安抚她的情绪:"即使是顾客没剥过皮完好的煮鸡蛋,咱们也不能直接再放回布菲炉里,因为会存在交叉污染的风险。如果你是顾客,看到这样的场景,会开心吗?"安抚好李姨,我就在办公室等着姜经理,每天这时候她会来找我签字。

　　值班经理小姜今天情绪很不好,只见她气呼呼地走进来,"气死我了,餐厅李姨竟然把顾客吃剩下的鸡蛋直接放回布菲炉。还好我及时制止了,不知道她之前做了多少次了!顾客怎么看我们?说她还不开心,还哭了。"我给姜经理倒了一杯茶,静静地听她吐槽。等她情绪稳定后,抛开事情本身,用教练技术引导她回答了几个问题,很明显她意识到了自己管理方法上的问题,她说她需要去思考一下如何避免浪费,如何告知大家收餐的细节以及如何和员工好好对话。

　　请思考:如果你是姜经理,下一步该如何做?

知识链接

　　在酒店的日常经营中,餐厅服务与管理是极为重要和关键的一环。在住宿和餐饮两项业务中,由于餐厅服务与经营管理成本高、利润低、管理难度大,酒店一般比较重视客房的服务与经营管理,而餐饮服务与经营管理多处于次要位置。

　　随着社会经济的发展,顾客对饮食的要求越来越高,促使酒店业的餐饮服务与经营管理水平不断提高。而且,酒店间的竞争也日趋激烈,越来越多的酒店利用自身在餐饮方面的特点来吸引顾客。竞争促进了餐厅业务的发展,也提高了餐厅相关岗位在酒店中的地位。

　　一般来讲,酒店需要为顾客提供餐饮和住宿服务,即使是经济型酒店也需要提供最基本的早餐服务。如果不设置餐厅部门,会在相当大程度上影响顾客的消费体验,也影响到酒店的生存和发展。

　　餐厅要将合格的餐饮产品顺利提供给顾客,需要制定和遵循严格的餐厅岗位标准作业流程。因此,制定适合日常经营管理需要的餐厅岗位标准作业流程就成为企业间的核心竞争力之一。

一、餐厅服务员早餐备餐工作流程

　　充足的备餐是酒店餐厅高效、顺畅运营的重要保障,做好有序备餐可以减轻服务员餐中服务时的压力。餐厅服务员早餐备餐工作流程如表2-5所示。

表2-5　餐厅服务员早餐备餐工作流程

主步骤	分步骤	提示
岗前准备	1. 准时到岗,按规定着装; 2. 检查整理仪容仪表; 3. 至前台领取餐厅钥匙,并在前台的《钥匙领用记录本》上做好领用记录; 4. 了解昨日住客情况	1. 6:00到岗; 2.《钥匙领用记录本》请见前台操作手册;

主步骤	分步骤	提示
餐厅环节布置	1. 检查并打开部分灯光; 2. 调节室温; 3. 擦拭餐台、餐桌、餐椅等表面,并摆放整齐	1. 准备工作期间建议开 1/2~1/3 灯光,以不影响工作为原则,待全部准备工作完成后,6:55 左右准备开餐时打开所有灯光; 2. 空调按照酒店标准进行设定,夏季室温不高于 26℃,冬季室温不低于 16℃
自助餐台摆放	1. 整理好自助早餐台面,摆放食品盛器、电器设备,对整个台面进行装饰; 2. 在干净的酱、醋瓶内灌装相应的调料; 3. 在自助餐台上铺设餐具、用具、餐巾纸; 4. 开餐前 15 分钟将所有的自助餐炉加水、点火或打开加热设备; 5. 将厨房制作完成的早餐按规定摆至自助餐台,菜肴前须配相应的标签立牌	按早餐台标准设置餐台
准备营业	1. 开启咖啡机、面包机等电器设备,并设置在工作状态; 2. 巡检自助餐台,开启所有照明灯光; 3. 7:00 正式接待顾客用餐	—

二、餐厅服务员收餐工作流程

作为酒店餐饮的收尾工作,收餐工作也是极其重要的一环。收餐工作的目的是保持酒店的整洁卫生,以便第二天正常营业。另外,收餐工作也是安全防范的重要环节。收餐工作的流程如表 2-6 所示。

表 2-6 餐厅服务员收餐工作流程

主步骤	分步骤	提示
关闭电源	关闭空调、灯光、加热设备等电器的电源	收餐期间建议开 1/2~1/3 灯光即可,以不影响工作为原则
撤回食物	1. 食品回收至指定的器皿; 2. 包装未开启的食物可回收再食用; 3. 其他食物撤回,放入指定容器,由厨工负责处理,主菜类、中式主食等撤回厨房,由厨工负责处理; 4. 查看咖啡类、果汁类等饮品的库存,不足时及时提出申购	1. 回收时,手不得直接接触食物; 2. 次日过保质期的食物应及时处理

主步骤	分步骤	提示
餐厅清洁	1. 将桌面上所有餐具撤回厨房; 2. 清洁、保养咖啡机、面包机等自助设备; 3. 清洁保养餐桌椅、墙面、装饰物	1. 电器类设备须在断电的情况下进行清洁; 2. 按《餐厅清洁技能》的要求进行清洁保养工作
补充餐具、调味料	1. 将清洗干净的餐具、水杯放入保洁柜; 2. 清洁调料罐、补充牙签盅	—
餐桌椅整理	将餐厅的桌椅重新摆放整齐,使桌边、桌角、椅背全部在各自的直线上排列	—
安全监测	1. 切断所有的水、电、气等设备的开关; 2. 与当班经理一起全面检查,注意安全和防火; 3. 关闭所有门窗并上锁; 4. 填写《厨房员工安全自查表》,并签字; 5. 将钥匙归还至前台,在前台的《钥匙领用记录本》上做好归还记录	1. 冰柜、灭蚊灯不断电; 2. 要确保无事故隐患

三、餐厅厨师岗位职责

餐厅厨师作为餐厅中的"生产者",其岗位职责为按规定菜单生产符合公司品质的餐饮产品,确保食品卫生、厨房环境整洁,并做好设施设备的安全使用和厨房的消防管理工作。餐厅厨师的具体岗位职责和工作内容如表 2-7 所示。

表 2-7 餐厅厨师的岗位职责和工作内容

岗位职责	工作内容
1. 全权负责客餐出品制作、保证菜品质量、食品安全等整体餐厅运营工作; 2. 严守标准,采购符合酒店要求的食材/原材料,并遵守流程指引制作加工、保温、摆盘呈现; 3. 根据顾客喜好、时令季节、地域属性等持续研发出吸引顾客的新菜品,形成门店特色; 4. 主管食品原材料的采购、制作、烹饪、储存、保质期检查等工作,确保符合食品安全管理的要求; 5. 负责餐厅日常用料的申领、盘点、采购、收货工作,进行成本把控; 6. 组织员工进行日常餐具、厨房和餐厅的卫生清洁、消毒、整理工作,确保餐厅和厨房整洁,符合卫生管理要求; 7. 保持良好的仪容仪表、个人卫生和积极主动的服务意识	1. 带领厨工按照酒店的标准完成早餐出品制作及服务、设施设备检查工作; 2. 检查餐厅的原材料、制作流程、工具使用、储存及出品质量,确保食品卫生和安全; 3. 负责组织并做好餐厅、厨房的清洁、整理、虫害防治工作,确保餐厅及后厨干净整洁、无油污; 4. 开餐期间,及时补充食品和更换器皿,确保出品无断档; 5. 负责餐饮物料的清点、订货申购、接收,核查货物的数量、品质、价格、保质期等工作; 6. 负责准备和制作员工的午餐/晚餐(轮班); 7. 负责客餐和员工餐菜单的制定,并定期更新; 8. 做好下班前用水、用电、用气及消防安全检查工作,确保安全生产

练一练

一、选择题

1. 下列选项中,不是厨师每日工作内容的是(　　　)。

A. 对顾客的意见和投诉快速反应,并及时向上级汇报

B. 全权负责客餐食品制作,保证菜品质量、食品安全等

C. 严守标准,采购符合酒店要求的食材/原材料,并遵守流程指引制作加工、保温、摆盘呈现

D. 负责餐厅日常用料的申领、盘点、采购、收货、成本把控

2. 下列选项中,不属于餐厅早餐备餐程序中"准备营业"工作内容的是(　　　)。

A. 开启咖啡机、面包机等电器设备,将其设置在工作状态

B. 巡检自助餐台,开启所有照明灯光,打开电视机并设置频道和音量

C. 开餐前15分钟将所有的自助餐炉加水、点火或打开加热设备

D. 上午7:00正式接待顾客用餐

3. 下列不属于餐厅服务员收餐程序安全监测工作内容的是(　　　)。

A. 将餐厅的桌椅重新摆放整齐,使桌边、桌角、椅背全部在各自的直线上排列

B. 切断所有的水、电、气等设备的开关

C. 与当班经理一起全面检查,注意安全和防火

D. 填写《厨房员工安全自查表》,并签字

4. 下列不属于餐厅服务员收餐程序中"餐厅清洁"工作内容的是(　　　)。

A. 将桌面所有餐具撤回保洁柜

B. 清洁、保养咖啡机、面包机等自助设备

C. 清洁保养餐桌椅、墙面、装饰物

D. 钥匙归还至前台,在前台的《钥匙领用记录本》上做好归还记录

5. 下列关于餐厅岗位标准作业流程的说法中,错误的是(　　　)。

A. 餐厅厨师的职责是负责按规定菜单生产符合酒店品质的餐饮产品,确保食品卫生、厨房环境整洁,并做好设施设备的安全使用和厨房的消防管理工作

B. 餐厅厨师的直属上级是总经理助理

C. 酒店餐厅岗位不必严格遵守标准作业流程,因为这与企业间的核心竞争力无关

D. 餐厅要将合格的餐饮产品顺利提供给顾客,需要制定和遵循严格的餐厅岗位标准作业流程

二、判断题

1. 厨工直接归客房经理管理。　　　　　　　　　　　　　　　　　　　　　(　　　)

2. 根据餐厅环节布置标准,空调按照公司标准进行设定,夏季室温不高于26℃,冬季室温不低于16℃。　　　　　　　　　　　　　　　　　　　　　　　　　　(　　　)

拓展资料

早餐的品质体现了酒店的服务质量。酒店组建了 IT 团队,研发基于移动互联网的酒店早餐服务工具——易早餐,移动端的应用,一方面,大幅提升了餐厅服务员的工作效率,另一方面,减少了早餐相关的工作疏漏,为顾客带来更优质的早餐体验。扫描二维码,获取更多关于数字酒店之早餐服务的知识。

视频:数字
酒店之早餐
服务

任务四　客房清洁标准制定

任务目标

1. 了解在清洁工具、清洁方法、清洁流程、清洁效果方面的品牌标准
2. 掌握品牌酒店客房清洁标准
3. 掌握客房清洁标准化文件的制定规范
4. 掌握标准化文件的编制规范

总经理日记

守住干净底线需要我们一起努力

2022 年 2 月 8 日　阴

酒店新招聘了一位客房清洁师李阿姨,今天是她第一天独立当班做房间,我准备在巡查房间的时候,重点看看她的工作状态和适应情况。

巡查完消防通道,我到了李阿姨所在的三楼客房。在门口先观察了一下,李阿姨打扫起来有点慌乱,但是铺床还是非常标准的,其他工作项目的步骤有些重复。李阿姨转身到工作车上取物时看见我,有点紧张。我笑着走了进去,夸她床铺得好。她很不好意思地低了低头,小声地说:"之前工作过的酒店也都说我床铺得好"。

我拿了一只新垃圾袋边套垃圾桶边跟李阿姨聊起来,询问她家庭情况和子女情况。慢慢地,李阿姨也不像刚开始那么紧张了。很快我们一起转战下一间客房,撤布草时,阿姨说:"主管总提醒一进门就要把所有布草全部撤完,可我老是撤不全,顾客经常放得到处都是,得来回找。"我便教李阿姨:"再撤布草你就数一数,房间里面配的东西就这些,不够数肯定就是没撤完。"李阿姨哈哈大笑,说这个办法好。之后继续跟我聊:"这里什么都好,就是

打扫流程太繁琐了,工作量比在其他酒店大了很多。"我告诉她:"其实很多经验丰富的清洁师有很多好的办法,省事又省力,我让其他同事多教教你,不用着急。就像我们要求抹布要叠成两折、四层、八面,可以翻一面擦一面灰,这样就可以减少清洗抹布的次数,也就是在节约时间了。还有我们的拖把,是不需要弯腰安装拖把布的,而且你可以虎口朝上握住拖把杆,不用像普通拖把一样下腰拖地,身体摆动幅度也不大,省事又省力。不信你试试?"李阿姨照着我说的试了试,果然轻松很多。笑着说:"以后还要多跟大家学习,凡事都有技巧,我也会尽快赶上大家的节奏。"我继续说:"很多酒店的客房在打扫卫生的时候图省事,没脏的床单就不换,用抹布擦杯子等,这些乱象很多。要是我们自己或者家人住到这样的酒店肯定会不舒服的。我们现在做的每一个步骤、每一个标准都是为了让大家入住更安心。只有顾客认可,我们的生意才会越来越好。咱们集团之所以能开这么多家酒店,就是坚持了过硬的品质。"李阿姨点点头说:"季总,您放心吧,我也会守好底线。"

干净整洁是顾客的核心需求,安全卫生是酒店的基础保障。每一位酒店人都应该为之坚持,顾客的满意是酒店人持续的追求。

请思考:为什么李阿姨会觉得步骤烦琐?为什么要第一时间撤布草?作为总经理,你该如何激发清洁师的工作热情并保质保量地做好清洁工作?

知识链接

清洁工作非常重要。对于酒店来说,清洁是顾客的重要诉求和关注点,甚至是日趋严峻的竞争中,酒店是否能够获得顾客的信任和选择的决定性因素之一。

客房清洁包括客房日常清洁和客房大清洁。客房日常清洁包括:对房间整体进行基础清洁,如除尘、换布草、清洁卫生间等,为下一批顾客补充物品等过程。客房大清洁包括:对房间进行全方位的细致清洁,包括房间死角,空调滤网,家具底部及高处的清洁、消毒等。

顾客最在乎什么问题,酒店就要解决什么问题。判断干净还是不干净的是顾客。顾客不知道脏了的地方究竟是"清扫后又被弄脏的"还是"还没有打扫",只能通过现在是干净的还是脏的来判断。我们需要站在顾客的立场上,用心去清扫。做到任何时候都是干净的状态。

一、客房清洁次序

1. 房态分类

VC(vacant clean)房是指干净的尚未经过检查的空房间。

VD(vacant dirty)房是指退房以后尚未打扫的空房间。

OD(occupied dirty)房是指入住尚未打扫的住客房间。

OC(occupied clean)房是指已经打扫过的住客房间。

OK 房是指已经由主管或经理检查过的可以售卖的干净房间。

OOO(out of ordor)房是指需要维修或者进行维护保养的房间。

V/C 房是指前一天未售出的干净房,第二天酒店管理系统显示为空干净,需要抹尘检查后才可以售卖。

2. 清洁次序

客房清洁一般按照 VD 抢房→请即打扫房→ V/C 房→ VD 房→ OD 房的顺序进行,清洁次序如表 2-8 所示。

表 2-8 客房清洁顺序

主步骤	分步骤	注意事项
VD 抢房	顾客已到店,等待入住,前台通知抢打扫	1. 安排 2 位员工同时操作; 2. 必须在 15 分钟内完成
请即打扫房	顾客要求,或前台通知的房间	1. 特殊情况下也可优先处理; 2. 尽量满足顾客的需求
V/C 房 (隔夜空房)	隔夜空净房抹灰,确保房间卫生质量	1. 需重点检查所有饮具和布草,确保洁净卫生; 2. 客房经理负责房间的清洁质量; 3. 修改房态为 OK 房,保证出售
VD 房 (空脏房)	空房清扫,按规范清洁,保证质量	1. 客房经理或值班经理负责检查; 2. 检查合格,房态改为 OK 后方可出售
OD 房 (住客房)	住客房清扫、保证做房质量	1. 确保顾客私人物品保持原样(无缺失、无损坏); 2. 客房经理抽查 50%

二、VD 房清洁流程

客房清洁是客房清洁师每日的主要工作内容,客房清洁师需要严格执行客房清洁流程,才能提供高品质的服务。表 2-9 为 VD 房清洁的流程。

表 2-9 VD 房清洁的流程

主步骤	分步骤	注意事项
准备工作	1. 检查工作车上客用品及清洁工具是否齐全; 2. 工作车内侧朝向客房,工作车堵在门口	工作车紧靠房门停放,与墙面平行
敲门进房	1. 二敲二报; 2. 插上取电卡并巡视房间有无异常; 3. 在易客房系统中点击"开始"; 4. 工具篮、抹布篮带入卫生间	1. 详见"进出门流程"; 2. 注意"请勿打扰"房; 3. 打扫房间时,房门开着; 4. 特殊原因造成服务员分两个时段打扫一间房,服务员应如实记录两次进、出时间
开窗通风、撤布草	1. 窗帘全部拉开(白纱帘、遮光帘),通风并检查窗帘、窗钩完好情况(特殊天气除外); 2. 关闭未关闭的电器; 3. 撤下床单、被套、枕套(不论是否使用过),放入工作车的布草袋内; 4. 撤布草时,如发现有污渍(床单、被套、床褥垫、被芯、枕芯)应及时撤换	1. 窗户开启至限位位置,可根据房间气味和天气调节; 2. 关闭所有电器和灯具,及时报告损坏的设施设备; 3. 被芯、枕芯不可落地; 4. 撤出的脏布草如有重污需放入工作间指定布草车/框内

续表

主步骤	分步骤	注意事项
撤五巾	1. 打开卫生间灯和排气扇; 2. 马桶放水冲洗后喷洒四合一全能清洁剂(马桶水箱、马桶盖板、座圈、坐便器内外均匀喷洒),并合上盖板; 3. 撤下所有五巾(不论客人是否使用过),放入工作车的布草袋内	1. 注意四点喷洒; 2. 第一时间撤出五巾,包括客人未动的五巾也要撤出,否则视为用五巾作抹布用
清理垃圾	1. 以顺/逆时针方向清理、撤出垃圾; 2. 携带扫把、簸箕和拖把进入房间; 3. 由里向外清扫地面垃圾,将垃圾倒入垃圾桶; 4. 扎紧垃圾袋口	1. 检查垃圾桶内是否有文件或有价值的物品(如书写过的便签、通讯录等,作为遗留物品处理); 2. 若烟缸有未熄灭的燃烧物应先用水浸灭后再倾倒; 3. 倾倒垃圾时袋口需打结扎紧
撤杯具、烟缸、电热水壶	1. 携带便携式消毒柜、封箱带进入房间; 2. 将撤出的杯具、杯刷、烟缸和电热水壶放入卫生间待清洁、消毒	详见"杯子消毒流程—便携式消毒柜"消毒流程
清洗、消毒杯具和电热水壶	1. 清洗烟灰缸; 2. 清洗、消毒杯具。不论杯子是否使用过都需要清洁消毒,使用一次性杯具的需要全部更换掉; 3. 清洗电热水壶,用"沸水消毒法"消毒	1. 退客房必须清洗消毒; 2. 未使用便携式消毒柜的门店可参照"电子消毒柜杯具清洁消毒流程"消毒杯具; 3. 详见"电热水壶清洁消毒流程"
铺床	1. 携带干净布草进入房间; 2. 按铺床流程操作	住客房床上用品遵循三天一换的原则,或遵循客人要求
清洗抹布、拖布	1. 将电热水壶带入卫生间,倒尽壶内热水; 2. 在面池清洗绿色抹布,在淋浴区清洗黄色抹布、拖布; 3. 将清洗后的绿色抹布、烟缸、电热水壶带入房间	可用四合一清洁剂喷洒后清洗,注意分色清洁
擦尘	1. 使用绿色抹布从上到下,以顺/逆时针方向环形擦拭家具、门、窗台、窗框及内窗玻璃; 2. 用棕色抹布擦拭各类电器、灯具、镜面; 3. 擦拭时打开所有照明灯具,检查是否完好; 4. 用棕色抹布擦拭遥控器并检查电视机是否图像清晰、信号完好,音量调整适中; 5. 用棕色抹布擦拭并检查电话机是否完好; 6. 设置空调温度并关闭; 7. 调整窗户限位,整理窗帘; 8. 检查、清洁墙面污迹	1. 物品按标准摆放; 2. 擦拭床头板边缘时,左手将棕色抹布的一头拉住按在床板上,右手掌撑开抹布擦拭,可避免抹布弄脏墙壁; 3. 须在断电的情况下擦拭电器、灯具; 4. 调整台灯位置,使灯光可照射在椅子正前方区域; 5. 窗纱拉拢,厚窗帘拉至两边均匀对称; 6. 清洁墙面时,使用魔力擦顺着墙面的纹理去擦拭

续表

主步骤	分步骤	注意事项
清洁卫生间	按清洁卫生间流程操作	—
补客用品	1. 按照规定数量和摆放标准补足客用品； 2. 便携式消毒柜带出房间	—
清洁地面	1. 关闭窗户,将窗纱窗帘复位； 2. 清洁地面前先环视房间整体； 3. 用拖把由里向外清洁地板,去除污渍	1. 如房内有异味可使用异味消除剂； 2. 确认卫生符合标准,物品齐全,摆放符合规定； 3. 确定无遗留清洁工具、用品等； 4. 若地板有明显污迹、油迹,可少量喷洒清洁剂后处理
结束工作	1. 廊灯为开启状态,其他电器全部关闭状态； 2. 拔出取电卡,清洁用品按规定放回工作车； 3. 关门后推门； 4. 在易客房系统里点击"结束"	1. 确认房门已锁； 2. 如发现有品质问题要及时报告

三、客房大清洁流程

客房大清洁工作对于酒店日常维护保养非常重要,需要酒店管理者加以重视。表2-10为客房大清洁的流程。

表2-10　客房大清洁流程

主步骤	分步骤	注意事项
准备工作	1. 检查工作车上客用品及清洁工具是否齐全； 2. 检查大清用品篮内用品是否齐全； 3. 工作车内侧朝向客房,工作车堵在门口； 4. 将大清用品篮及登高凳从工作间拿出,放于房门外一侧	工作车紧靠房门停放,与墙面平行
敲门进房、撤布草	1. 二敲二报； 2. 插上取电卡并巡视房间有无异常； 3. 在易客房系统中点击"开始"； 4. 撤下床单、被套、枕套及各种巾类布草,放入工作车的布草袋； 5. 将工作篮、抹布盒带入卫生间	1. 详见"进出门流程"； 2. 打扫房间时,将房门打开； 3. 因特殊原因造成服务员分两个时段打扫一间房时,服务员应如实记录两次进、出信息； 4. 撤布草时,需遵循由床头至床尾,由外边向内包裹的顺序,以避免毛发等杂物掉落至床上而增加后期的工作量；

续表

主步骤	分步骤	注意事项
敲门进房、撤布草		5. 注意被芯、枕芯不可落地,撤出的脏布草如有重污需放入工作间指定布草车/框
开窗通风	1. 窗帘(包括白纱帘、遮光帘)全部拉开,通风并检查窗帘、窗钩完好情况; 2. 关闭未关闭的电器	1. 将窗户开启至限位位置,可根据房间气味和天气进行调节; 2. 关闭所有电器和灯具,及时报告损坏的设施设备
卫生间清洁准备	1. 打开卫生间灯和排气扇; 2. 将恭桶放水冲洗后喷洒四合一全能清洁剂,并合上盖板	喷洒四合一全能清洁剂时,要注意由上至下喷洒
墙面、墙角擦尘	1. 将棕色抹布、绿色抹布、四合一全能清洁剂带入房间; 2. 用塑料鸡毛掸清洁墙面装饰画及画框; 3. 用塑料鸡毛掸清洁墙角的蜘蛛网	1. 画框无积灰; 2. 墙角无蜘蛛网
擦窗	1. 用软毛刷清理窗框内的积灰和垃圾; 2. 向窗户玻璃、窗框喷洒四合一全能清洁剂; 3. 用绿色抹布由上至下环形擦拭窗框及玻璃; 4. 用棕色抹布抛光	1. 窗框内无积灰; 2. 窗框、玻璃无污迹、无手印
擦吊灯	1. 使用登高凳; 2. 用棕色抹布擦拭吊灯、吊线、灯罩	—
清洁空调	1. 清洁中央空调: (1) 使用登高凳; (2) 向绿色抹布喷洒四合一全能清洁剂; (3) 用抹布擦拭空调出风口; 2. 清洁分体式空调: (1) 向空调面板喷洒四合一全能清洁剂; (2) 用绿色湿抹布擦拭干净; (3) 打开空调面板,将防尘网撤出; (4) 在卫生间台盆内冲洗防尘网; (5) 向防尘网喷洒四合一全能清洁剂; (6) 用水冲净防尘网; (7) 用棕色抹布吸干; (8) 在防尘网上喷洒适量异味消除剂; (9) 将防尘网归位	1. 空调滤网无灰尘,气味清新; 2. 空调面板干净、无污迹

续表

主步骤	分步骤	注意事项
擦拭卫生间排气扇	1. 使用登高凳； 2. 用绿色抹布擦拭排气扇罩板； 3. 在面池清洗绿色抹布； 4. 将登高凳搬出房间	详见华住集团"卫生间大清洁流程"
清理垃圾	1. 以顺/逆时针方向清理、撤出房间及卫生间垃圾； 2. 携带扫把、簸箕和拖把进入房间； 3. 由里向外清扫地面垃圾，并将垃圾倒入垃圾桶； 4. 扎紧垃圾袋并放入工作车内的垃圾袋，将垃圾桶放在卫生间门口一侧； 5. 将扫把、簸箕归位	1. 检查垃圾桶内是否有文件或有价值的物品（如书写过的便签、通讯录等，作为遗留物品处理）； 2. 倾倒垃圾时袋口需打结扎紧
撤杯具、烟缸、电热水壶	1. 携带便携式消毒柜进入房间； 2. 将撤出的杯具、杯刷、烟缸和电热水壶放入卫生间； 3. 待清洁、消毒	详见华住集团"杯子消毒流程"和"便携式消毒柜消毒流程"
清洗、消毒杯具和电热水壶	1. 清洗电热水壶； 2. 打开电热水壶将残水倒尽； 3. 注入清水摇晃后将水倒出； 4. 倒入350毫升白醋； 5. 用杯刷刷洗； 6. 将电热水壶带入房间烧沸消毒； 7. 清洗杯子； 8. 用杯刷清洁杯子内外； 9. 用清水冲洗干净杯子； 10. 清洗烟缸； 11. 用清水冲洗烟缸后倒扣在面池上	1. 退客房必须清洗消毒； 2. 使用白醋去垢； 3. 其他详见"大清洁房电热水壶清洁消毒流程"
铺床	按铺床流程操作	注意棉被尾部与席梦思床尾下沿平行，棉被须盖住席梦思床尾，被尾自然下垂
擦尘	1. 家具擦尘： （1）将四合一全能清洁剂喷洒于写字台、床头柜表面； （2）使用规定的抹布从上到下，以顺/逆时针方向环形擦拭家具，擦拭过程中需注意各个角落及可移动家具的背面/底面的清洁；	1. 物品按标准摆放； 2. 擦拭床头板边缘时，左手将绿色抹布的一头拉住按在床板上，右手掌撑开抹布擦拭，可避免抹布弄脏墙壁； 3. 注意床箱的清洁； 4. 须在断电的情况下擦拭电器、灯具；

续表

主步骤	分步骤	注意事项
擦尘	2. 电器及穿衣镜擦尘: (1) 用棕色抹布全方位擦拭各类电器、灯具; (2) 用软毛刷清洁电视机背面; (3) 打开所有照明灯具,检查是否完好有效; (4) 擦拭电视机遥控器,并检查电视机是否图像清晰、信号完好; (5) 擦拭并设置电话机铃声; (6) 擦拭空调遥控器并设置空调温度(冬季23℃低档制热/夏季26℃低档制冷); (7) 向穿衣镜镜面喷洒四合一全能清洁剂; (8) 用棕色抹布擦拭; (9) 用棕色抹布擦拭墙面开关; 3. 墙面清洁:用魔力擦清洁墙面污迹; 4. 地脚线清洁:用蓝色抹布擦拭地脚线; 5. 将绿色抹布带入卫生间清洗	5. 清洁墙面时,使用魔力擦顺着墙面的纹理去擦拭
清洁卫生间	按大清洁卫生间的流程操作	—
补客用品	1. 按照规定数量和摆放标准补足客用品; 2. 将便携式消毒柜带出房间	—
清洁地面	1. 环视房间整体; 2. 将夹布拖把靠于写字台旁; 3. 将两幅窗纱复位; 4. 向房间地板、卫生间地板喷洒四合一全能清洁剂,用夹布拖把由里向外清洁地面,去除污渍; 5. 用板刷刷拭卫生间、门口接缝线、门口地砖处地面; 6. 用蓝色抹布边退边擦拭淋浴区、卫生间地面、门口瓷砖处地面; 7. 关闭除廊灯外的所有灯光,再用蓝色抹布擦拭干净小垃圾	1. 窗户限位,平开窗为20厘米,推拉窗为15厘米; 2. 窗纱拉拢,厚窗帘拉至两边均匀对称; 3. 出现破损或污渍,应及时修补或进行专项清洁
结束工作	1. 将廊灯设置为开启状态,其他电器全部设置为关闭状态; 2. 将清洁用品按规定放回工作车,拔出取电卡; 3. 关门后推门; 4. 在易客房系统中点击"结束"	1. 如房内有异味可使用异味消除剂; 2. 应确认卫生符合标准,物品齐全,摆放符合规定; 3. 应确定无遗留清洁工具、用品等; 4. 应确认房门已锁; 5. 如发现有品质问题及时报告

四、卫生间大清洁流程

卫生间是室内清洁的一个重点,卫生间大清洁时需要遵循表 2-11 所示的流程。

表 2-11 卫生间大清洁流程

主步骤	分步骤	注意事项
准备工作	1. 工具篮内分格摆放:四合一全能清洁剂、异味消除剂、面池刷、恭桶刷、地板刷、魔力擦、百洁布、涂水器、玻璃刮等; 2. 大清篮内有重污清洁剂、杀菌除味清洁剂、白醋、软毛刷、橡胶手套等	1. 清洁工具: (1) 用恭桶刷清洁恭桶; (2) 用面池刷清洁面池、水龙头等; (3) 用地板刷清洁淋浴房地面、防滑垫; (4) 用百洁布清洁五金件等; (5) 用涂水器清洁镜面、淋浴房玻璃、墙面; (6) 用玻璃刮清洁镜面、淋浴房玻璃、墙面、地面; (7) 用软毛刷为电视机背面除尘; (8) 戴橡胶手套使用除霉菌膏、重污清洁剂; 2. 清洁剂: (1) 用重污清洁剂清洁不锈钢制品; (2) 用杀菌除味清洁剂清洁卫生间地漏; 3. 住客房若卫生间门关闭,应敲门确认无人使用; 4. 检查设施是否完好
清洁准备	1. 打开卫生间灯和换气扇,并环视检查; 2. 将恭桶放水冲洗后按由上至下的顺序喷洒四合一全能清洁剂,并合上盖板	1. 检查设施是否完好; 2. 喷洒四合一全能清洁剂; 3. 先清洁盖板,再清洁座圈,最后清洁坐便器及其内侧
清洁地漏	1. 用小毛刷(或小刷子)清洁卫生间地漏的毛发、地漏盖板内外、地漏口及管道接口处的皂垢和污垢; 2. 将垃圾放入垃圾桶	1. 地漏内无结团毛发残留; 2. 地漏盖板内外、地漏口无皂垢、污垢; 3. 地漏无异味
撤出垃圾	将废弃物品收集到垃圾袋中,扎口后投入工作车的垃圾袋	垃圾袋扎口
清洁淋浴区	1. 清洗垃圾桶; 2. 用清水冲洗淋浴区玻璃、玻璃门、墙面、地面、防滑垫、垃圾桶; 3. 全面喷洒清洁四合一全能清洁剂; 4. 用涂水器将清洁剂全面涂抹至玻璃、玻璃门、墙面; 5. 用板刷刷洗墙面及接缝,之后用清水冲洗;	1. 用刷子清洁地漏内侧毛发和污迹,注意地漏的除味; 2. 如是瓷砖墙面的,注意缝隙处的清洁,如卫生间地面使用防滑材质的,可不使用防滑垫; 3. 花洒在使用后,须将喷头内的余水甩干

主步骤	分步骤	注意事项
清洁淋浴区	6. 用清水冲净地面、防滑垫、垃圾桶; 7. 用蓝色抹布包裹吸干防滑垫水分后,将防滑垫竖立放在玻璃门旁; 8. 用刮刀刮净玻璃、墙面、地面的水迹; 9. 将杀菌除味清洁剂喷入地漏管道; 10. 用蓝色抹布擦争刮刀无法除尽的水迹; 11. 用绿色抹布擦净沐浴盒、三脚架; 12. 擦拭垃圾桶	
清洁恭桶区	1. 用专用恭桶刷清洁恭桶内壁及底部; 2. 简单清洁水箱内壁的明显水垢及异物; 3. 检查恭桶出水口,如有黄斑,在百洁布上倾倒适当重污清洁剂,擦拭恭桶出水口; 4. 冲洗恭桶,确保无泡沫; 5. 用黄色恭桶专用抹布擦净恭桶盖板、座垫圈、坐便器; 6. 用绿色抹布擦拭恭桶水箱台面、冲水按钮	1. 注意恭桶下水口及出水口的去渍; 2. 如恭桶有水箱,检查水箱并用百洁布简单清洁水箱内壁处的明显水垢及异物; 3. 要求:恭桶干净、无污渍、无异味、无黄斑;水箱无明显水垢、杂物
清洁浴室门	用绿色抹布从上至下擦净卫生间门正反两面、门框和门顶	—
清洁洗漱区	1. 向镜面喷洒四合一全能清洁剂; 2. 用涂水器清洁镜面; 3. 用刮刀刮尽镜面水剂,用清水冲洗面池,用绿色抹布擦拭面池、水龙头、台面、皂液盒	注意面池塞与溢水口也要清洁
擦拭	1. 在绿色抹布上喷洒四合一全能清洁剂; 2. 擦拭卫生间内水龙头、玻璃托架、毛巾/浴巾架、淋浴杆、淋浴喷头、玻璃门铰链等五金件; 3. 用棕色抹布擦拭电吹风、开关面板、镜面、水龙头、玻璃托架、毛巾和浴巾架; 4. 用棕色抹布擦拭淋浴杆、淋浴喷头、玻璃门及铰链等五金件; 5. 用棕色抹布抛光卫生间玻璃门及门把手的五金部分; 6. 用蓝色抹布擦拭卫生间墙面(包括高处墙面)、马桶底座; 7. 只留蓝色抹布放在卫生间地面处,将工具篮、抹布篮撤出	确保重污清洁剂无残留,避免对人皮肤造成伤害

续表

主步骤	分步骤	注意事项
补足客用品	1. 按标准折叠、摆放毛巾、浴巾和地巾； 2. 将卫生卷纸放在托架内,外露部分折叠成三角形； 3. 将客房垃圾桶放入写字台下,并将消毒后的口杯带入卫生间归位,将牙刷、牙膏、口杯/纸杯等按标准摆放	按标准摆放客用品
清洁地面	1. 在地面喷洒适量四合一全能清洁剂； 2. 用蓝色抹布从里至外、沿墙角平行,边退边擦净卫生间地面； 3. 清洁完毕,关闭卫生间门	注意地漏的清洗、除味

五、OD 房清洁的注意事项

住客房床上用品遵循三天一换的原则或遵循顾客的要求更换；杯具、电热水壶原则上遵循三天一消毒的原则或遵循顾客的要求,特殊情况(如杯内有未饮用完的饮品等)除外；垃圾桶三天进行一次彻底清洁；卫生间镜面、墙面等三天进行一次彻底清洁；

若顾客回房,则按如下方式核实其身份。

(1) 礼貌地问候顾客：先生/小姐,您好！请出示一下您的房卡,谢谢。

(2) 试用顾客的房卡开门,可以开门,则归还房卡并向顾客致歉：对不起,先生/小姐,给您添麻烦了,请收好您的卡。请问我可以继续打扫房间吗？

(3) 若顾客不能提供房卡或提供的房卡无法开门,则请其出示有效证件,打电话至前台核对,并按如下情况操作：

① 核对正确：对不起,先生/小姐,给您添麻烦了,请收好您的证件。请问我可以继续打扫房间吗？

② 核对错误：对不起,先生/小姐,请收好您的证件,您的信息和电脑登记的不符,请您先到前台办理入房手续。

打扫结束后,应征询顾客意见并道别。

✍ 练一练

一、单项选择题

1. 下列关于客房清洁次序的描述中,不正确的是(　　　)。

A. VD 房要注意安排 2 位员工同时操作,必须在 15 分钟内完成

B. VC 房可以默认不需打扫,照常修改房态为 OK 房,以保证出售

C. OD 房要注意确保顾客私人物品保持原样(无缺失、无损坏),同时客房经理抽查 50%

D. VD 房要空房清扫,按规范清洁,以保证质量

2. 关于 VD 房的清洁流程,下列说法中错误的是( )。

A. 在准备工作流程中,要撤出房间内的布草和巾类

B. 在清洁洗漱区流程中,用蓝色抹布擦拭面池、水龙头、台面、皂液盒

C. 在补足客用品流程中,卫生卷纸放在托架内,外露部分折叠成三角形

D. 在清洁恭桶区流程中,用黄色恭桶专用抹布擦净消毒马桶盖板、盖垫圈

3. 下列关于四合一清洁剂的使用方法中,错误的是( )。

A. 在恭桶内喷洒四合一全能清洁剂,并合上盖板

B. 在面池内喷洒四合一全能清洁剂

C. 在镜面上喷洒四合一全能清洁剂

D. 在地面上喷洒大量四合一全能清洁剂

4. 以下选项中,不是 OD 房卫生间清程准备工作的是( )。

A. 工具篮中分格摆放清洁用品

B. 将清洁工具篮、抹布盒带入卫生间

C. 撤下五巾,放入工作车的布草袋

D. 打开卫生间灯和换气扇

5. 以下选项中,不是客房大清洁流程工作步骤的是( )。

A. 准备工作   B. 敲门进房

C. 撤五巾   D. 补足客用品

二、判断题

1. 客房清洁次序为 VD 房→请即打扫房→ V/C 房→ VD 房→ OD 房。   (   )

2. 客房清洁包括客房日常清洁和客房大清洁。   (   )

拓展资料

一家酒店从发展到成功,除了需要有良好的服务质量和完善的设备设施外,酒店的卫生清洁保养工作也是工作的重心。酒店收到的投诉和差评中,很多问题来自客房清洁流程的不规范。可见,客房的清洁不仅体现着酒店的管理质量,还关系到酒店的成败兴衰,因此,在酒店管理中客房清洁标准的制定尤为重要,我们需要按区域来划分清洁的标准和流程。扫描二维码,了解客房清洁中的重要区域——卫生间清洁流程及标准。

视频:卫生间清洁流程及标准

任务五　质量检查标准设计

任务目标

1. 了解质量检查的价值和意义，正确认识质量检查工作
2. 熟悉质量检查工作的误区
3. 掌握酒店质量检查的分类和内容

总经理日记

我们还需继续努力

2022年2月13日　多云

"我是总部质检部门的，请问季总在吗？"来访人员亮出证件的那一刻，开始了一年一度的集团质检。这是我来集团后经历的第一次质检，心里有点紧张。

按照质检的要求，质检员会先对酒店进行暗访，亮明身份后总经理需陪同进行质检。整个质检进行了一天，门店的员工们都十分紧张，因为这是我们店对客服务质量和管理质量的一次大考。

前台和餐厅的检查情况都不错，大家稍微放松了心情，在查到客房时，质检员随机在PMS系统内找出5间OK房进行检查。结果有几个问题：墙纸及天花板有裂纹、洗手间硅胶发黄。看来是维护保养房间工作和查房工作出了问题，还需提升工作质量。

这次质检的成绩不是很理想，问题在于对细节的关注不到位，以及工作还有疏漏之处，我们还需继续努力。

晚会时，客房部王经理和值班经理小姜都认为自己的工作没有做好，请求我的批评。我并没有批评她们，因为我是负责人，总体来说还是我没有做好工作。我们认真地做了一次复盘，也明确了按照集团的质检要求，我们需要认真地自检自查，保障好服务质量。通过这次质检，我也收获了一个好团队，团队士气空前高涨，我们连夜制订了整改计划，明天开始正式实施。

请思考：你是如何看待酒店质检工作的？质检的作用体现在哪些方面？

知识链接

酒店质量检查是指酒店内部按照酒店制定的标准进行检查,发现管理和服务中存在的质量问题,提高员工的质量意识,增强员工规范化服务的自觉性,进而分析问题、解决问题,然后再进行跟踪复检,确保类似问题不再发生的一系列工作。

规模较大的酒店集团会成立质检部,定期或不定期地对所管理门店进行检查,确保服务质量、消防安全、信息安全、客房管理等应检内容符合质检标准。例如,华住集团的质检部会对旗下所有酒店按照集团制定的标准进行检查,若检查中被评为不合格,将由集团对其进行整改、跟踪复检,以确保质量达标。

质量检查对酒店来说非常重要。通过质检发现各岗位存在的质量问题,并监督落实整改,可以提高酒店的服务质量。而要迎接质量检查工作,首先必须知道检查什么,其次要了解检查的方法和标准是什么,同时还要规避质检工作的误区。

通过质量检查标准的设计和根据标准对酒店进行定期、不定期的检查,及时发现问题,持续改进,保证酒店交付的产品和服务质量可靠,努力让每位顾客都乐意成为回头客。

一、酒店质检的重要意义

质量是酒店效率和效益的源泉,也是企业核心能力的具体表现,所以质检工作在现代酒店管理中有着无可替代的价值与作用。酒店质检对酒店服务、酒店服务产品品质和顾客满意度的提升有着重要的价值与意义。严格、高效的质检工作能使酒店规避一定的风险,有利于宣扬、贯彻及完善标准,提升酒店服务质量,让酒店得以正常运作,还能使酒店形成一种既有竞争力又有进取动力的高速运转的良性机制。

1. 规避风险

质检,简单来说就是酒店进行自查来发现问题并及时改正的工作,因此在质检过程中,审核员围绕酒店底线问题前置性排查安全、卫生等隐患,以此来规避一定的风险。

2. 宣传、贯彻及完善标准

以引导、鼓励、改善及解决重点问题为原则的质检过程有利于宣传和贯彻酒店的质检标准,同时通过区域经理的督导与一线反馈的实际情况也可以进行标准上的调整与完善。

3. 质检是提升酒店服务质量的重要手段

酒店如同一个"小社会",人员复杂,而酒店为入住人员提供食、住等服务,也就决定了酒店服务的复杂性与艰巨性。质检工作对酒店起着督导作用,它会促进酒店将服务聚焦于顾客核心体验并向专业化、品质化方向发展,进而提高服务质量。

4. 质检有利于酒店产品的销售

酒店的产品有自身的特殊性,消费者购买其他产品,能够从质地、外观及使用性能上给予较为客观的评价,但在购买酒店产品时,可能会产生一种"担风险"的消费心理,所做的评价,主观性更强,所以酒店产品的销售具有不稳定性。例如,顾客来酒店住宿,只能在入住后才能对酒店进行评价,作出是否"物有所值"的结论,而这样一个过程具有连锁反应,会影响到酒店产品的后续销售。而质检的一个重要作用是通过提高酒店服务质量,满足顾客的消费期待,让酒店产品后续销售更好。

5. 质检有利于提高酒店服务人员的服务水平与自身素质

酒店服务人员的个人形象,小到化妆着装,大到言谈举止,体现的是酒店整体的形象。由于员工自身的个性与习惯不同,其自觉性未必全部能达到酒店的要求,因此要通过质检工作,不断地监督、帮助服务人员克服不良习惯,提高其素质,增强其自我约束力。

二、质检的分类和内容

开展质检工作的前提是了解质检的范围、内容及相应的标准。酒店质检范围广、内容多,可以依据质检内容的属性分为:设施、设备及用品,服务形象,食品安全,安全状况,专项质检。在酒店质检过程中,要面面俱到,按照酒店质检标准一一检查。由于酒店质检内容庞杂,重要程度不一,因此酒店质检的内容还可以按照项目风险等级分类,从重至轻,依次分为清零项、重点项、基础项、跟踪项四类。

1. 以质检内容的属性分类

(1) 设施、设备及用品。具体有:酒店建筑物、酒店内部装修及各种配套设备,计算机管理系统、中央空调系统、消防监控系统、排水处理系统、电力设备系统、电梯控制系统、通信设备、音响系统、供热系统等,各部门的办公用品、员工制服、客用品(如布草、房间用品、餐具)等。

(2) 服务形象。

① 礼貌礼仪。包括电话礼仪、接待礼仪、谈吐、礼貌问候、仪容仪表等。

② 服务态度。包括微笑服务、有亲和力的语气和动作。

③ 服务的技巧和技术。包括接待艺术、语言艺术、应变处理推销艺术、投诉处理等。

④ 服务项目。主要指提供的服务是否满足顾客在酒店中的需求。

⑤ 服务效率。服务效率是否达到并保持与酒店定位一致,是否做到方便、快捷。

⑥ 卫生。包括食品卫生、服务人员个人卫生、设备的清洁维护、客房卫生、酒店公共区域的环境卫生等。

⑦ 部门培训。部门培训是保证员工能始终如一地提供优质服务的前提条件。

⑧ 员工自律。包括考勤、公共区域行为等一切涉及酒店员工手册纪律制度的行为要求,通过对员工行为举止的约束,保障酒店日常管理工作的正常运行。

(3) 食品安全。仓库及营业区域内食品、饮料摆放是否美观、合理并达到卫生要求;保存期限与正常的周转时间是否冲突,是否变质。

(4) 安全状况。主要包括设备设施的运行是否存在安全隐患;服务项目及程序逻辑是否违反安全规定,防火设施的设置和保养情况;破坏及盗窃事件的发生及处理措施是否得当等。

(5) 专项检查。酒店总经理、总经理助理在经营过程中发现的问题,可视情况设立每周专项检查,保障酒店的运转正常。

2. 以质检项的项目风险等级分类

以华住集团为例,酒店质检的内容如表 2-12 所示。

表 2-12　华住集团质检项考核标准节选

等级分类	考核标准
清零项	百分制评分制度中,一项不合格,报告分数为 0 分
重点项	百分制评分制度中,一项不合格扣 3 分
基础项	百分制评分制度中,一项不合格扣 1 分
跟踪项	不占分值,只做调研

注:该质检考核标准节选自《华住集团质检手册》。

(1)清零项质检。

① 公共区域。检查消防通道(含外挂消防通道)及客房通道、安全门。

② 客房区域。检查一类违建(指客房、厨房、员工宿舍使用泡沫彩钢板搭建)、布草管理、抹布管理、杯具消毒。

③ 餐厅区域。检查食品安全及消防。

④ 大堂区域。检查食品安全及消防。

⑤ 后场区域。检查消防水系统。

(2)重点项质检。

① 公共区域。检查二类违建(设备房、仓库、大堂等使用泡沫彩钢板搭建)、消防水泵、安全门、电梯等。

② 客房区域。检查抹布使用规范,被芯、枕芯等的卫生状况。

③ 餐厅区域。检查二类违建(设备房、仓库、大堂等使用泡沫彩钢板搭建)、食品原料品质管控、厨房四害等。

④ 大堂区域。检查二类违建(设备房、仓库、大堂等使用泡沫彩钢板搭建)、住宿登记等。

⑤ 后场区域。检查二类违建(设备房、仓库、大堂等使用泡沫彩钢板搭建)、消防报警系统、监控安全等。

⑥ 整体。检查顾客信息安全、计算机操作系统安全、酒店敏感信息安全等。

(3)基础项质检。

① 公共区域。检查灭火设备、应急灯、安全指示标志、布草管理、宿舍安全等。

② 客房区域。检查空调、客房门、客房水压、客房清洁剂、工作车、物品配备、脏布草处理、被芯管理、酒店电视直播信号源、维保房、大清房等。

③ 餐厅区域。检查灭火设备、餐具、厨房实况隐患、厨房仓库、收市卫生、隔油池、冰箱、餐厅自助餐台、液化气、员工餐食等。

④ 大堂区域。检查灭火设备、应急预案、小商品管理、员工仪容仪表、PMS 账号管理、家具、照明、自动售货机、物料清单、顾客常见问题手册等。

⑤ 后场区域。检查宿舍安全、夜间安全、灭火器、仓库、设备房、弱电机房、电梯机房、消防水泵房、员工宿舍等。

⑥ 外围区域。检查门头、店招、外立面、酒店车辆等。

⑦ 营业功能区。检查洗衣房、健身房等。

⑧ 整体。检查电梯、厨房除四害、员工仪容仪表、健康证、水箱管理、采购管理、线上服务（WiFiportal 认证）、自助选房、工程服务、网评回复、布草洗涤运输操作规范等。

（4）跟踪项质检。

① 基础管理。检查大堂区域前台（前台引导、业务办理、15 分钟响应）等。

② 线上服务。检查酒店内外宾接待资质等。

③ 整体。检查员工行为规范等。

三、质检的方法

1. 暗访

暗访指质量检查人员在亮明身份前以普通顾客的身份对酒店的消防通道、安全门、卫生情况进行检查。

2. 明查

明查指亮明身份后对酒店进行的全面质量审核检查。

3. 质检方法的数字化发展趋势

随着酒店行业的发展，酒店服务向数字化、品质化、专业化发展的同时，传统质检管理方法也暴露出一些问题。例如，明察与暗访作为主要的线下质检方式效率低下、效果欠佳、耗费人力精力，而各种线上点评也使传统的质量检查方法脱离实际，因此，酒店质检方法亟待打破传统的质检方式，利用好互联网，实现数字化发展。

例如，华住集团顺应酒店质检数字化的趋势开发了易检查数字化系统（见图 2-1）。易检查系统作为华住集团的线上检查系统，提供区域整改支持的工具，把检查标准和手法按照区域进行分类，按照每项分值和计算逻辑用计算机计算分数，不用再进行人工计算，避免了计算差错，并提供整改闭环支持，可收集门店最佳实践案例。

数字化质量检查方式优化了传统质检方式的弊端，实现了检查系统线上化，避免了人工计算分数的偏差，报告随时记录扣分项目并支持上传图片，避免了检查项目的遗漏情况及确保检查现场的真实还原。为酒店优化流程、规避风险，做出前瞻性决策，提供数据支持，同时支持酒店的后续数据处理分析，提供整改闭环，为未来项目改善提供方向指引。

四、质检工作的误区

1. 未摆正心态，消极应对质检

质检常面临"错误""风险""惩罚"等结果，因此，有些酒店总经理在面对质检时往往不能摆正心态，抵触或者消极应对质检工作。而酒店质检工作是对管理和服务质量的检查和督导,是提升酒店服务质量的重要手段,也是优化酒店管理的重要环节,作为酒店的管理者,不应该认为质检是来"找毛病"和"挑刺儿",而要能够以积极的态度去迎接质检并配合质检人员的工作。

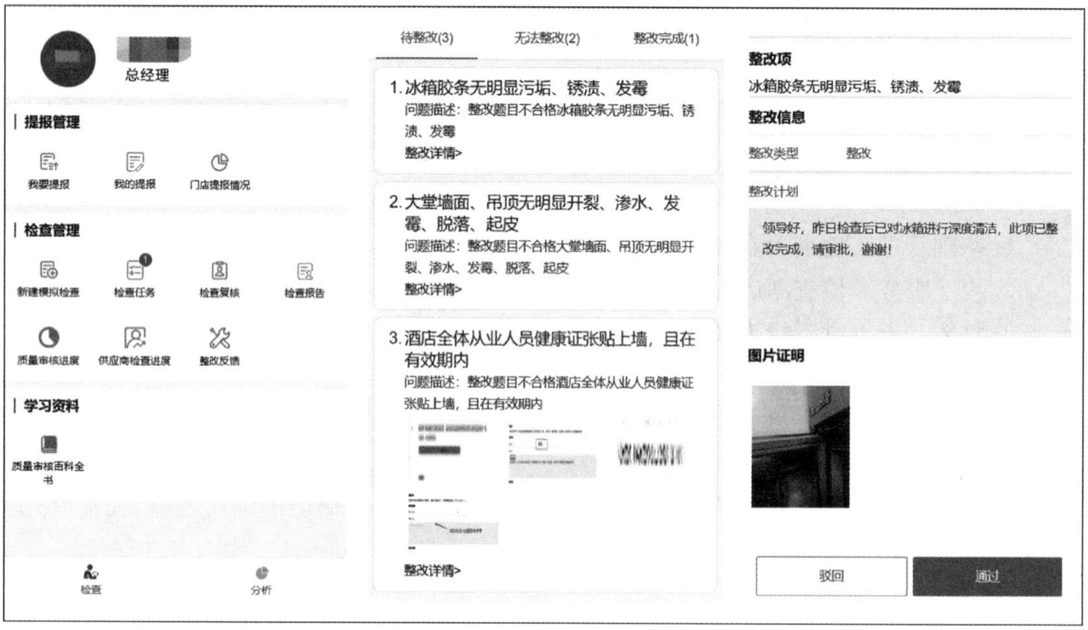

图 2-1 易检查系统

2. 不能及时反思改进,让质检沦为一次性工作或者表面工作

酒店总经理应当以提高酒店服务质量为根本目的来对待每一次质检结果,及时反思、改进,让质检指出的问题得到彻底解决。避免让酒店的质检工作沦为一次性工作或者表面工作。

3. 过度处理质检负面结果及相关人员

面对质检结果提出的问题,有些酒店总经理可能会过度紧张,制定严苛的处分条例,一旦员工违纪,就予以重罚。如此处罚,严重违背了酒店质检的初衷。不仅加重员工的心理负担,也陷入了单纯以处罚为手段的工作误区。所以酒店总经理在进行质检管理中应当多注重人性关怀,要以激励为主、处罚为辅,要注重激励的仪式化。

五、质检标准举例

俗话说得好:"没有规矩不成方圆",质检工作的依据是《员工手册》《管理手册》《岗位职责》《操作规范》等酒店的规章制度。质检人员在熟知酒店各项规章制度的前提下,对酒店各项质量进行全面检查。由于质检范围广、涉及面宽,质检部要综合制定扣分标准,作为酒店总经理,要清楚质检的具体标准。以华住集团为例,酒店部分质量检查标准如图 2-2 所示。

类别	检查项目举例	重要程度	检查内容概况举例
消防安全	一类违建	清零项	客房、员工宿舍、厨房不使用泡沫彩钢板
	消防水系统	清零项	消防水系统有水有压
	消防通道及客房通道	清零项	消防通道保持畅通，最窄处不小于1.4米
	监控录像	重点项	所有公共营业区域摄像头无盲点、无故障、不会摄入客房内隐私
食品安全	无三无食品	清零项	1.无过期食品：食品包装上或标签上的保质期，未超过安全的食用期限
			2.无变质食品：食物感官上没有腐坏、变酸、发霉、异味、颜色异变等情况
			3.无三无食品：加工食品包装上需有厂家信息，生产及保质期，食品生产许可证编码
	标签管理	重点项	食品须粘贴标签，填写符合要求
	厨房除四害	重点项	厨房区域内无苍蝇、老鼠、蚊子、蟑螂等害虫出现或其尸体、虫卵
信息安全	保护顾客信息	重点项	顾客直接触及的公共区域不可裸露摆放顾客信息
	禁止账号共享	重点项	顾客直接触及的公共区域，禁止账号共享
卫生类	布草管理	清零项	VD房第一时间撤出所有床上布草和巾类
	杯具消毒	清零项	VD房杯具一客一消毒
	抹布使用规范	重点项	抹布配备及使用符合品牌要求： 1.抹布分色专用，不得混放，混用，恭桶抹布不得出现在非恭桶区域 2.规范使用抹布篮，清洁前清洁篮和抹布篮带入卫生间 3.严禁使用白色抹布做卫生清洁
服务类	工程服务	基础项	酒店工程人员必须持电工上岗证上岗
	仪容仪表	基础项	店长及所有员工着装、工号牌佩戴须符合图例手册标准，冬夏装更换须单店统一
管理类	小商品管理	基础项	1.同一品牌商品做到一货一签，出售商品无断档 2.不出售仿真假冒产品(仿真名牌手表、皮包等)
	品牌标识	基础项	1.酒店范围内品牌标识符合各品牌要求，无其他品牌LOGO 2.酒店招牌符合品牌VI要求，无与品牌无关的信息

图 2-2 酒店部分质量检查标准

✍ 练一练

一、单项选择题

1. 下面关于质检的价值和意义的描述中，不正确的是（　　　）。

A. 质检是提升酒店服务质量的重要手段

B. 质检是酒店管理环节中的不必要工作，会增加酒店的开销与财务的负担

C. 质检有利于酒店产品的销售

D. 质检有利于提高酒店服务人员的服务水平与自身素质

2. 酒店质检内容还可以按照项目风险等级划分,以下正确的划分方法是(　　　　)。

A. 清零项、重点项、基础项、跟踪项

B. 设施、设备及用品,服务形象,食品安全,安全状况,专项检查

C. 一类项目、二类项目、三类项目、四类项目

D. 常规检查项、抽查项、专项检查项、夜查和暗查项

3. 下列酒店质检的内容中,关于服务形象部分的描述错误的是(　　　　)。

A. 礼貌礼仪包括电话礼仪、接待礼仪、谈吐、礼貌问候、仪容仪表等

B. 服务态度包括微笑服务、有亲和力的语气和动作

C. 服务的技巧和技术,包括接待艺术、语言艺术、应变处理、推销艺术、投诉处理等

D. 服务效率是指员工在服务过程中足够高效,能够快速地把事情做完

4. 关于酒店质检,下列描述正确的是(　　　　)。

A. 员工仪容仪表属于个人事项,不在酒店质检范围内

B. 一般来说,酒店质检的方法可以简单地分为明查和暗访

C. 质检就是"找毛病"和"挑刺儿"

D. 网上评价由于太过个性化,所以不在酒店质检范围内

5. 酒店总经理的质检工作误区不包括(　　　　)。

A. 未摆正心态,消极应对质检

B. 不能及时反思改进,让质检沦为一次性工作或者表面工作

C. 过度处理质检负面结果及相关人员

D. 在质量检查中滥用权力,不能以专业的态度和良好的职业操守进行检查事务

二、判断题

1. 酒店质检范围广、内容多,可以依据质检内容的属性分为设施、设备及用品,服务形象,食品安全,安全状况,专项检查。(　　　　)

2. 客房、员工宿舍、厨房不使用泡沫彩钢板。(　　　　)

拓展资料

　　酒店质检涉及诸多要素,如员工、顾客、清洁卫生等,旨在及时发现酒店运营中的问题并及时纠正,以此来保障酒店的服务质量与运营水平。为了确保住客和员工的安全,特别是酒店的卫生安全,打造让顾客安心入住的放心酒店,华住集团于2022年5月发布了《安心360白皮书》。华住集团利用无接触技术和便捷、透明的线上互动平台,建立了一套完备的消杀体系,对酒店清洁消毒工作制定了各项操作规范,以帮助酒店做好相应的清洁规范管理,保证酒店的卫生、安全。

　　扫描二维码,一起来了解《安心360白皮书》相关内容。

资料:
《安心360
白皮书》

任务六 重大投诉处理预案制定

任务目标

1. 掌握重大投诉处理的流程和方法
2. 运用所学知识编制顾客重大投诉处理预案

总经理日记

待客如亲友,站在顾客的角度看问题

2022 年 3 月 5 日 晴

下午,一位入住好几天的顾客非常生气地在前台大吵,要找负责人投诉。虽然前台和值班经理一直在安抚,但顾客依然非常激动,并告知已经投诉给集团的 4008 客服,要求必须立即解决问题。

我上前了解后得知,顾客投诉酒店的网速太慢,严重影响了他儿子的网上学习效果。我亮明了自己的身份后,一边安抚他一定会想办法解决问题,一边请他在临近的椅子上坐下,慢慢听他继续反馈问题。这位顾客姓吴,他的儿子正在读初三,就读的学校在酒店附近。由于吴先生儿子的学校离家较远,为了让儿子专心上学,吴先生选择入住了我们酒店。刚入住没两天,受疫情影响,学校暂停了到校上课,改成了网课。考虑到学校开课时间具有不确定性,吴先生不能搬回家,只好继续住在酒店。马上要中考了,本来学习压力就大,现在又遇上停课,家长、孩子更是着急。上网课最重要的就是网速和网络的稳定性,但酒店的网络连续两天不给力,一直卡顿。跟酒店反映以后,改善不大。刚刚网络又卡顿了,吴先生正在着急,恰好前台服务人员来催房费,所以吴先生就彻底爆发了情绪。为了不影响孩子上课,我随即与吴先生商量,让他儿子先使用我手机的 5G 网络上课,不要耽误学习,同时酒店马上着手来处理这个问题,并向他表示一定会妥善解决问题,吴先生表示同意。

随后我立即联系了酒店所在城区的 IT 支持,说明了顾客的特殊需求以后,也制定了应急解决方案,使上网课的问题得到了彻底解决。

在交谈过程中,我了解到吴先生是附近某大学的老师,由于白天要上班,在此期间照顾儿子也存在不周到的地方。所以在晚餐时间,跟团队沟通了这件事,大家表示都会关注这间房的顾客。所在楼层的阿姨主动承担起了照顾孩子的任务,及时送餐、送洗衣服,每天打扫房间的时候也会多关注一些。前台的员工也会给孩子送去零食,并帮他打印作业。

看到我们如此尽心尽责地为他解决问题,吴先生非常感动。随后还将孩子班里同样情况的学生介绍到酒店入住。

其实很多时候解决顾客的投诉,更多的是安抚顾客的情绪。待客如亲友,多站在顾客的角度想问题,没有办法解决的问题要学会寻找替代方案。以心换心,才能真正得到顾客的认可。

请思考:你害怕被顾客投诉吗?为什么?遇到投诉你会如何应对?

知识链接

服务创造价值,酒店之间的重要区别就是服务。理想的状态是酒店始终为顾客提供无差错服务,服务的目标是第一次把事情做对;但现实是人非圣贤,孰能无过,服务差错是无法避免的。服务差错发生之后,顾客会投诉,这些投诉如果处理不当,会使酒店业绩下降、声誉受损、经济受损、士气受挫;如果处理得当,则会使顾客满意以及成为回头客和宣传员。

在本任务中,我们将学习处理投诉的方法,掌握处理投诉的步骤、诀窍,以及有效的服务补救措施。顾客之所以投诉,在很大程度上因为员工没有在关键时刻为其提供正确、满意的服务,因此,本任务将学习"关键时刻"的概念及意义,识别酒店的"关键时刻",通过"关键时刻"的管理,让顾客对酒店建立信任,且继续加强信任。此外,本任务还将学习如何为顾客提供稳定、可靠的服务,实现顾客满意、员工发展和公司利润最大化的目标。

我们要有这样的理念:错误很难避免,但顾客的不满意是完全有可能避免的。我们一定要通过投诉管理与服务补救、关键时刻管理、至美服务打造等全方位措施,完善重大投诉处理预案,使顾客乘兴而来,满意而归。

一、导致顾客投诉的原因

1. 服务质量原因

服务的质量问题引起的投诉主要是由于酒店所提供的产品或服务没有达到质量标准,或者有重大的质量问题而造成的。

例如,顾客进店后,发现客房电器有故障;在餐厅用餐时发现菜品变质等。又如,酒店服务人员在回答顾客的问题时不耐烦或敷衍了事;收银员多收了顾客的钱、让客人结账等待的时间过久;服务人员没有及时帮助顾客运送行李、未提供顾客要求的服务等,都会使顾客感到不满而投诉。

因此,如何提高服务质量,减少顾客对酒店的不满和投诉,已成为酒店管理人员研究的重要课题。

2. 顾客自身的原因

如果顾客认为酒店的服务不符合其需求和期望,或者对酒店的产品或服务缺乏了解而产生误会,就会造成无效投诉。酒店面对这样的投诉应该表现出大度,尽量耐心地与顾客沟通和做出解释,帮助顾客解决实际问题,这样不仅使顾客的问题得到了解决,而且还能增加顾客对酒店的忠诚度。

3. 酒店内部的原因

因为酒店内部系统出了问题而无法正常工作,也会导致顾客的不满,使其满意度下降。例如,销售部门和服务部门分工不明确,在这种情况下,顾客就有可能因为不满意而投诉。再如,酒店员工流动性大导致偶尔人手不足造成服务质量降低、部门之间责任不明确、出了问题部门之间互相推诿和指责等,若这些问题得不到及时解决,就会影响整个酒店的运营效率。

4. 顾客的期望值得不到满足

顾客消费酒店产品时,对产品本身和酒店提供的服务都有一种良好的愿望和期望,而这些愿望和需求一旦得不到满足,就会导致心理失衡,由此而产生的抱怨和想"讨个说法"也成为顾客投诉的主要原因。

顾客的投诉与其期望值有很大关系,主要表现在以下几个方面。

(1) 酒店的宣传不切实际。酒店是以营利为目的的服务性企业,其提供产品和服务都具有很强的目的性。因此,酒店的一切活动必须围绕着营利目标进行。但是,酒店的宣传往往存在着一定程度上的不合理性,如广告内容的过分渲染,使顾客对酒店商品或服务产生过高的期望,顾客一旦发现酒店无法实现自己的期望时,就可能会去投诉。酒店应当在顾客提出"酒店可以为我带来什么"的相关问题时进行清晰的即时答复,将顾客的预期降至合理的范围内,以避免此类问题的出现。

(2) 酒店的价格高于期望值。每个顾客购买商品时,都会对该商品的价格有一个预期。若酒店产品的价格超出顾客预期的上限,便会引起他们的不满。

(3) 酒店产品和服务质量低于期望值。顾客消费时买到的并不是某一种产品,而是通过该产品感受到的某一种价值,而这一价值必须以质量作为保证,如果质量出现问题,则其他均为"零"。对于酒店产品来说,其价值需要通过服务来体现,再好的酒店产品,若没有好的服务来支持,也是无本之木。

总之,处理顾客投诉首先应认真分析其投诉的原因,然后才能有针对性地去解决。

二、酒店顾客常见的重大投诉类型

酒店顾客的投诉有很多种,重大投诉往往针对酒店设施设备、服务质量和态度、异常事件等。

1. 对服务态度的投诉

酒店员工若对待顾客无礼、冷漠,易招致顾客的投诉。

2. 对设施、设备的投诉

酒店的设施设备,如空调、照明、供水、电梯等,若没有得到及时的检查和维修等也容易受到顾客的投诉。对于酒店而言,即便建立起一套比较完备的维护制度也不可能杜绝一切设施设备出现的问题,特别是那些历史比较悠久的老酒店更易发生这种情况。

3. 对服务质量的投诉

顾客对酒店服务质量的投诉很常见,如分错房间、邮件不能按时寄出、行李无人搬运等,这类投诉在酒店业务繁忙时很容易出现。

4. 对异常事件的投诉

顾客在酒店也会遇到许多的偶发事件,如房间已经全部订完、因为交通繁忙买不到返程的票等,订票这种问题通常和酒店的运营没有什么关系,但是经常有顾客希望酒店来帮他们解决此类问题。这时,酒店可以采取以下措施来处理:向顾客提供必要的信息,顾客可能会询问某些酒店是否有能力安排住宿;酒店不能不理睬顾客的请求,而是要耐心地为其讲解,尽力帮其解决困难。

三、处理重大投诉的技巧

1. 聆听

酒店在处理投诉时,首要步骤是了解顾客的投诉内容并理解他们的感受,给他们一个宣泄不满并迅速冷静下来的机会。对投诉内容的理解是解决投诉的基础,从聆听内容上就能得知存在哪些问题,问题发生的时间、地点,所涉人员,损失情况及顾客的要求等,从而提出具体而行之有效的解决办法。此外,顾客的情绪还决定着问题的解决方式。若顾客情绪不太激动,则不需太多动作就可能解决问题。若顾客情绪比较激动,应考虑多做动作抚慰他们。让顾客有机会宣泄自己的情感是很重要的,任何一个人一旦心情激动就会变得难以交流,适当给顾客一个宣泄心情的机会可以使随后事情的解决变得更简单。当然这里要视场合而定,以保证不影响其他顾客的利益为前提。

还应指出的是,当顾客提出诉求时,务必集中精力聆听,不打断他们的话,放下手中的活,与他们保持眼神接触,使他们感觉到受到重视和关心,心理需求能够获得满足。当顾客提出要求后,工作人员可展开询问,一方面,询问可以了解事情的来龙去脉,另一方面,适当的询问也是使顾客感到受到关注和重视的方法。

如果"倾听"这个步骤做得好,很多针对小问题的投诉就会在这一步终止。

2. 同理心

同理心泛指心理换位、将心比心,亦即设身处地地对他人的情绪和情感的感知、把握与理解。

员工在处理顾客投诉时,应该能够理解并体谅他们的情绪,不要将他们置于自己的反面。员工若能展现同理心,处理投诉将会变得更容易。顾客会因其情感得到理解与关注而不要求酒店做出更进一步的赔偿,也会因此改变对于酒店服务品质的负面印象。

以下就是几个表达同理心的简单话术:"我特别理解您的心情""我能够想象您的经历""这状况我也无法接受。"

3. 道歉

道歉需要注意以下几点。

(1)不推诿,不将责任推卸到他人身上。因为在顾客心目中每一位员工都是酒店的代表。顾客在选择电话投诉或现场投诉等方式时,并不会考虑当下几点和前台是谁工作。因此,一收到顾客的投诉,员工就代表了酒店。当然,各级员工对投诉的处理权限也不一样,但这并不意味着要去搪塞,遇有自己职权不充分的场合,要对顾客说明自己职权不充分,需请示上级。

(2) 注意肢体语言与语气。对待顾客的投诉,一定要重视自己的肢体语言及语气,切忌流露出不耐烦、反对、厌烦的情绪。消极的行为、表情及口气都会使顾客更加生气,也使投诉处理更加困难。

(3) 注意用词。在和顾客交流时应该用正式的、不引起歧义的语言,对顾客的称谓也应该用尊称。切忌用本地方言、行业或团队内的流行语交流,这容易让顾客产生反感。

4. 处理

顾客投诉的严重性由客人遭遇问题的严重性所决定,因此酒店管理层应对顾客投诉的处理制定赔偿预案及授权机制,并建立记录制度等。整个计划可分为严重程度、问题列表、负责人、补偿权限四部分,其中严重程度由低至高进行分档。就赔偿部分而言,酒店可根据自身情况确定赔偿方式。

5. 告知

顾客的一切申诉均应记录在案,内容包括:时间、场所、部门、申诉内容、办理人员、处理结果以及赔偿内容。相应的物质补偿,需办理人员及有关负责人签名。每月各部门要对当月发生的申诉及处理意见进行分析、查找,跟踪解决问题的途径及效果、赔偿费用等,报告总经理。总经理接到报告之后,可以和各个部门的领导进行共享,促使有关部门进行完善。在许多情况下,顾客都能找到酒店方通常无法察觉的问题所在,特别是在工程和工作流程方面。酒店在考察或演习中,不能面面俱到,而且顾客长期待在室内和利用室内设施,很容易被发现其中存在的某些隐性问题。因此,对顾客的投诉要抱有感激之情,及早发现问题,及早解决问题,这就意味着及早止损。

四、顾客投诉处理的方法

1. 动作

(1) 礼貌地打招呼,询问顾客有无需要协助之处。尽量回避对其他顾客有影响的处理申诉,态度要平和,切忌消极,不和顾客争执,视顾客为亲友。

(2) 聆听与记录。集中精力用心聆听,不轻易打断顾客的发言,选择恰当的时机对顾客表达敬意与同情,注意提问的要点与顾客的要求;尽量以姓氏来称呼顾客;面对面地记录顾客的要求,能让顾客减缓语速、平缓心情。

(3) 寻求处理方法。诚恳、恳切地向顾客道歉并给出解决方法,能够针对顾客提出两种处理方案供其选择,必要时能够给予顾客合理范围内的补偿。能够在授权范围内针对投诉运用授权及时处理顾客的问题,对于无法现场处理的投诉,应及时向上级汇报并给予顾客明确的回复时间,同时还要留出充足的处理时间。

(4) 跟进处理的过程和结果。同步跟踪时间节点之前的处理情况,并与顾客进行联系交流,让顾客对处理情况知情,以保证顾客对处理过程及最终的结果满意。接受顾客申诉的工作人员必须对申诉办理流程及结果负全程责任,直至顾客满意。处理结束之后,答谢顾客给酒店的宝贵建议,并真诚邀请顾客再次入住体验。

(5)经验总结与改进。将投诉处理经过总结成经验,凝练成相应的案例,并将案例应用于培训,组织讲解、分享经验、学习改进。

2. 话术

"先生/女士,您好,很抱歉给您带来不好的入住体验,我们会及时处理,请您跟我详细说一下好吗?"同时引导顾客到办公室或无其他顾客的场所,为顾客倒上一杯水。

"您好,您的诉求我已经做好了记录,非常抱歉!我会尽快给您答复,请您稍等。"

"您好,感谢您对我们提出的建议,我们会立刻整改,希望您再次入住和体验。"

五、重大投诉处理流程示例

下面以餐厅重大投诉处理流程为例来制定相关的应急处理方案,帮助酒店后续在运营管理过程中用于员工培训(见表2-13)。

表2-13 餐厅常见投诉的处理

投诉项目	处理步骤
弄脏顾客衣服	1. 向顾客诚恳道歉:视情况可由值班经理或总经理出面进行; 2. 设法替顾客清洁:可能的情况下征得顾客的同意,留下联系电话、地址,替顾客干洗后送回; 3. 设计小惊喜赢回体验感:值班经理或总经理视具体情况给顾客设计一个小惊喜
顾客在菜肴中吃到异物	1. 以最诚恳的语言向顾客致歉; 2. 尽量减少其他顾客的关注; 3. 按顾客的要求重新制作或退掉此菜:重做这道菜一定要等新菜式端上来时才能把带异物的菜式撤到厨房里去,在此之前可以把带异物菜式保存在工作台上; 4. 必要时的补偿:必要时可以提请值班经理或总经理以其他方式给顾客以补偿
顾客对菜肴质量不满	1. 致歉并满足顾客的要求:顾客提出的问题可通过重新加工得以解决,应表示歉意并即刻满足顾客的要求; 2. 重新制作菜肴:若菜肴存在严重质量问题,服务员应向顾客表示致歉,并立即撤去此菜,通知厨师重新制作; 3. 告知上级领导:及时将情况通知值班经理/总经理,并进行进一步的安抚
顾客在用餐过程中受伤	1. 处理顾客的伤情:搀扶顾客至安全、安静处休息并致歉; 2. 告知上级领导:立刻通知当班经理直至总经理到现场处理情况; 3. 观察伤情作决断:观察顾客的受伤情况,给予包扎及相关优惠安抚方案,情况严重或无法自行处理即刻送医院; 4. 承担责任与对客承诺:如餐厅有责任,及时做出承诺并使顾客相信酒店会承担相关费用

练一练

一、单项选择题

1. 导致顾客投诉的原因不包括下列选项中的（　　　）。

A. 服务质量原因　　　　　　　　　B. 顾客自身的原因

C. 酒店自查的原因　　　　　　　　D. 顾客的期望值得不到满足

2. 处理酒店常见的重大投诉类型的技巧不包括下列选项中的（　　　）。

A. 聆听　　　　　　　　　　　　　B. 同理心

C. 道歉　　　　　　　　　　　　　D. 不去理会，让顾客自己冷静

3. 顾客会碰到一些意外的情况，如所有的房间都已预订完毕，以及由于交通运输繁忙而无法买到车票等，从而产生不满对酒店进行投诉，这属于（　　　）。

A. 对服务态度的投诉　　　　　　　B. 对服务质量的投诉

C. 对异常事件的投诉　　　　　　　D. 对设施设备的投诉

4. 处理顾客投诉中的动作不包括下列选项中的（　　　）。

A. 礼貌问候，并询问顾客是否需要帮助　　B. 请其他顾客评理

C. 聆听和记录　　　　　　　　　　D. 跟进处理过程和结果

5. 顾客在用餐过程中受伤，处理流程步骤不包括下列选项中的（　　　）。

A. 搀扶顾客至安全、安静处休息并致歉

B. 第一时间撇清餐厅的责任

C. 及时通知值班经理直至总经理到现场处理情况

D. 若需要及有效，给予包扎及相关优惠安抚方案；情况严重或无法自行处理，即刻送医院

二、判断题

1. 所有的投诉都要记录，包括时间、地点、部门、投诉内容、处理人、处理结果和补偿内容等。　　　　　　　　　　　　　　　　　　　　　　　　　　　　　（　　　）

2. 顾客投诉与期望值有很大关系，主要表现在不切实际地宣传、高于期望值的价格、低于期望值的品质、低于期望值的服务等。　　　　　　　　　　　　　　　（　　　）

拓展资料

作为服务行业，酒店是无法完全避免被顾客投诉的，投诉如果处理不当就有可能会导致品牌受损、收益下降。所以酒店要做好重大投诉处理预案，这是酒店良好运转的必要条件。

扫描二维码，一起来了解酒店在面对一般投诉时处理的流程。

视频：投诉
处理

模块导读

　　服务作为一种营销组合要素,真正引起人们重视是在 20 世纪 80 年代后期,在这个时期,由于科学技术的进步和社会生产力的显著提高,产业升级和生产的专业化程度日益加速,一方面是产品的服务含量(即产品的服务密集度)日益增大,另一方面,随着劳动生产率的提高,市场转向买方市场,随着消费者收入水平的提高,他们的消费需求也在逐渐发生变化,需求层次得到相应提高,并向多样化方向拓展。服务营销不仅仅是营销发展的一种新趋势,更是企业文化和社会精神提升的一种必然产物。

　　本模块涉及的是数字化背景下的服务营销,主要包括忠诚度营销、营销基本知识、营销基本工作任务和数字化营销等知识点,具体从会员权益设计,关键销售指标分析,酒店市场调研方案的制定,酒店经营四要素分析,房型、房量、房价控制,客户关系管理系统的构成与运用六个方面展开。

■ **思维导图**

```
                                              ┌─────────────────────┐
                                          ┌───│ 酒店会员权益设计的意义 │
                                          │   └─────────────────────┘
                                          │   ┌─────────────────────┐
                          ┌──────────┐    ├───│ 酒店会员权益设计概述  │
                          │ 会员权益 │    │   └─────────────────────┘
                      ┌───│ 设计     │────┤   ┌─────────────────────┐
                      │   └──────────┘    ├───│ 酒店会员权益设计的内容│
                      │                   │   └─────────────────────┘
                      │                   │   ┌─────────────────────┐
                      │                   ├───│ "华住会"会员计划     │
                      │                   │   └─────────────────────┘
                      │                   │   ┌─────────────────────┐
                      │                   └───│ 华住集团的会员权益设计│
                      │                       └─────────────────────┘
                      │   ┌──────────┐        ┌─────────────────────┐
                      │   │ 关键销售 │    ┌───│ 酒店常用关键销售指标  │
                      ├───│ 指标分析 │────┤   └─────────────────────┘
                      │   └──────────┘    │   ┌─────────────────────┐
                      │                   └───│ 竞争对手集           │
                      │                       └─────────────────────┘
                      │                       ┌─────────────────────┐
                      │                   ┌───│ 酒店市场调研的意义    │
                      │                   │   └─────────────────────┘
                      │   ┌──────────┐    │   ┌─────────────────────┐
                      │   │ 酒店市场 │    ├───│ 酒店市场调研的主要内容│
                      │   │ 调研方案 │    │   └─────────────────────┘
                      ├───│ 制定     │────┤   ┌─────────────────────┐
          ┌────────┐  │   └──────────┘    ├───│酒店客源资料的搜集与分析方法│
          │ 服务营销│──┤                   │   └─────────────────────┘
          └────────┘  │                   │   ┌─────────────────────┐
                      │                   ├───│ 酒店市场调研方案的设计过程│
                      │                   │   └─────────────────────┘
                      │                   │   ┌─────────────────────┐
                      │                   └───│分析调研信息并编写调研报告│
                      │                       └─────────────────────┘
                      │                       ┌────────┐
                      │                   ┌───│ 位置   │
                      │                   │   └────────┘
                      │   ┌──────────┐    │   ┌────────┐
                      │   │ 酒店经营 │    ├───│ 产品   │
                      ├───│ 四要素   │────┤   └────────┘
                      │   │ 分析     │    │   ┌────────┐
                      │   └──────────┘    ├───│ 服务   │
                      │                   │   └────────┘
                      │                   │   ┌────────┐
                      │                   └───│ 价格   │
                      │                       └────────┘
                      │                       ┌──────────────┐
                      │   ┌──────────┐    ┌───│ 客房房型管理  │
                      │   │ 房型、   │    │   └──────────────┘
                      │   │ 房量和房 │    │   ┌──────────────┐
                      ├───│ 价的控制 │────┼───│ 房量管理      │
                      │   └──────────┘    │   └──────────────┘
                      │                   │   ┌──────────────┐
                      │                   └───│ 价格体系管理  │
                      │                       └──────────────┘
                      │                       ┌────────────────────┐
                      │   ┌──────────┐    ┌───│ 客户关系管理系统的意义│
                      │   │ 客户关系 │    │   └────────────────────┘
                      │   │ 管理系统的│   │   ┌────────────────────┐
                      └───│ 构成与运用│───┼───│ 客户关系管理概述    │
                          └──────────┘    │   └────────────────────┘
                                          │   ┌────────────────────┐
                                          └───│客户关系管理系统的构成与分析│
                                              └────────────────────┘
```

任务一　会员权益设计

任务目标

1. 熟悉酒店会员带动收入、会员消费特点、会员客单价等经营数据和经营预期
2. 掌握酒店经营特色和定位差异特征的内容
3. 运用酒店集团会员权益通用规则的基础知识,设计符合酒店集团文化和制度要求的酒店会员权益规范文件

总经理日记

你感受到会员体系的优势了吗?

2022 年 3 月 16 日　晴

今天和值班经理小张一起去拜访顾客,顾客听到我们的会员制度可以在全国旗下7 900 多家酒店打折时,不禁感叹道:"十年前,酒店的价格不透明且普遍很贵,作为普通消费者的我们很难低价订到酒店,现在真的不一样了。"听他说到这里,我不禁想起多年前在五星级酒店做大堂经理时发生的一件事。

"十一"假期,酒店客房销售火爆,一房难求。一位顾客走进酒店,看到酒店的挂牌价格有些犹豫,便和前台小王商讨并索要优惠。小王给了他一个九八折的优惠,顾客不太满意,想要更低的折扣并提出要见大堂经理。

小王一脸无奈地来找我,我能理解他,当时正值旅游旺季,酒店客房出租率很高,他并不想轻易给顾客折扣。他解释道:"我没有立刻答应给折扣,一是不想让顾客觉得我们酒店的出租率不高,可以随意还价,二是不想让顾客认为前台在明明可以多打折的情况下非要顾客一再坚持才会让步,这会使顾客觉得我们酒店员工处理问题不实在。"

我听后让小王带我去见那位顾客。

我见到那位顾客的时候,他还在为折扣的事而生气。我先向他表达了歉意,接着说:"先生您好,我们最近出租率很高,空房很少,一般情况下不给折扣的,看今天这么晚了,还是决定给您减免 80 元房费,并将您安排在行政楼层,也是期待您能再次光临我们酒店,不知您觉得如何呢?"

顾客听后非常满意,待他办理完入住后,我对小王说:"你的考虑也是有道理的,不过我们也确实需要思考下,如果可以给到顾客一个公开的途径,让他们可以直观地看到价格和权益,我们也就不必这样为难了。"

当时我想,如果能有一个划分顾客等级的折扣体系就好了,等级对应多少折扣都有明确的规定,这样就不会因为折扣多少让顾客产生不好的体验,渠道价格清晰透明,才能与顾客建立信任。为了能享受到更高级别的折扣,顾客也会多次选择入住我们酒店,这不是一举两得吗?

现在这个想法实现了。

请思考:作为会员体系核心价值的会员权益体系,如何设计才能最大限度地提升顾客的满意度与参与度,从而加强顾客对酒店的依赖感与信任度呢?

知识链接

一、酒店会员权益设计的意义

酒店会员权益能充分考虑到消费者满意度、参与度等因素,同时也能考虑到企业和消费者间的相互影响,酒店通过运营这一设计来增加消费者对于企业的喜爱程度,进而提升企业效益。酒店发展会员的目的是通过一系列专属权益来提升顾客的忠诚度、形成反哺的效果。酒店提供专属权益的服务给顾客,顾客依赖酒店并持续消费,成为酒店的私域流量,有助于降低营销成本、防止老顾客流失,更便于通过活动等渗透,与顾客建立品牌情感关系。酒店会员权益体系是酒店给会员的利益点,是会员体系的核心价值。酒店会员权益的设计重点在于穿透行业及目标市场的需求,抓住会员最看重的"痛点"需求,明确会员权益设计的核心是"提升会员活跃度",明确会员画像的清晰度和全面性。

酒店会员权益设计有助于酒店会员目标的实现。酒店会员营销最主要的目标就是将顾客从需要被吸引的陌生人转化成为具有高价值的、与企业的关系得到加强的长期顾客,即将顾客从公域流量转化为酒店的私域流量。酒店会员权益设计有助于明确顾客画像的清晰度和需求,依据会员信息及消费行为对会员进行分类,开展更有针对性的销售与服务,变促销为优惠与关心,改善顾客消费体验,从而提升客户黏性、忠诚度和复购率。

二、酒店会员权益设计概述

酒店会员权益设计就是通过会员消费数据分析,挖掘会员的消费习惯及其他信息并加以总结、分析,以便为不同顾客提供不一样且行之有效的营销手段来实现营销效果的提升,增加投入产出比,保持顾客忠诚度和品牌忠诚度的工作。酒店会员权益设计是一种经营理念和策略指南,它是改善现有顾客关系和获得新顾客的方式之一。酒店会员权益可以分为利益型权益和服务型权益。

1. 利益型权益

利益型权益的重点主要集中于给成员以经济利益方面的激励。主要是让会员在投入与回报方面感受到物超所值。利益型权益最常见的形式主要包括价格折扣、优惠券、积分和返现。利益型权益主要面向会员生命周期前期具有购买驱动力的会员,酒店可以结合一些促销方法赋予利益型权益更多的趣味性,如积分抽奖、签到领积分等形式,一方面有利于活跃积分池,另一方面也会赋予会员体系更多的潜在价值。

2. 服务型权益

随着消费升级和产品的趋同性,消费者更注重的是产品以外的服务和消费体验,而不只是优惠,特别是对于高净值会员(为酒店贡献最多价值的客户群),价格敏感度普遍不高,而且利益型权益不足以打动会员持续忠诚购买,因此需要为酒店会员权益体系配备服务型权益来提升会员的忠诚度和激发会员的活跃度。

服务型权益主要体现在酒店能够提供高质量服务体验,营造稀缺感、尊贵感,同样还可以兼具趣味性,按照时效性还可以把服务型权益分为常规性权益和非常规性权益两类。

常规性会员权益围绕"会员关怀"类的权益进行设计,通过会员关怀为酒店与会员建立更多的链接,为双方沟通赋予更多的情感色彩。酒店常规性会员权益可以有如下三种方式。

(1) 节日及生日权益。形式可以是生日祝福、生日礼包、双倍积分、生日免单等。生日权益领取时必须出示有效身份证明文件,以确保成本在可控范围和获取真实的会员个人信息数据,帮助提升用户画像的清晰度。

(2) 升级客户服务。酒店通常会设置高等级会员的"快速服务通道",例如,为行政楼层顾客特设专属贵宾休息室、行政酒廊,提供免费甜点和下午茶、免费洗衣等,以彰显会员的尊贵感。

(3) 标识性形象展示。例如,酒店会员实体卡时代会有定制会员卡,在互联网时代设置会员专属头像、会员勋章等各种形象标识来提高会员的尊贵感。

非常规性会员权益主要以活动类会员权益为代表,如会员日活动的特殊礼遇、会员活动提前预约优先享有等,形式多样。

三、酒店会员权益设计的内容

1. 设计会员权益体系

会员权益体系一般包含会员类型或等级、各类型等级会员享受的折扣优惠、积分、服务礼遇等权益、会员升降级规则等。会员权益体系的设计一定要将酒店与顾客结合起来,会员计划要能够让顾客了解后就迫不及待地加入,并且想方设法成为更高级别的会员。

2. 吸纳会员

酒店会员权益体系构建好后,接下来要面临的问题就是目标市场,通过什么渠道和方法吸纳和开发会员。一个会员体系的会员基数和体量关系到会员营销的效率。

3. 会员的转化和成长

新会员转化的关键是加强会员对权益的初次体验,酒店要有相应的会员营销策略或营销活动促成和推动会员的转化。只有体验了酒店的产品和服务,享受了会员权益的好处后,才是真正有价值的会员。酒店通过会员体系的设计和营销活动的开展,构建会员的成长通道,让会员不断转化、升级、留存,并使会员变得更加忠诚。

4. 会员的管理

会员的升降管理、促销与互动会员的营销应该基于会员生命周期。一个完整的会员生命周期主要包含六个阶段即会员的休眠期、新手期、成长期、成熟期、衰退期和流失期。会员管理主要是会员升降级问题、活跃度问题以及激活沉睡会员的问题。酒店在不同的会员生命周期制定和执行不同的会员成长策略、会员维系策略以及会员激活策略,留住会员。开展针对性的会员营销活动,不断完善会员体系,构建会员体系运营的良性闭环。

四、华住会会员计划

华住会是华住集团旗下的会员俱乐部,为全球超过 1.9 亿会员提供高效便捷的酒店线上预订服务。提供个性化搜索、在线选房、自助入住、高速 Wi-Fi、发票预约等全方位的住宿体验。

华住会平台拥有汉庭、全季、宜必思、桔子、漫心、美居、禧玥、花间堂、CitiGO、InterCityHotel、Steigenberger Hotels & Resort 等 20 多个国内外品牌(见图 3-1)。酒店品牌遍布亚洲、欧洲的 16 个国家,拥有 7 900 多家酒店满足从平价到高端,商务、休闲、度假的多元住宿需求[①]。

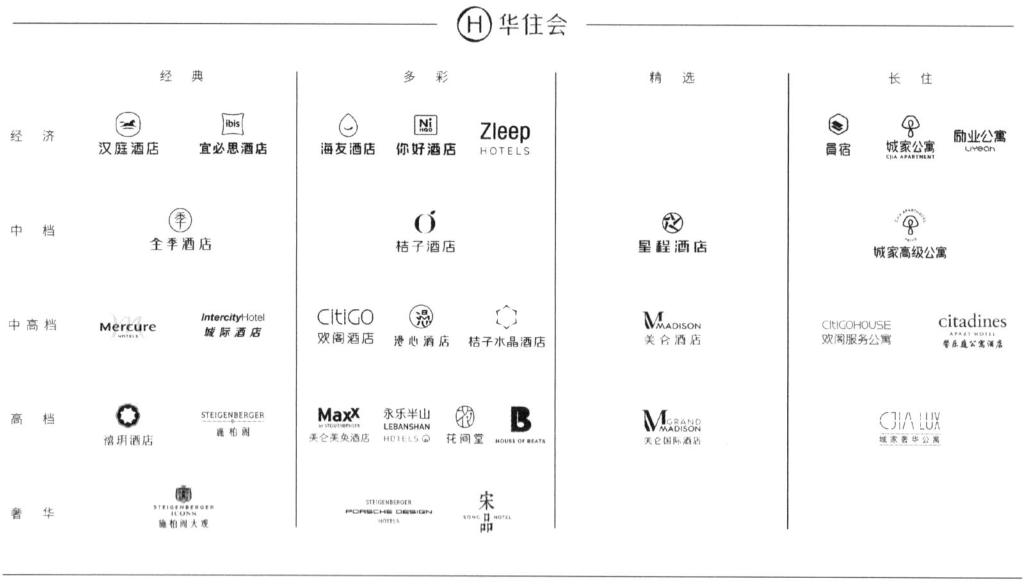

图 3-1　华住集团品牌矩阵(注:统计截至 2022 年 6 月)

1. 入会和升级

华住会的会员等级分为四种:星会员、银会员、金会员、铂金会员。加入华住会的方式包括免费注册、活动激活、购买或升级等。

---

① 华住集团与雅高酒店集团形成长期合作战略联盟,就若干地区的雅高的美居酒店、宜必思酒店及宜必思尚品酒店享有独家特许经营权;与雅诗阁开启合作,拓展馨乐庭品牌,与城家共同开发多种类公寓品牌。华住会酒店品牌已分别覆盖高、中、低端市场,满足不同消费者入住的个性化需求。

会员资格有效期:除星会员为永久外,其余均为 1 年有效期(与目前互联网平台会员一致,均为 1 年有效期),这样让会员对于其会员身份在有限时间内更有感知。

升级:符合表 3-1 所示的升级条件,即可升级至下一会员等级。

保级:符合表 3-1 所示的保级条件,即可在下一个会员周期内保留原会员等级。

表 3-1 具体说明每一会员等级所对应的加入方式、升级条件、保级条件。会员等级越高,对应的加入方式、升级条件及保级条件也越难,更体现了高级别会员想获得高级别会员待遇同样需要贡献更多。

表 3-1　会员类型

会员等级	加入方式	会员资格有效期	升级条件(1 个会员周期内)	保级条件(1 个会员周期内)
星会员	免费注册	永久	累计 3 个定级间夜升级为银会员	—
银会员	1. 非会员/星会员 49 元购买; 2. 活动激活; 3. 满足条件升级	1 年	累计 10 个定级间夜升级为金会员	累计 3 个定级间夜,保级为银会员
金会员	1. 非会员/星会员 219 元购买; 2. 银会员 170 元购买; 3. 购买升级; 4. 活动激活; 5. 满足条件升级	1 年	累计 40 个定级间夜,且 Noshow ≤ 3 升级为铂金会员	累计 5 个定级间夜,保级为金会员
铂金会员	满足条件升级	1 年	—	累计 30 个定级间夜,且 Noshow ≤ 3,保级为铂金会员

注:表格内容统计截止时间为 2022 年 6 月,可在华住会 App 内查询最新会员政策。

2. 会员基本权益

会员基础权益包括积分权益、价格权益、预订权益、入住权益、好友邀请权益,如表 3-2 所示。

表 3-2　会员权益

各项权益内容		星会员	银会员	金会员	铂金会员
积分累积(每 1 元房费 =1 积分)	移动端提前预订	1 倍	—	—	—
	非移动端提前预订	—	1 倍	1.5 倍	1.5 倍
	门市价入住	—	6 倍	9 倍	12 倍
积分权益	积分支付房费	√	√	√	√
	积分购买礼品	√	√	√	√

续表

各项权益内容		星会员	银会员	金会员	铂金会员
价格权益	房费折扣	9.8 折	9.2 折	8.8 折	8.5 折
	时租折扣	—	减 20 元起		
预订权益	房费折扣	98 折	92 折	88 折	85 折
	预订保留到	18：00	19：00	20：00	20：00
	早订早惠（提前 1 天）	折上 9.5 折			
	早订早惠（提前 3 天）	折上 9 折			
	连住 7 天	折上 9 折			
	连住 14 天	折上 8.5 折			
	连住 30 天	折上 7.5 折			
	新店促销	折上 9 折			
	夜宵房	—	折上 8.5 折		
	时租折扣	—	减 20 元起		
入住权益	延迟退房	12：00	13：00	14：00	14：00
	免费早餐	—	—	1 份	2 份
	免费 Wi-Fi	√	√	√	√
	0 秒退房	√	√	√	√
	客房升级（视房态而定）	—	—	—	√
	提前入住（视房态而定）	—	—	—	√
	客服热线优先接听	—	—	—	√
好友邀请权益	可邀请星会员次数	无限次	无限次	无限次	无限次
	可邀请银会员次数	—	2	3	6
	可邀请金会员次数	—	—	3	6

注：表格内容统计截止时间为 2022 年 6 月，可在华住会 App 内查询最新会员政策。

3. 会员管理

华住集团充分发挥会员积分等利益型权益的作用，大幅度提升了会员黏性和活跃度。华住会会员每消费 1 元得 1 积分，每 100 积分可当 1 元现金抵扣。会员可以用于抵扣房费,也可以在华住会 App 上的商城购买商品、兑换福利、抵房费等。华住集团打破了传统"积分制"相对孤立和古板的模式,把积分打造成一种内部流通的"货币",可在多种场景中消费或赚取,形成了从会员需求到会员奖励,再到激发需求的闭环利益型权益路径,增加了会员和品牌的互动,增强了用户黏性。

华住会会员分为四档,可以直接购买,也可以通过绑定企业会员直接获得。因此,在出差时入住华住酒店并加入会员,在出游时依旧选择华住酒店的比例也不在少数。对于华住集团而言,这不仅获得了新用户,也能够利用系统直连增加与企业用户的黏性。

华住集团同样重视服务型权益。华住会银会员、金会员和铂金会员分别拥有不同数量的会员邀请额度。基于会员的各种权益,对于会员本人而言,邀请别人有面子,对于华住集团而言,赋予相应等级的会员权益,进一步扩大了酒店会员的规模。

五、华住集团的会员权益设计

华住集团构建了一套"线上(华住会 App/ 小程序)+ 线下(易掌柜系统为门店服务入口)+ 中台(PMS 系统、CRM 系统、赋能加盟商)"的数字化体系。用户打开华住会 App/小程序进行在线预订的同时,即默认注册成为华住会星会员,而会员权益都会在华住会 App/ 小程序的个人账户中得以体现,用户到店后再通过易掌柜系统自助机办理快速入住。

酒店会员权益要为顾客"定制产品",满足顾客在每个需求阶段的产品,培养顾客的进阶消费习惯。华住集团基于消费者的生命周期特点,根据现有会员的需求升级和细分,向上开发品牌矩阵,针对不同的品牌体系,进行了差异化权益设计,以满足同一会员在住不同档次酒店时能体验到差异化的服务,同时也结合了品牌自身的特色和服务,把会员权益的感知度以这种方式更好的体现。以下是截至 2022 年 5 月 20 日华住酒店会员权益品牌差异化的设计展示,具体内容时时更新,可关注华住会 App 查询最新内容。

(1) 汉庭酒店在会员离店时会为其提供免费离店寄存服务,以方便出行目的为商务旅行的会员。

(2) 宜必思酒店为会员提供十二星座专属定制鸡尾酒,在舒适自在的住店期间可以尽享法式风情。

(3) 全季酒店为会员提供冬日暖茶、夜宵、客房赠送欢迎水果等服务,以及将诗签明信片为会员免费寄送至家里。

(4) 桔子酒店在酒店大堂内摆放果篮,入店的会员可以免费畅吃桔子,会员还可提前与入住门店沟通,酒店可为其提供简单布置房间服务。

(5) 宜必思尚品酒店提供 8 小时超长早餐服务,会员最早凌晨 4 点即可享用,最晚延至中午 12 点,不仅满足了懒觉爱好者,也充分考虑到有较早出行需求的会员,为其提供人性化的温情服务。

(6) CitiGO 酒店除了拥有醒目独特的室内设计,特调咖啡也是其不可或缺的特色元素,会员入住可享受免费咖啡一杯,且可享受 8.8 折餐饮优惠及免费健身房和免费夜宵,非常符合年轻人理想的作息时间,用不一样的方式让更多顾客走进 CitiGO,体验酒店社交空间。

（7）城际酒店为会员提供专属优先通道,会员可优先办理入住以及结账手续。

（8）漫心酒店为每位入住会员提供 2 份精酿啤酒,为有需要的会员提供耳塞、蒸汽眼罩等,伴其安然入睡,会员退房时还可领取一份伴手礼。

（9）禧玥酒店不仅为会员提供入住伴手礼,还依据四季更迭为会员提供特制好茶、午后茶点。

（10）花间堂酒店为会员的随行儿童配备专属早餐,会员生日期间入住还可获入住生日礼。

练一练

一、填空题

某酒店集团在 17 个国家经营 5 200 多家酒店,旗下有 20 个酒店及公寓品牌,覆盖从豪华到经济型市场,致力于为顾客打造适合每个人的品牌。请你利用本任务所提供的相关知识与资料库,基于该酒店集团的特点来填写以下体现酒店集团会员权益的规范文件（见表 3-3～表 3-5）。

×××酒店会员权益规范文件

表 3-3　入会和升级

项目	普通会员	银卡会员	金卡会员	白金卡会员	……
加入					
升级					
保级					

注:可根据设计对象增减会员卡类型。

表 3-4　会员权益

项目	普通会员	银卡会员	金卡会员	白金卡会员	……
保级	每年 × 晚	每年 × 晚	每年 × 晚	每年 × 晚	
预订房间保证					
积分奖励					

续表

项目	普通会员	银卡会员	金卡会员	白金卡会员	……
积分使用					
延迟退房					
迎宾礼遇					
客房升级					
专属会员支持					
酒廊礼遇					
年度礼遇（住宿或礼品奖励）					
48 小时预订保证					

说明：

1. 延迟退房：

_____。

2. 年度礼遇：

_____。

3. 细则及条款：

_____。

4. 礼遇保证详情：

_____。

表 3-5　礼遇保证详情

会员级别	预订房间保证	迎宾礼遇	预订房型保证	酒廊礼遇	48 小时预订保证
普通会员					
银卡会员					
白金卡会员					

二、单项选择题

1.（　　）的重点是给予会员在经济利益上的激励，主要是让会员在投入与回报方面感受到物超所值。

A. 利益型权益　　　B. 公益型权益　　　C. 服务型权益　　　D. 社会型权益

2. 会员的升降管理、促销与互动会员的营销应该基于会员（　　）。

A. 消费价格　　　B. 生命周期　　　　C. 会员地域　　　D. 会员职业

3. 非常规性会员权益主要以（　　）会员权益为代表，如会员日活动的特殊礼遇、会员活动提前预约优先享有等，形式多样。

A. 活动类　　　　B. 消费类　　　　　C. 标识类　　　　D. 等级类

4. 会员权益体系的设计一定要将酒店与(　　)结合起来,会员计划要能够让顾客了解后就迫不及待地加入,并且想方设法成为更高级别的会员。

A. 顾客　　　　　　B. 价格　　　　　　C. 产品　　　　　　D. 等级

5. 酒店会员权益体系是酒店给到会员的(　　),是会员体系的核心价值。

A. 价格点　　　　　B. 利益点　　　　　C. 服务点　　　　　D. 产品点

三、判断题

1. 酒店通常会为高等级会员设置"快速服务通道",例如,为行政楼层客人特设专属贵宾休息室、行政酒廊,提供免费甜点和下午茶、免费洗衣等,以彰显会员的尊贵感。　　　　　　　　　　　　　　　　　　　　　　　　　　　　　(　　)

2. 酒店发展会员的目的是通过一系列专属权益来提升顾客的忠诚度,形成反哺的效果。　　　　　　　　　　　　　　　　　　　　　　　　　　　　　　　(　　)

拓展资料

酒店发展会员的目的是通过一系列专属权益来提升顾客的忠诚度,形成反哺的效果。对酒店来说,会员制能够让顾客与酒店品牌建立起更加紧密的联系。

在基本服务之外,让酒店与顾客之间产生情感上的联系,更是发展会员的重要方法。扫描二维码,了解国民的汉庭与顾客的故事。

华住集团始终坚持打磨以顾客为中心的服务细节,不断提升自身的品质去发展会员,并在此基础上开发华住会 App 以服务会员。

扫描二维码,阅读《华住会会员政策》,进一步了解华住会会员体系。

视频:国民的汉庭

资料:《华住会会员政策》

任务二　关键销售指标分析

任务目标

1. 熟悉酒店经营的关键销售指标
2. 掌握关键指标的计算方法
3. 运用关键指标评价酒店的经营状况

总经理日记

销售人员的汇报不应该浮于表面

2022 年 4 月 1 日　晴

今天,酒店新上任的销售经理小赵拿着三月份酒店的经营月报来到总经理办公室向我汇报工作。

小赵非常自豪地汇报:"我们酒店总共有 198 间客房,三月份出售了 6 138 个房晚,共获得 1 902 780 元的销售收入。另有四家酒店与本酒店位于同一商圈,互为竞争对手关系,五家酒店合计有 1 030 间客房。"说到这里,小赵带着稍有得意的口吻表示:"我们三月份的出租率与二月份相比增加了 3%,客房销售收入也增长了 2%,由此看来,我们的经营情况还是很不错的。"

我听到这里皱了皱眉,倒不是想打击新上任的小赵经理,而是他汇报的内容其实没有抓到重点:"那你是否知道这四家竞争对手上月的经营情况分别是什么样的? 我们所处商圈的整体增长情况如何? 哪些销售指标可以决定我们在这个商圈的竞争地位? "

一连串的问题让他有些语塞,可以看出来,这些问题他在汇报之前确实没有好好思考过,他或许觉得我们酒店同比上月出租率和销售收入均有不错的增长就很好了,怎么还需要了解这么多复杂的情况呢?

小赵灰心丧气地走了之后,我叹了口气,我想后续我们需要加强这方面的培训,让大家有这方面的概念和意识。

请思考:如何把握酒店关键的销售指标以及酒店真正的运营状况?

知识链接

一、酒店常用关键销售指标

1. 已售客房平均房价

已售客房平均房价(Average Daily Rate, ADR)的计算方法为客房收入除以实际销售客房数量。

公式表达:

$$ADR = 客房收入 / 实际销售客房数量$$

2. 客房出租率

出租率(Occupancy Rate, OCC)是指某一特定时期实际销售的客房数量与可销售客房数量的比率。

公式表达:

$$OCC = \frac{实际销售客房数量}{可销售客房数量} \times 100\%$$

3. 每间可供销售客房收入

OCC 和 ADR 都是常用的销售评价指标,但两者均不能真正反映酒店经营状况的好坏,因为大多数情况下,OCC 较高可能是以低 ADR 水平换来,反之亦然。解决这种冲突的一个有效方法是将 ADR 和 OCC 整合成一个数据来考量,即每间可供销售客房收入(Revenue Per Available Room, RevPAR)。它能够衡量一定时期内管理层激发酒店在市场中潜力的程度,该指标在目前酒店行业被广泛应用,成为衡量客房收入水平最常用的计算方法。其公式有两个,计算结果相同。

公式一:

$$RevPAR = 一定时期内客房收入 / 同一时期内可供销售客房数量$$

公式二:

$$RevPAR = OCC \times ADR$$

4. 餐饮人均消费

餐饮人均消费(Average Check, AC)是指餐厅顾客的人均消费,计算方法为餐厅收入除以实际用餐顾客数量。

公式表达:

$$AC = 餐厅收入 / 实际用餐顾客数量$$

AC 反映了餐厅的档次及餐厅客源定位与消费能力,是影响餐厅营业收入的重要变量。

5. 餐饮每座位每小时创收

餐饮每座位每小时创收(Revenue Per Available Seat Hour, RevPASH)是衡量一个餐厅在某个时段内相对于可售座位实现的收益,它是用于衡量餐饮经营场所每个可售座位在每个经营时段的创收能力的指标。RevPASH 是衡量所有酒店餐厅经营收入水平的关键指标,因为它同时考虑酒店餐厅的上座率和人均消费。而一家酒店若想提高餐饮每座位每小时创收,则需要通过提高上座率来提高酒店的餐饮总收入或者通过提高均价来提高酒店的收入。

餐饮总收入是指餐饮经营场所所有用餐时段的收入总和,包括食品、饮料、酒水及其他收入。

餐饮可售座位数是指一个餐饮经营场所中可以用于消费食品、酒水的座位数。该座位数应基于正常营运时段所设置的正常座位数,不包括临时座位及户外座位、户外空间的临时座位数,除非户外的座位数可以常年正常经营使用。

餐厅的营业时间以小时为单位。

公式表达:

$$RevPASH = 餐饮总收入 / (餐饮可售座位数 \times 餐厅的营业时间)$$

6. 营业毛利

营业毛利(Gross Operating Profit, GOP)在利润表中反映为收入减去成本、人工成本、营运部门的直接费用、后台部门的间接费用后的余额。

公式表达:

$$GOP = 酒店营业总收入 - 酒店营业总支出$$

酒店营业总收入是核算每一会计年度酒店在销售商品、提供劳务及让渡资产使用权等日常活动中所产生的收入,包括客房、餐饮、康乐、商务中心等其他收入。

酒店营业总支出是核算酒店经营性销售商品、提供劳务过程中发生的费用,以及非经营性部门发生的日常费用支出。

7. 营业毛利率

营业毛利占营业收入的比率称为营业毛利率(即利润率),是衡量酒店盈利能力的重要指标。

公式表达:

$$营业毛利率 = \frac{GOP}{酒店营业总收入} \times 100\%$$

二、竞争对手集

前述的各项销售指标都是将酒店的经营表现与本酒店的历史数据或者预算进行比较。这些指标非常重要,但是仅凭这些指标还不能了解酒店的全貌,因为酒店不是处于真空之中的。一个酒店管理层的决策可能会导致竞争对手一个甚至很多个回应,而这些回应会导致本酒店作出更多的应对之策。为了在这样一个动态的市场中了解酒店真实的表现,酒店必须用更有意义的方法来评价其经营状况。竞争对手集(competitor set)以及相应的指标分析由此产生。

和"竞争对手"略有不同,"竞争对手集"指的是酒店经过筛选后确认的,在所有竞争对手中最有威胁的前几位的总和。这个总和可以用销售收入(客房销售总收入、市场平均房价等)或者销售量(出租客房总数、平均出租率等)来表示。

上述的"前几位"的具体数据根据不同的情况有所不同,如华住集团的要求是:在市场允许的前提下,中档品牌酒店至少选择4家竞争对手。那么这4家酒店的总和,被称为"竞争对手集"。

选择和排列竞争对手,并最终确认竞争对手集是一个复杂的工程,但也是一个酒店市场销售工作中最重要的基础工程之一。因为一个错误的竞争对手集将导致酒店面向错误的目标市场,进而执行错误的销售策略,并最终可能导致失败的经营成果。

1. 市场渗透指数

市场渗透指数(Market Penetration Index, MPI)主要反映待评估酒店出租率的变化情况,其目的是判断酒店当前的流量情况,以及是否在市场地位中占据优势地位。

公式表达:

$$MPI = \frac{待评估酒店 OCC}{竞品酒店 OCC} \times 100\%$$

不仅要知道MPI的计算方法,更重要的是要了解MPI对酒店销售工作的指导意义。MPI的平均水准是1,如果某酒店的MPI超过了1,则说明这家酒店的出租率已经超过市场平均水平;反之,则说明这家酒店的出租率低于市场平均水平。

2. 平均房价指数

平均房价指数(Average Rate Index, ARI)是待评估酒店与竞品酒店ADR的比值,用于判断酒店的定价是否合理。

公式表达：

$$ARI = \frac{待评估酒店 ADR}{竞品酒店 ADR} \times 100\%$$

ADR 是待评估酒店和竞争对手集汇总后的平均房价。

酒店职业经理人不仅需要知道 ARI 的计算方法，更重要的是要了解 ARI 对酒店销售工作的指导意义。ARI 的平均水准是 1，如果某酒店的 ARI 超过了 1，说明这家酒店平均房价已经超过市场平均水平；反之，则说明这家酒店的平均房价低于市场平均水平。

3. 单房收益指数

单房收益指数（Revenue Generation Index，RGI）可以最直观地判断酒店的收益表现。

公式表达：

$$RGI = \frac{待评估酒店 RevPAR}{竞品酒店 RevPAR} \times 100\%$$

作为酒店的管理者不仅要知道 RGI 的计算方法，更要了解 RGI 对酒店销售工作的指导意义。RGI 的平均水准是 1，如果某酒店的 RGI 超过了 1，则说明这家酒店的单房收益已经超过市场平均水平；反之，则说明这家酒店的单房收益低于市场平均水平。酒店的 RGI 在整个竞争对手集中的排序称为 RGI 名次。

酒店的总经理、市场销售总监要设立酒店的 RGI 年度目标，要根据酒店的实际情况和销售战略制定年度的 RGI 名次目标：本酒店在市场中和在竞争对手集中要排到什么名次。另外，每周、每月、每季度要定期评估、分析实际排名的变化情况。如果没有达到，要从 MPI 和 ARI 中找原因。要了解问题是出在出租率（客流量）上还是平均房价上，还是二者都有问题。

练一练

一、单项选择题

1. 某酒店共有 125 间客房，当日客房的 RevPAR 为 400 元，OCC 为 80%，请计算当日 ADR 为（　　）。

A. 500 元　　　　　　B. 700 元　　　　　　C. 800 元　　　　　　D. 600 元

2. A 酒店共有 450 间客房，周边另外 4 家酒店与 A 酒店互为竞争对手。4 月份，5 家酒店共出租客房 54 000 间夜，A 酒店 4 月份平均 OCC 为 80%。请计算 4 月份 A 酒店在该竞争对手集中客房的市场份额为（　　）。

A. 10%　　　　　　　B. 20%　　　　　　　C. 30%　　　　　　　D. 40%

3. 某酒店某月共有可出租客房 19 520 间，当月共出租 8 784 间夜；该酒店所在竞争对手集本月可供出租客房共有 102 114 间，所有酒店当月共出租 56 019 间夜。该酒店当月的市场渗透指数为(　　　)。

  A. 0.72   B. 0.82   C. 0.92   D. 1

  4. 某酒店某月 OCC 为 68%,当月的 ADR 为 217.65 元,该酒店所处竞争对手集当月的平均 OCC 为 55%,当月的 ADR 为 269.09 元。请计算该酒店当月的 RevPAR 指数为(　　　)。

  A. 1.21   B. 1.31   C. 1   D. 1.39

  5. 真正能反映酒店经营状况好坏的最关键指标是(　　　)。

  A. OCC   B. ADR   C. RevPAR   D. MPI

二、判断题

  1. RevPAR 意指每间可供销售客房收入,它同时考虑酒店的 OCC 和 ADR 两个指标。一家酒店若想提高 RevPAR,可通过提高 OCC 或者提高 ADR 来提高酒店的收入。(　　　)

  2. RGI 的平均水准是 1。如果某酒店的 RGI 超过了 1,说明这家酒店的出租率已经超过市场平均水平;反之,则说明这家酒店的出租率低于市场平均水平。(　　　)

拓展资料

  酒店各项销售指标非常重要,掌握销售指标即可从各个层面了解酒店的经营状况。掌握指标是基础,如何去运用才是酒店管理者应该习得的能力。例如,衡量收益管理绩效的指标有哪些? 同时,酒店也不是独立存在的,会受到竞争对手的影响,因此,若要分析竞争对手,酒店管理者更要熟练运用酒店销售指标的相关知识。

  扫描二维码,观看数字酒店之衡量酒店收益的指标相关学习视频。

视频:数字酒店之衡量酒店收益的指标

任务三　酒店市场调研方案制定

任务目标

  1. 了解酒店市场调研的意义和主要内容

  2. 熟悉同类别、同区域、同风格、同类产品、关键指标、顾客数据、消费数据的内容

  3. 运用市场开拓、客户促进、企业改进等方法,制定酒店市场调研计划和撰写调研报告

总经理日记

充电桩带来的转机

2022 年 4 月 3 日　多云

最近,由于我的工作业绩突出,公司又让我管理了第二家酒店。今天上午,我对酒店周边 5 千米范围内的所有酒店进行了走访。

酒店周边的业态以商务写字楼和小区居多,从周边竞对酒店的客源分析上看,也是以这两类客源为主。然而区域内酒店产品同质化严重,客源重叠明显,大多数酒店也都拥有健身房和停车场,在配置上,大家基本一样,竞争较为激烈,很多酒店开始打价格战。

打价格战我是不愿意的,因为最终的结果可能是两败俱伤。上午的走访结束后,遇到了严重堵车,就在这个时候,我驾驶的新能源车电量不足了,环顾四周却没有找到充电桩。这时我想:"新能源车很普遍了,如果酒店配有充电桩,就可以吸引一些新能源车主入住。"

回到酒店之后,我立刻行动起来,进行了初步的调研和可行性分析,对周边的写字楼和住宅区以及入住酒店的顾客也进行了一些走访,发现大家对酒店能够提供充电桩的服务需求极高。随后我联系了周边的业主和相关单位,也获得了初步肯定。

当然这只是一个起步阶段,待充电桩的安装落实之后,如何能获得大量的顾客积累与沉淀,并在这个区域形成竞争优势是我后续要多考虑的。

请思考:在现代酒店管理的工作中,应该如何发现和挖掘酒店目标市场的现状及需求呢?

知识链接

一、酒店市场调研的意义

酒店市场调研在管理中主要是两个基本功能:一个功能是作为管理决策的基本工具,另一个功能是作为市场营销的起点。酒店市场调研作为管理决策的工具,可以提供企业内外的相关信息,帮助酒店管理人员作出营销战略及策略方面的正确决定。酒店市场调研也是酒店市场营销的起点,产品策略、价格策略、促销策略、渠道策略的制定必须以市场调研为出发点。

二、酒店市场调研的主要内容

酒店市场调研是酒店了解和掌握市场现状,判断发展趋势,制定营销战略和策略的基础和有效工具。调研内容是收集资料的依据,是为实现调研目标服务的,可根据市场调研的目的确定具体的调研内容。酒店市场调研的内容主要包括市场机会分析、区域市场分析、市场营销组合分析、市场营销活动的监测与评价 4 个方面,下面重点讲一下市场机会分析和区域市场分析。

1. 市场机会分析

市场机会分析包括对市场的详细分析、确定市场需求、识别细分市场、SWOT 分析、宏观或微观环境分析等方面。一般来讲,市场调研是用来评估各种机会的,具体包括以下 4 个方面的内容。

(1) 酒店产品生命周期调研。

产品生命周期是指一个产品从准备进入市场直至为市场所淘汰的全过程,包括进入期、成长期、成熟期、衰退期 4 个阶段。酒店制定产品策略和营销策略与产品的生命周期有着直接的关系。管理者为了让产品拥有更长的销售周期,以获得充足的利润,就要仔细地研究与应用产品生命周期理论。此外,产品生命周期也是用来描述产品和市场运作方法的有力工具。

(2) 商品或服务的购买渠道和满意度调研。

商品或服务的购买渠道和满意度调研可按顾客购买、使用、使用后评价三个方面列出调研的具体项目,如顾客是通过酒店 App、微信小程序、酒店官网和 OTA 中的哪种渠道预订酒店,并通过顾客的入住体验评价等信息了解其喜好、关注点等内容。这部分调研可用于分析酒店形象与购买行为的关联性。

(3) 细分市场识别调研。

细分市场识别调研主要是对顾客的购买行为、购买动机等的调研,此部分研究分析的重点为顾客分群与目标顾客的选定。例如,桔子水晶 2.0 版本独特的共享空间成为满足顾客社交需求的城市客厅,不仅打破了酒店的私密性,同时也细分了顾客群。酒店推出的 30 秒入住、0 秒退房,机器人送物等智能化服务,也为新生代商旅人士提供更高效率和更具个性化的生活方式。

(4) 宏观环境调研。

宏观环境调研主要收集酒店所在城市的相关政策、经济、社会、文化、交通等资料及酒店行业发展现状、所在商圈的竞争对手状况等资料。

2. 区域市场调研

区域市场调研主要用于分析区域市场或商圈的购买能力、竞争环境、购买行为等内容。

(1) 酒店产品购买能力调研。酒店产品购买能力调研主要用来收集所在区域的人口、家庭、社会经济等状况的资料,以便分析区域市场消费者的购买力。

(2) 竞争环境调研。竞争环境调研是区域市场内酒店消费者对不同酒店产品、服务的购买行为,此部分研究用于收集和分析酒店所在区域市场的行业竞争数据。

(3) 顾客购买行为调研。顾客购买行为调研主要针对顾客的生活形态、来店行为、来店理由进行。此部分研究内容为对顾客形象的分析。例如,通过对会员消费数据进行分析,使陌生的会员形象具体化,精准了解每位会员的消费需求,为进行有针对性的会员维护提供强大的数据支撑。

三、酒店客源资料的搜集与分析方法

酒店市场营销信息包括顾客需求信息和顾客满意度信息两个方面。采集顾客信息是酒店服务质量管理的出发点和归宿,是增强顾客满意度的一个重要环节。它的作用主要体现在如下方面。

(1) 要对顾客的要求和期望有一个科学、全面和客观的认识,以便酒店能依此制定出符合顾客要求的服务政策、程序和标准。

(2) 对具体实施的服务是否让顾客满意进行调研,以便酒店能够依据特定信息作出回应(如必要的奖励和惩罚措施,以及针对性的培训)。酒店营销信息采集渠道通常可以分为外部信息来源和内部信息来源两类。

1. 外部信息来源

(1) 编制酒店顾客意见调查表。顾客意见调查表是目前酒店普遍使用的获取信息的方法之一。它的具体做法是把设计出来的调查表通过小程序、酒店 App、微信公众号等渠道发放给顾客,以便得到他们的意见和建议。

(2) 电话调研。电话调研既可单独进行,又可与销售电话配合进行。有的电话调研主要针对事先设计好的问题做调研,随意性较小,有的电话调研自由度和随意性较大,如酒店总经理或者销售经理给老顾客拨打电话进行问候或调研等。

(3) 现场访问。也叫突击访问,是指抓住和顾客见面的简短机会,通过事先准备好的问题尽量多地获取顾客的观点、见解的调研行为。现场访问是酒店获取顾客意见的主要手段,成熟的酒店管理者要善于捕捉和创造时机开展顾客现场访问调研。

① 对特殊顾客进行现场访问。例如,对于 VIP 迎来送往时的现场采访,对于特定营业时段的消费大户的礼节性走访,对特殊敏感人群的采访(部分顾客对于酒店服务质量的关注和热情可能并不低于酒店管理人员,如会议组织者和旅游团向导等,对于这类特殊敏感人群进行现场采访十分必要且意义重大),对在各个营业场所无意中结识的朋友进行现场采访等。

② 有一些场所更适于现场访问。例如,利用顾客在前台办理入住登记或者结账手续的时间,向其提出若干简要问题(可赠送一些纪念品),在酒店至机场的专车向顾客进行意见征询等。

(4) 神秘顾客法。这是酒店获得顾客意见的又一个重要途径。具体做法为:请专业人士或者资深顾客作为普通顾客到酒店消费,将他们对酒店产品提出的意见和建议通过专题报告等形式反馈给店方。

(5) 其他有关调研方法。例如,通过小组座谈法、实验法、资料分析法、委托法、个别深度访谈法、上门访问法、邮寄问卷调研法等进行调研,具体方法酒店要根据需要研究的内容和研究工作中的具体需求等进行灵活选用。

2. 内部信息来源

(1) 员工意见反馈法。员工站在服务最前线,在酒店里与顾客直接打交道,他们经常可以发现很多管理人员关注不到的情况,他们的反馈对改善服务工作大有裨益。同时,员工意见反馈是增强组织凝聚力的重要手段与途径。在运用员工意见反馈法搜集资料时,应注意到员工对失败服务有所保留,特别是与自己和部门有关的资料倾向于持保守态度,同样需要管理人员重视。

（2）现场巡视法。它是指由酒店总经理、部门经理和专门从事质量检查工作的工作人员，通过常规工作巡视并利用现场观察获取相关资料的调研方法。

（3）专业资料参考法。很多专业杂志、图书中都有顾客需求情况的调研报告、论文、心得等，这类资料对补充酒店自有资料来源将起到一定作用。专业资料参考法的优点是材料获取较方便、费用较低、专业性和权威性较强，有利于酒店管理人员开拓视野和提升理论水平；其缺点是材料的搜集不是十分全面，应根据本酒店的具体情况分析和利用。

（4）实际测定法。它是通过实际测定某一市场营销活动的结果来获得资料的。例如，酒店开展打折促销活动后酒店就餐人数的变动情况，酒水免费后酒店翻台率或者经营收入的变动情况。

（5）行为记录法。它是指调查人员通过特定方式记录被调查者某一时刻的行为，然后从中发现需要的信息资料的调研方法。例如，消费者到酒店点餐需要的时间、人均消费菜品数、用餐所需时间等。

四、酒店市场调研方案的设计过程

酒店市场调研不仅仅是为了指导酒店进行营销活动和日常经营，酒店经营者也需要通过市场调研来掌握顾客对酒店的评价。除通过定期更新信息以便提高市场营销判断力之外，还有必要对市场上出现的新情况进行调研，从而找出它们出现的原因。

酒店市场调研的主要过程由以下几个步骤组成。

第一，明确问题或面对的机遇与挑战，确定所需的信息。有些调研方向不明确并缺乏目的性，可能提出不切题的问题或者漏掉关键的问题。

第二，确定调研目标或对象。应该向谁提问？应该提些什么问题？抽样调研的范围与性质如何确定？顾客调研表如何编制？

第三，制订用以获取信息的调研计划。如何进行样本的抽取？采用何种调研方法及与调研对象的接触方式？如何选择调研工具，并制作完善的顾客调研表？

第四，实施调研。开始进行调研，向实地派遣调研人员、邮寄调研表或通过打电话、网络进行数据和信息的收集。

第五，回收和分析资料。将资料按可衡量的标准进行分类，运用相关的模型进行资料和信息的分析，获得可以指导酒店经营的战略数据。

五、分析调研信息并编写调研报告

调研结束后，便可对答案进行汇总。用原始数据或百分比表示调研结果，也可把结果制作成条形或饼形分析图，以便进行对比。酒店运用一些复杂的方法对调研结果进行分析，如回归分析法、相关分析法、因素分析法和聚类分析法等。这些方法用于确定不同群体（按态度、信念和行为模式等分类）之间的重要差异性。同时，还有可供对比分析使用的模式库、调研数据的分析最终将形成一份调研报告。调研报告是营销调研项目的终点，同时也是营销调研中最核心和最重要的部分。

练一练

一、撰写报告

撰写酒店市场调研方案是调研过程中十分重要的一步。它确保了将酒店营销管理决策部门的问题转化为及时而准确的调查信息,并且调查的费用并不高于所获得的信息的价值。

××酒店市场调研方案文件

1. 摘要

摘要是整个报告书的一个简短小结。由于有关重要人物可能只读这部分,因此,摘要既要简明、清晰,又要提供有关帮助理解报告基本内容的充分信息。

2. 调查目的

调查目的用于说明该项目进行市场调查的背景、要调查的问题和备选的各种可能决策,该调查结果可能带来的社会效益或经济效益,或是在理论研究方面的重大意义。

3. 调查内容和范围说明

该部分用于说明调查的主要内容,规定所需获取的信息,列出主要的调查问题和相关的理论假设,明确调查的范围和对象。

4. 调查方针与方法

用简洁的文字表明调查方针,说明所采用的调查方法的重要特征,与其他方法相比较的优势和局限性,调查将要采取的抽样方案的主要内容和步骤,样本量的大小和可能的精度,采取何种调查质量控制的方法、数据收集的方法及调查的方式,问卷的形式以及问卷设计方面的有关考虑,数据处理和分析的方法等。细节可写在附录中。

5. 调查进度和经费预算

详细地列出完成每一步骤所需的天数以及起始和终止时间。计划要稍稍留有余地,但也不能把时间拖得太长。详细列出每一步骤大致需要的费用,通过认真估算,实事求是地给出每个步骤的预算和累计的总预算。

6. 附录

附录包括调查项目负责人及主要参加者的名单(说明每人的专业特长以及在该调查项目的主要分工,课题组成员的水平和经历对于调查项目能否获得有关委托调查单位的批准具有重要的影响),抽样方案的技术说明及细节说明,问卷设计中的有关技术说明,数据的处理方法、所用软件等方面的说明。

×××酒店市场调研报告文件

1. 酒店概况

2. 酒店市场及商业环境

3. 酒店竞争环境

4. SWOT 分析

5. 酒店经营策略

二、单项选择题

1. 下列选项中,不属于基于内部信息来源的市场调研的是( )。

A. 神秘顾客法　　　B. 现场巡视法　　　C. 实际测定法　　　D. 行为记录法

2. ( )是产品的市场寿命,即一种新产品从开始进入市场到被市场淘汰的整个过程。

A. 产品价格　　　　B. 产品系列　　　　C. 产品体系　　　　D. 产品生命周期

3. ( )调研主要用来收集所在区域人口、家庭、社会经济等状况的资料,以便对区域市场进行预测。

A. 竞争环境　　　　B. 购买动机　　　　C. 购买能力　　　　D. 购买行为

4. ( )是被酒店广泛采用的一种获得信息的方式。

A. 电话拜访调研　　　　　　　B. 顾客意见调查表

C. 现场访问　　　　　　　　　D. 小组座谈

5. ( )是由调查人员用特定的方法,把被调查者在一定时间内的行为记录下来,再从记录中找出所需信息资料的调研方法。

A. 行为记录法　　　　　　　　B. 实际测定法

C. 员工意见反馈法　　　　　　D. 专业资料参考法

三、判断题

1. 酒店市场调研是酒店了解和掌握市场现状、判断发展趋势、制定营销战略和策略的基础和有效的工具。　　　　　　　　　　　　　　　　　　　( )

2. 神秘顾客法就是由酒店总经理、部门经理和专门从事质量检查工作的工作人员,通过常规工作巡视并利用现场观察获取相关资料的调研方法。　　　　　( )

拓展资料

市场调研对酒店十分重要,它可以帮助酒店了解和掌握市场现状,判断发展趋势,也是制定营销战略和策略的基础和有效工具。市场调研的同时也要关注竞品,才能找准自己的定位,进而制定相应的竞争策略和方案。

扫描二维码,学习更多关于酒店市场调研和周边竞品(竞争对手/品牌)分析的知识。

视频:酒店市场调研与周边竞品分析

任务四　酒店经营四要素分析

任务目标

1. 了解酒店经营四要素的内涵
2. 熟悉并掌握酒店经营四要素的构成
3. 熟悉并掌握酒店经营四要素的内在逻辑结构及对酒店经营效果的影响

总经理日记

哪些要素是影响酒店销售与经营成功的关键?

2022年4月3日　多云

今天,我去参加集团内部优秀门店学习实战课。课中,老师讲道:"很多酒店在自营网站和订房平台上只有简单的基础信息,这些简单信息不足以使消费者充分了解酒店,从而带来足够的销售量,我们后续为了销售要付出更多的努力。"

回到酒店,我注意到前台员工小王正在进行销售工作。

"对的,陈先生",小王对来电者说,"现在我已经为您订了两间大床房,另有一张加床,一共是5个晚上。您告诉我您和太太带着3个孩子旅行,所以我个人建议您考虑改订套房。虽然房价高一些,但是这会使您和家人住得更舒服。同时套房还赠送免费的参观券,您可以参观自然历史博物馆、工业博物馆和水族馆,使你们的出行更丰富多彩。"小王停了一下,看着她面前的显示屏:"是的,酒店有班车去这些景点。好,我为您预留了一间套房。您放心,我们按家庭特惠价收费。您可以在酒店前台领取您的博物馆和水族馆的门票。哦,您可以告诉太太,酒店距离市区最繁华的商场步行只需要15分钟。谢谢您的来电,希望您和您的家人度过一个愉快的假期。"

短短几分钟,她竟然成功劝说陈先生升级了套房。我察觉到,她所做的绝对不是简单的前台咨询工作,而是在做销售。

她从哪些地方获取与酒店相关的这些信息呢?这时候想到老师说过的,有些员工之所以能自如地销售客房,那是因为对酒店经营的四要素知识积累、信息梳理和培训到位。

原来信息真的会影响到酒店的销售与经营。我需要立刻整理相关的信息并将培训的内容落地,现在电话订房的顾客不多,大多数顾客都转为了线上预订,我们可以将一些对顾客来说有用的信息整理并发布在网上,提升浏览量,提高酒店的曝光度。

　　思考一下：小王在销售过程中运用到的"酒店经营的四要素"到底是什么意思？它与酒店的经营有何联系？

知识链接

　　酒店产品是一个整体的概念，是酒店若干部门产品的总和，包括设施设备、环境条件、卫生状况、餐饮服务等。顾客购买酒店产品，除了需要支付货币，还要付出一定的时间和精力，而收获的不是具体的实物，而是一次完整的经历。

　　不管是有限服务的经济型酒店，还是提供全方位服务的豪华酒店，决定顾客是否能获得一次满意的住宿经历的最基本的要素有四个：位置、产品、服务和价格。

　　世界著名酒店集团希尔顿的创始人康拉德先生曾说过，酒店经营要获得成功有三个要素，第一是位置，第二是位置，第三还是位置。华住集团创始人季琦先生说过，创始人要深度沉浸于产品，否则企业的未来没有方向。现代商业酒店的鼻祖斯塔特勒说过，酒店只出售一样东西，那就是服务，出售优质服务的酒店就是成功的酒店，出售劣质服务的酒店就是失败的酒店。日本著名实业家稻盛和夫说过，对于企业而言，定价就是定生死。

一、位置

　　传统的酒店位置通常仅指所在城市的地理位置，也可称为物理位置。如××省××市××区××路××号。而在移动互联网时代，酒店的位置还有另外一层含义，即网络位置。

　　1. 酒店的物理位置

　　酒店物理位置的好坏取决于最初酒店建造时的选址，可进入性往往是酒店物理位置的首要评价标准。可进入性是指顾客是否方便找到，是否方便抵达，是否容易掌握到店的各种交通方式。酒店建筑本身和门脸的可见性对于评价一家酒店物理位置的好坏也是很重要的标准，可见性通常包括建筑外观、外墙色彩、酒店标志的可辨识度（例如，麦当劳那个黄色的 M 标志能在很远处看到，这说明了可见性的重要性）。此外，酒店与城市交通枢纽、轨道交通、商业中心、大型社区、工业园区等人员密集、交通便利的处所之间的距离也是作为评价酒店物理位置的重要参考标准。

　　2. 酒店的网络位置

　　在移动互联时代，酒店网络上的位置对于酒店经营的重要性不言而喻。酒店的网络位置广义上是指酒店在电子地图上的定位，以及连同这个定位相关的周边信息、标签、形象展示等。在酒店经营角度，网络位置也可定义为酒店在 OTA、自运营官网上的展示排名位置，这个位置更为重要，会影响酒店的曝光度和浏览量。要提升酒店的网络位置，具体应注意以下两个要点。

（1）酒店位置线上展示要素。

酒店位置线上展示应注意：语言简洁规范，不使用俚语俗语；突出酒店的优势特色；精准描述交通定位信息；详细描述周边景点路线；详细描述标签内容（标签是指线上展示酒店时，酒店名称下的一些描述酒店卖点的短语，如延迟退房、免费停车、智能客房等）。标签内容见图 3-2 中圈出部分。

（2）线上位置交通指引要点。

线上位置交通指引要点包括：与重要交通枢纽（机场、高铁、码头）的距离；与附近标志性旅游吸引物（如景点、打卡地）的距离或通过各种交通方式的到达的时间；与周边生活配套、娱乐设施（如美食城、特色小吃街等）的距离或通过各种交通方式的到达的时间。

二、产品

入住上海某全季酒店的一间客房，一次海南三亚的度假，麦当劳的一款油炸食品，在餐厅的一顿午餐，乘坐酒店专车进行的一次观光活动，以及在一个现代会议中心召开并以团队价格安排与会者在附近酒店入住的大会，这些都是产品。

酒店产品可以这样来定义：酒店产品是指能够提供给旅游市场并引起人们注意、获取、使用或消费，以满足人们某种欲望或需要的任何产品。酒店产品包括各种有形的产品、服务、场地、组织和创意等。

图 3-2　酒店网络位置中的标签

（注：图片来自华住会 App，图中价格仅供参考，请以酒店公布的实际价格为准）

1. 酒店产品的结构层次

酒店业的从业人员要从四个层次上研究产品：核心性产品、配置性产品、支持性产品和扩展性产品。

（1）核心性产品。

产品的最基本层次是核心性产品，它要回答的是这样的问题：消费者真正要买的是什么？例如，一个高级商务顾客入住一家顶级酒店，他真正要买的是与其公司品牌形象相符合的尊崇感，而不仅仅是一间豪华客房；一个家庭的一次近郊亲子度假，他们真正购买的是一段难忘的亲子时光，而不仅仅是一间亲子客房。酒店从业人员要找到每一种产品的核心利益，并且向顾客出售这些核心利益，而不仅仅出售各种外部特征。这是从营销学角度界定产品构成的逻辑。

当然，不论是何种类型的顾客对酒店的基本功能诉求都是希望能睡个好觉、洗个舒服的热水澡、有便捷的网络和享受美味的餐食。这是从顾客基本需求角度界定酒店产品的功能。例如,华住集团旗下的汉庭酒店专门请来日本东京羽田机场的清洁达人新津春子为员工培训专项保洁技能,推出"爱干净,住汉庭"的品牌形象,为汉庭的产品在经济型酒店同质化市场中脱颖而出起到了巨大作用。

(2) 配置性产品。

配置性产品是那些在顾客使用核心性产品时必须存在的物品或服务。例如,酒店在必须配备入住和结账服务等之外,需要根据酒店档次和定位再配备其他一些服务,如礼宾服务、餐厅服务等。因此,在评价一家酒店的服务时,需要了解这家酒店的目标市场顾客群及其对配置性服务的需求。

(3) 支持性产品。

支持性产品是针对核心性产品所追加的代表额外利益的特色产品,它起到与竞争产品相区别的作用。例如,香格里拉酒店里的 Chi SPA 水疗服务产品,在豪华酒店市场中有着极高的声誉。

(4) 扩展性产品。

扩展性产品主要有可进入性、氛围、顾客和服务机构的互动、顾客参与和顾客间的互动等。这些要素与核心性产品、配置性产品、支持性产品共同提供扩展性产品。核心性产品、配置性产品和支持性产品都决定着顾客能够获得的东西,却无法决定顾客是如何获得这些东西的。如何提供服务(即如何让顾客得到服务)影响着顾客对服务的感知,扩展性产品将提供什么与如何提供联系到了一起。

2. 顾客感知酒店硬件环境的途径

硬件环境构成了一家酒店的氛围,氛围是服务的一个关键因素,它可能是顾客决定是否购买该酒店产品的重要原因。例如,一家酒店外部构造时尚而诱人,内部环境则轻松随意,营造出一种放松和有趣的氛围,吸引顾客入住。

顾客感知一家酒店硬件环境(氛围)是通过感官来实现的,一些感觉性的词汇能描述出环境的某种独特氛围。感受氛围的主要渠道是视觉、听觉、嗅觉和触觉。

(1) 感知氛围的主要视觉变量是色彩、明度、规格和形状。

(2) 感知氛围的主要听觉变量是音量和音调。

(3) 感知氛围的主要嗅觉变量是香型和新鲜度。

(4) 感知氛围的主要触觉变量是柔软度、光滑度和温度。

当一种强烈的氛围通过感官得以创造之后,就能够建立起第五种感官的期待:味觉。例如,一位忠诚的顾客走进某餐厅,环境氛围便创造了他对一杯最爱的饮品的味觉期待。

三、服务

现代酒店服务是指酒店为满足顾客的物质和精神需要而付出的智能和必要的劳动,是在当今数字化运营管理技术得到应用、服务产品场景化得到实现的现代化背景下,由酒店提供给顾客的有效服务软硬件体系组成的消费供给。其中包括了有形产品、无形服务、劳务及信息提供等。

1. 酒店服务理论要义

在服务业市场营销理论中,有两个理论观点是酒店从业人员需要掌握与理解的,即真实瞬间(又称关键时刻)理论和服务的峰终定律。

(1)对客服务中的真实瞬间。

真实瞬间理论来自芬兰著名服务营销专家格鲁诺斯,该理论强调了顾客对于与服务性企业的每一次接触都会对其评价服务组织的质量有着重要的影响。例如,一个顾客在酒店体验到的服务接触可包括登记住宿、在服务人员指导下进入客房、在酒店用餐、请求叫醒服务和离店结账等。顾客正是在这些接触的过程中获得对组织服务质量的第一印象的。该理论强调了酒店作为典型的人对人服务的行业,应该重视每一次与顾客接触的机会,不管这种接触是与员工面对面,还是前述的顾客感知酒店氛围的方方面面,都可看成一次次的服务接触。

(2)对客服务中的峰终定律。

峰值和终值是由 2002 年诺贝尔奖得主、心理学家丹尼尔·卡尼曼提出的。他发现人们对体验的记忆由两个核心因素决定:第一个是体验最高峰的时候,无论是正向的最高峰还是负面的最高峰;第二个则是体验结束时的感觉。体验一个事物或服务之后,所能记住的就是只有在峰值与终值时的体验,而整个过程中每个点好与不好、时间长短,相对而言对记忆或者感受则没有那么大的影响,这就是峰终定律。

当然,作为酒店行业的对客服务,如果既能做好每一次的服务接触(真实瞬间),又能做好峰值与终值的服务则是完美的。好的服务一定是在不断追求完美的过程中实现的。

2. 酒店服务中关键时刻与峰终价值点的体现。

围绕顾客入住一家酒店的最基本需求,我们用表 3-6 来呈现酒店服务的关键时刻以及带给顾客峰终价值体验的关键点。

表 3-6　酒店服务的关键时刻与峰值价值点

关键时刻	可能创造峰终价值的关键点
顾客预订房间	酒店网络位置展示的有效性和美观程度、网络预订的有效性和便捷程度、小程序展示的酒店信息的丰富性和操作的友好程度,电话预订时员工接听电话的速度、回答顾客问题的确定性、语音的亲切程度、解决顾客问题的有效性、电话告别的礼貌程度等
顾客到店	酒店停车的便利性、门口的清洁卫生程度、大堂温度、香氛、灯光的愉悦性、总台位置的便利性等
顾客在前台	总台员工问候顾客的及时性与舒适度、办理入住登记的效率、是否个性化的关怀、是否祝福顾客入住愉快、指示电梯方向是否准确、在电梯厅帮助顾客按电梯及礼貌道别
顾客在电梯里	电梯梯控是否灵敏、电梯运行的平稳性与舒适性、电梯内是否有吸引人的酒店宣传促销介绍等
顾客出电梯进入走廊	楼层客房指示是否清晰、有效,走廊温度、灯光、香氛是否令人愉悦,地毯或地面是否平整,房间号是否清晰,客房门是否开启方便等

续表

关键时刻	可能创造峰终价值的关键点
顾客进入房间	房门打开瞬间客房内空气的清新度、温度是否适宜、房间整体整洁程度、床铺的整齐程度、地面的干净平整度、镜面的光洁度、卫生间有无异味等
顾客入住期间	床上用品的体感舒适度、客房电视及网络的便利程度、卫生间淋浴水压及出水温度、下水口的通畅程度、沐浴用品的品质、卫生间布草的清洁度及柔软度等
顾客用早餐	早餐品种的丰富程度、菜品的美观程度、菜品添加的及时程度、餐食的美味程度等
顾客退房	结账速度、开发票的便捷程度、询问顾客入住是否满意及真诚感谢顾客等
顾客离店	真诚道别、促销服务意识(订车、下次的订房等)

四、价格

1. 酒店客房价格的种类

(1) 公共价格是指酒店对外的公开报价,通常以门市价的方式展示在酒店前台,代表了酒店客房应有的价值。

(2) 贵宾优惠价格是指酒店给予 VIP 的价格,更多体现的是一种礼遇,不一定是低价。

(3) 团队价是酒店给予团队会议顾客提供的数量折扣,目的在于吸引大批量的顾客,从而售出大批量的客房。

(4) 公司协议价是指酒店给予那些经常为酒店或其连锁集团提供客源的公司的协议价格。

(5) 旅行社价格是指酒店给予大型旅行社的折扣价格。

(6) 包价是指客房价格与其他消费项目(如早餐、高尔夫球、网球或停车场)结合在一起的价格。

(7) 网络价格是指酒店在各类网络渠道上的销售价格。如果是酒店自己的网络渠道,酒店通常保证在其公司网站上的房价是最优房价,而其他网络渠道的价格会略高。

(8) 政府采购价是指提供给政府部门的优惠价格。

(9) 酒店员工价是指酒店或连锁集团给予员工的优惠价,作为给员工的一种福利。在整个酒店价格体系中,酒店员工价往往是最低的。

2. 酒店客房价格的制定

酒店客房价格的制定有三种主要方法:以成本为中心、以需求为中心和以竞争为中心。

(1) 以成本为中心的定价法。这种方法是以酒店经营成本为基础制定产品价格的一种方法,产品成本加企业预期盈利就是产品的价格。具体又分为以下 4 种具体方法。

① 千分之一定价法。它是指根据酒店建筑总成本来制定客房价格的方法。计算公式为：

$$客房价格 = \frac{酒店建造总成本}{酒店客房数} \times 1‰$$

酒店建造总成本包括建筑材料费用、各种设施设备费用、内部装修及各种用具费用、所需的各种技术费用、人员培训费用和建造中的资金利息等。

② 盈亏平衡定价法。它是指酒店在既定的固定成本、变动成本和产品估计销量的条件下，实现销售收入与总成本相等的产品价格，也就是不赔不赚时的客房价格。计算公式为：

$$客房价格 = \frac{客房每日费用额}{1-税率}$$

③ 成本加成定价法。这种定价法也称成本基数法是按产品的成本加上若干百分比的加成额进行的定价。计算公式为：

$$客房价格 = \frac{每间客房总成本 \times (1+加成率)}{1-税率}$$

④ 目标收益定价法。该定价法的出发点是通过定价来达到一定的目标利润，以期在一定时期内收回全部投资。基本步骤如下：

a. 确定目标收益率。

b. 确定目标利润额，计算公式为：

$$目标利润额 = 总投资额 \times 目标收益率$$

c. 预测总成本，包括固定成本和变动成本。

d. 确定预期销售量。

e. 确定客房产品价格。计算公式为：

$$客房产品价格 = \frac{总成本 + 目标利润额}{预期销售量} \div (1-税率)$$

（2）以需求为中心的定价法。以成本为中心的定价法有一个共同的缺点，即忽视了市场需求和竞争因素，完全站在企业的角度去考虑问题。以需求为中心的定价法是以市场观念为指导，从顾客的需要出发，认为商品的价格主要应根据顾客对商品的需求程度和对商品价值的认同程度来决定。

这种定价方法认为，一种商品的价格、质量及服务水平等在顾客心目中都有一个特定的标准，当商品价格和顾客理解价值大体一致时，顾客才会接受这种价格；反之，如果价格超过了顾客对商品的理解价值，顾客是不会接受这个价格的。酒店客房的价格不仅取决于客房对满足顾客某种欲望的客观物质属性，还取决于顾客的主观感受和评价。以需求为中心的定价方法有以下两种。

① 直觉评定法。通过邀请顾客或中间商对酒店的产品进行直觉价值评价，以决定产品价格。

② 相对评分法。这种定价法首先对多家酒店的产品进行评分，再根据分数的相对比例

和现行平均市场价格,计算出产品的理想价格。

(3)以竞争为中心的定价法。酒店行业的竞争异常激烈,酒店在定价时就会把竞争因素放在首位,这样就形成了以竞争为中心的定价法。以竞争为中心的定价法有以下两种。

① 随行就市定价法,这种定价法主要有两种形式。第一种形式是以酒店行业的平均水平或习惯定价水平作为酒店的定价标准。在极端成本难以估算、竞争者的反应难以确定时,酒店会感到"随行就市"是唯一的、也是最明智的选择。因为这种定价法反映了行业中所有企业的集体智慧,这样定价既能获得合理的收益,也能减少因价格竞争带来的风险。二是追随"领袖企业"价格。酒店定价不依据自己的成本和需求状况,而是与"领袖企业"保持相应的价格水准,目的是保证收益和减少风险。

② 边际效益定价法。根据盈亏平衡原理,当产品销量如下式时:

$$Q_0 = \frac{F}{P-C_v}$$

则达到盈亏平衡(Q_0 为保本点销售,F 为固定成本,P 为单价,C_v 为单位变动成本)。式中,分母"$P-C_v$"表示产品单价减去单位产品变动成本的余额,称为边际效益或边际收入,其作用是补偿单位固定成本。当产销量达到盈亏平衡点时,$Q_0(P-C_v)=F$,说明全部固定成本已补偿完毕,因而企业收支平衡;当 $Q_0(P-C_v)>F$ 时,说明企业有盈余。由于边际效益 $=P-C_v$,因此,只要 $P-C_v>0$,即边际效益大于零时,每多出售一间客房,就能对固定成本有所补偿。这样,在竞争激烈、客房出租率较低时,酒店可以把 $P-C_v$ 作为定价原则,也就是说,售出客房价格只要大于售出这间客房所产生的单位变动成本,就是可以接受的。

以上的定价方法都是传统酒店中比较常见的,现在很多酒店也在实行动态定价法。动态定价法是根据酒店当前自身的预订情况,结合市场需求情况,对酒店的经营状况进行预测,并通过浮动调整价格的方式来确保酒店达到自己的销售目标。动态定价法有以下几点优势。

a.以市场为中心、以预测为基础、参照竞争态势的动态定价法非常先进。

b.动态定价法就是按市场规律办事,以市场供求关系变化为导向。

c.根据市场需求设计产品和服务,顾客对酒店产品和服务价值的理解、供求关系的变化情况、市场竞争状况、细分市场的行为模式等决定价格策略。

d.由于市场需求、供求关系、顾客对产品和服务的价值的理解、细分市场订房的行为模式等存在规律和非规律的变化,因此会呈现价格高低起伏。

练一练

一、单项选择题

1. 酒店位置有两层含义,一层含义是指酒店的物理位置,另一层含义是指酒店的(   )。

A. 网络位置　　　　　B. 地理位置　　　　　C. 商业位置　　　　　D. 交通位置

2. 酒店产品的最基本层次是(　　)。

A. 扩展性产品　　　　B. 核心性产品　　　　C. 支持性产品　　　　D. 配置性产品

3. 顾客感知一家酒店硬件环境(氛围)是通过(　　)来实现的。

A. 感动　　　　　　　B. 感悟　　　　　　　C. 感官　　　　　　　D. 服务

4. 真实瞬间理论强调了顾客对于与服务性企业的每一次(　　)都会对其评价服务组织的质量有着重要的影响。

A. 投诉　　　　　　　B. 交易　　　　　　　C. 接触　　　　　　　D. 体感

5. 千分之一定价法是一种以(　　)为中心的定价法。

A. 需求　　　　　　　B. 成本　　　　　　　C. 竞争　　　　　　　D. 利润

二、判断题

1. 配置性产品是针对核心性产品所追加的代表额外利益的特色产品,它起到与竞争产品相区别的作用。　　　　　　　　　　　　　　　　　　　　　　　　(　　)

2. 以需求为中心的定价方法是以市场导向观念为指导,从顾客的需要出发,认为商品的价格是根据顾客对商品的需求程度和对商品价值的认同程度来决定的。　　(　　)

拓展资料

在酒店经营过程中,价格是一个重要因素,对每家酒店而言,定价都很重要,定价过高或过低都会对酒店经营产生直接影响,如何进行合理定价是每一个酒店管理者都应该去了解的内容。

扫描二维码,进一步了解酒店产品常见定价方法。

视频:酒店
产品常见定
价方法

任务五　房型、房量和房价的控制

任务目标

1. 熟悉房型基础管理、房量管理、价格体系管理的基础知识

2. 掌握酒店房型、房量、房价在单体酒店和酒店集团不同经营环境下的控制方法

3. 运用 PMS 系统及房型、房量、房价的控制标准

总经理日记

你选 A 还是选 B

2021 年 4 月 16 日　小雨

　　今天,集团产研院邀请我为城区内的新入职总经理进行一些销售知识的分享。分享会结束后,我临时起意,模拟一个经营场景,想看看大家经过这段时间的学习后是否能综合考虑影响酒店客房经营效益的各项要素。我向大家提问:"我们以一个拥有 120 间客房的酒店的两个经营场景为例。在 A 场景中,酒店以平均 100 元的房价出售了 66 间夜;在 B 场景中,酒店以平均 66 元的房价出售了 100 间夜。两个场景中的房间总收入均为 6 600 元,RevPAR 均为 55 元。那么,这两个场景完全一样吗?你会选 A 还是选 B?"

　　有一位新入职总经理回答:"满房为大,我们要满房。我们需要抢夺更多的市场份额,让更多的顾客体验我们有性价比的产品。"还有一位总经理回答:"对酒店而言,重要的是价格,而不是满房。"

　　之后,大家纷纷表达了自己的见解,看到他们热烈讨论的场景,我觉得这样的交流很有必要。

　　从客房收入的角度讲,两个场景确实是一样的,但从经营角度讲,会出现不同的结果。

　　请思考:你认为 A 和 B 两个场景真的完全一样吗?如果不一样,你认为哪个更好?

知识链接

　　酒店行业自诞生以来,客房收入始终是酒店第一大收入来源。从全世界范围来看,客房收入占酒店总收入最高可以达到 65% 以上,最低也在 45% 左右。同时,由于酒店客房产品具有固定成本高、变动成本低的特点,因此,对于酒店经营来讲,经营好客房产品在某种程度上可以说酒店经营就成功了一半。然而,正是由于客房产品具有固定成本高、变动成本低、具有时效性的特点,对于客房产品天然属性的房型、房量、房价的控制对于酒店成功经营具有非凡的意义。

一、客房房型管理

　　酒店产品总的来说是指酒店的可供出租的客房、餐饮、会议、康乐、商务及交通等相关设施及服务。酒店的客房通常是在某个时段提供或出租给顾客使用,顾客支付费用后所得到的往往是使用权而非所有权。所以,酒店客房产品具有很强的时效性和不可储存性。如果在酒店设计和建造时就能科学地确定房型以及不同房型的比例,那么无疑为酒店的收益管理创造了良好的基础。

另外,根据酒店的管理性质(集团管控或单店管控),结合 PMS 系统里的房型模块功能对房型进行有效的管控,还能大幅提升集团酒店的整体效益,减少人力成本投入,提高酒店管理人员的工作效率。

1. 房型基础信息

客房是酒店的主要产品之一,根据其物理特性、设施、规格和使用价值的不同,客房可以分为不同类型,如单人房、双人房、大床房、双床房、三人房、四人房、套房等;按级别,客房又可以分为经济房、普通房、标准房、高级房、豪华房等。另外,还可以把物理特征和使用价值相同的客房根据顾客心理需求进行细分,如根据楼层的高低、风景的不同以及窗户或门的朝向分为海景房、湖景房、园景房、山景房、城景房、朝街房、背街房等。房型的这些细分既满足了不同消费层次、不同需求和不同喜好的顾客的需求,也为酒店利用房型的这些差异来拉开价格的距离、利用价格来促销和增加酒店收入提供了客观条件。而酒店也需要善于根据细分市场的需要,合理分配不同类型的客房比例,提供具有不同物理特征的客房产品。

房型的层级结构在 PMS 系统中由房型大类、房型两个层级构成,酒店在创建房型时可以根据实际运营需要或房型等级创建一个或多个房型大类,如标准房、豪华房;而房型则需要根据酒店的实际设计建造情况、物理特性、设施、规格和使用价值来设置,如大床房、双床房、套房等。

2. 集团房型与单体酒店房型管控

根据酒店经营方式的不同,分为连锁酒店和单体酒店。连锁酒店通常会由一个独立的管理公司或酒店集团管理,其酒店的装修风格、硬件设施、服务标准都相对统一、规范,在房型设置上也都是标准化统一管理,由集团管理部门在系统中进行统一设置,酒店也可以向集团申请增加新房型或修改房型。连锁酒店通过标准流程管理,再结合 PMS 系统的功能,合理运营集团房型管控策略,可以有效地解决房型标准化统一的问题,同时减少每家酒店的房型配置工作,提高工作效率。单体酒店为自主经营,具备独特风格的装修设计,在系统中的房型设置也完全由酒店自行控制。

连锁酒店可以在 PMS 系统中创建整个集团的全量房型,再根据集团下每一家酒店实际需要用到的房型,通过"房型应用"功能将对应的房型按需应用到每一家酒店。这样,集团拥有所有连锁酒店的全量房型,每一个酒店又只能看到自己的房型,通过系统的有效合并与隔离将集团与酒店可查看的房型进行区分,互不干扰。在实际运营过程中,我们还会发现集团将房型应用到酒店后,集团下的某酒店因业务需要,在集团房型代码下需要修改房型名称,以展示酒店的房型特色吸引用户预订。例如,集团房型代码 TKB 对应的房型名称是"海景房",而集团下的某酒店在运营一段时间后,发现更名为"朝阳海景房"会更吸引用户预订,于是向集团申请更名,而集团在房型代码 TKB 不变的情况下,既要满足其他酒店使用标准名称"海景房",又要满足这家酒店的特殊要求,可通过 PMS 系统"房型名称自定义"功能为酒店设置个性化的房型名称。

相对连锁酒店的房型设置来说,单体酒店的房型设置比较单一,只需要按酒店的实际房型情况创建对应的房型基础信息即可。具体创建方法如图 3-3 和图 3-4 所示。

图 3-3　应用到酒店页面截图

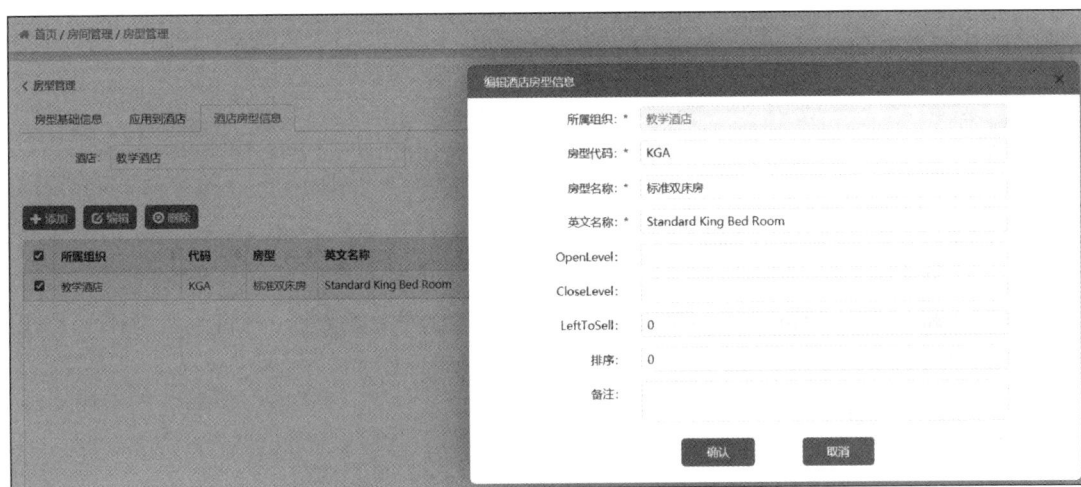

图 3-4　酒店房型名称自定义页面截图

3. 房型在系统间互联互通

以上提到的房型管理都是基于 PMS 系统创建,但在今天的数字化时代,酒店实际运营过程中还会存在房型与其他系统互联互通的场景,尤其体现在集团连锁酒店中。

部分大型集团连锁酒店的数字化进程迅速,各种业务系统繁多,所以需要使用到房型数据的系统也不在少数。若在每个系统中都创建一遍房型数据,也不符合成本、效率、规范的要求,所以类似数据都放在一个统一的数据系统中,按规则将房型数据推送到各个系统。例如,PMS 系统需要用到房型数据,中央预订系统(CRS)、客户关系系统(CRM)、宴会系统、官网等也需要用到房型数据,这时就会在主数据系统中对房型进行维护,并由主数据系统向其他系统推送相同的房型数据,通过这种互联互通的方式,使房型数据统一规范。

4. 房型数字化报表统计分析

顾客下单时需要选择具体的房型,入住完成后,该房型将产生具体收益,并统计在数字化报表中。酒店运营人员可以通过 PMS 报表中心查看房型数据统计的相关报表,通过数字化报表分析,可以进一步判断房型当前设计的合理性,进而决策是否需要按酒店实际运营情况调整不同房型、数量的配比。

通过 PMS 系统的房型分析报表(见图 3-5)。可以准确判断每一种房型每日、月度、年度出租率、贡献的收入情况,并可以同上月、上年度进行同期比较,快速获知酒店各房型的实际已售能力。

			DAY 日				Month 月				Year 年				Last Month 上月同期				Last Year 上年同期			
Rm.TypeCodeGrp 房型代码组	Rm.TypeCode 房型代码	Rm.TypeName 房型名称	Rm.Nights 间夜数	Room Rev. 房费收入	ADR. 平均房价	OCC.% 入住率	Rm.Nights 间夜数	Room Rev. 房费收入	ADR. 平均房价	OCC.% 入住率	Rm.Nights 间夜数	Room Rev. 房费收入	ADR. 平均房价	OCC.% 入住率	Rm.Nights 间夜数	Room Rev. 房费收入	ADR. 平均房价	OCC.% 入住率	Rm.Nights 间夜数	Room Rev. 房费收入	ADR. 平均房价	OCC.% 入住率
	SK	标准大床房	1.00	90.00	90.00	1.33	1.00	90.00	90.00	0.13	663.00	81396.00	122.77	7.12	12.00	4756.00	396.33	1.60	259.00	34343.92	132.60	16.67
	ST	标准双床房	0.00	0.00	0.00	0.00	0.00	0.00	0.00	0.00	400.00	45895.00	114.74	4.30	2.00	460.00	230.00	0.27	175.00	23362.20	133.50	11.11
HOT	DK	豪华大床房	0.00	0.00	0.00	0.00	0.00	0.00	0.00	0.00	6.00	515.00	85.83	0.06	0.00	0.00	0.00	0.00				
	DT	豪华双床房	0.00	0.00	0.00	0.00	0.00	0.00	0.00	0.00	893.00	138438.00	155.03	9.59	0.00	0.00	0.00	0.00	276.00	42220.00	152.97	27.78
	SubTotal		1.00	90.00	90.00	1.33	1.00	90.00	90.00	0.13	1962.00	266244.00	135.70	21.07	14.00	5216.00	372.57	1.87	710.00	99926.12	140.74	41.09
Total			1.00	90.00	90.00	1.33	1.00	90.00	90.00	0.13	1962.00	266244.00	135.70	21.07	14.00	5216.00	372.57	1.87	710.00	100246.12	141.19	41.09

Room Type Statistic Report 房型分析
Hotel: 教学酒店　　BizDay: 2022/10/10-2022/10/10

图 3-5　房型分析报表

通过矩阵分析报表可以对房型 + 市场、房型 + 来源、房型 + 客源、房型 + 渠道等进行多维度数据分析。更细化的数据分析,给房型售卖能力的判断提供更多参考数据。

数字化报表统计分析给酒店的经营者提供更有力的决策依据,酒店经营者不必作出"拍脑袋""随意猜测"等主观的决策。

二、房量管理

房量以及不同房型上的房量配比在酒店设计建造时已经确定,虽然在运营期,酒店可以根据目标市场以及细分市场来调整房量在不同房型中的配比,但房量通常不会改变,除非对酒店部分或全部结构重新设计建造,才能增加或减少房量。

一般情况下,以商务顾客为主的酒店,拥有一张床的房量和比例通常比两张床的房量和比例要高些,这样设置主要是考虑到酒店目标客源的需求。例如,在华住集团旗下的全季酒店,其目标客群中出差顾客较多,因此全季酒店中大床房的比例可达到 70% 左右,双床房的比例在 30% 左右,而套房,因受造价成本与需求情况的影响,房量和比例会更少。

1. 房量管理中的术语

在了解房量管理之前,首先需要了解几个与房量息息相关的名词。

(1)总房量。它是指在房间基础信息中所设置的各种房型的房间总数量。

(2)已售房。它是指顾客通过各类渠道下单被占用的房间数量。

(3)维修房。它是指房间损坏,被设置为维修状态,暂不可售卖的房间。

(4)剩余可售房。它是指房间没有被顾客的订单占用,也没有正在维修的正常可售卖的房间数(剩余可售房 = 总房量 – 已售房 – 维修房)。

（5）远期房量。通过远期房量看板可以查看当前日期到 1 年后的每天各种房型房量的占用情况及剩余可用房情况，准确判断每日的客情，以便随时决策房量的管控策略。远期房量看板如图 3-6 所示。

图 3-6　远期房量看板

（6）超预订。酒店在运营过程中，每日总会有订单取消或应到未到，若在固定房量的情况下，受取消或应到未到订单的影响，就会导致酒店未满房，酒店收入受损。据统计，行业内各酒店的平均取消或应到未到的比例在 5%~10%。为避免这种损失的发生，通常酒店会通过"超预订"功能增加 10% 左右的可售房量来抵充取消或应到未到的订单数量。超预订的系统截图如图 3-7 所示。

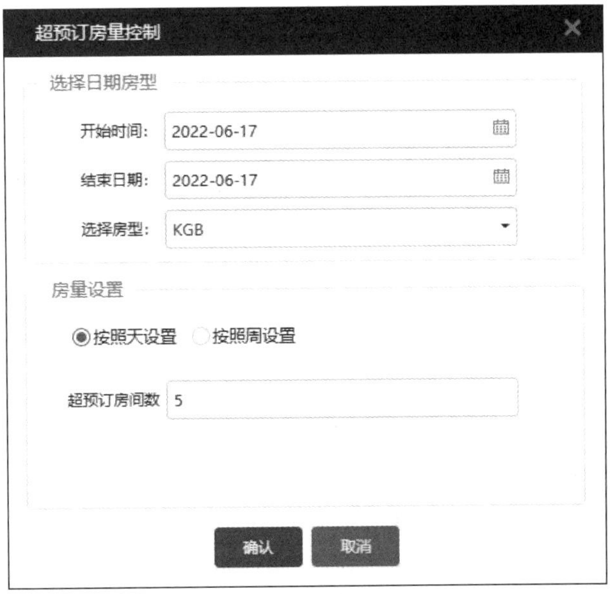

图 3-7　超预订

2. 酒店运营中的房量管控

在酒店实际运营过程中,需要根据酒店当日及将来更长一段时间的销售情况进行有效、合理的房量控制,才能提高酒店收益。例如,客情较差时,需要联系各个渠道,开放房量,客房能出租出去,酒店才会有收入。所以酒店的经营管理人员要提高酒店的收入,就要尽量提高客房出租率,避免客房空置。而当酒店客情较好,出租率爆满时,就需要控制好房量,避免发生爆房情况而遭到投诉,影响顾客满意度,损坏品牌形象。

PMS 系统为酒店提供了多个管控房量的工具,通过房量管控工具,可按酒店客情随时将房间控制在自有渠道或是外部渠道。通过市场预测报表和统计预测报表(见图 3-8 和图 3-9)对酒店将来的预订进行实时预测,以判断后期的房量控制情况。

Market Statistic Forcast 市场预测

Hotel: 教学酒店   BizDay: 2022/10/11—2022/10/11

BizDay 日期	Mkt.Code 市场	Desc. 描述	Rm.Nights 间夜数	Room Rev. 房费收入	ADR. 平均房价	OCC. 入住率	Prs. 人数
2022-10-11	RAC	门市价	11.00	1390.00	126.36	14.67%	11
	FIT	散客价	1.00	100.00	100	1.33%	1
	SubTotal		**12.00**	**1490.00**	**124.17**	**16.00%**	**12**
总计	RAC	门市价	11.00	1390.00	126.36	14.67%	11
	FIT	散客价	1.00	100.00	100	1.33%	1
	SubTotal		**12.00**	**1490.00**	**124.17**	**16.00%**	**12**

图 3-8 市场预测报表

History&Forecast 统计&预测

Hotel: BizDay: 2022/10/9—2022/10/12

ItemType 项目类型	Bizday 日期	Total Phy.Rms 总房量	OOO Rms 维修房	Avl.Occ 可售房	Total.Occ 已售房	Comp.Rms 免费房	House Use Rms. 自用房	Day Use Rms. 日用房	Total RM.Nights 已售间夜	OCC.% 入住率	Room Rev. 房费收入	ADR. 平均房价	No-Show 应到未到	Adl.&Chl. 成人&儿童	IND.Rms. 散客房数	IND.Room Rev. 散客房费收入	Ded. GRP. Room Rev. 团队房费收入
	2022/10/9	75	0	75	0	0	0	0	0.00	0.00%	0.00	0.00	4	1	1	0.00	0.00
	2022/10/10	75	0	75	1	0	0	0	1.00	1.33%	90.00	90.00		1	1	90.00	0.00
	SubTotal	525	0	525	1	0	0	0	1.00	0.19%	90.00	90.00	4	1	1	90.00	0.00
Forecast	2022/10/11	75	0	75	12	0	0	6	12.00	16.00%	1490.00	124.17	0	12	12	1490.00	0.00
	2022/10/12	75	0	75	1	0	0	0	1.00	1.33%	90.00	90.00	0	1	1	90.00	0.00
	SubTotal	525	0	525	13	0	0	6	13.00	2.48%	1580.00	121.54	0	13	13	1580.00	0.00
	Total	1050	0	1050	14	0	0	6	14.00	1.33%	1670.00	119.29	4	14	14	1670.00	0.00

图 3-9 统计预测报表

3. 房量在系统间互联互通

以上介绍的房量管理是基于 PMS 系统创建的,在如今数字化时代,酒店实际运营过程中还会存在房量与其他系统互联互通的场景。例如,中央预订系统(CRS)和酒店管理系统(PMS)在房量数据上就可以实现互联互通。无论是 CRS 从 PMS 中读取房量数据还是反之,都是为了能够在第一时间把控预订量和房量之间的平衡,从而达到房量统一管控的目的。

房量是酒店运营管控重要环节,是酒店管理系统中非常重要的数据。通过多样化系统的互联互通,能实现重要数据的同步推送,从而提高操作效率,数据统一、规范。

三、价格体系管理

酒店的客房收入是由价格和出租数量来决定的。客房的出租数量通常与价格成反比。当价格升高时,需求减少,出租率就会降低;反之,当价格下降时,需求增加,出租率就会提高。所以,价格是否合适,直接关系到酒店客房的销售和总体营业收入。

酒店客房的价格取决于酒店客房产品本身的价值和酒店市场的供求关系。酒店品牌的知名度越高,客房的价值越高,市场需求量越大,酒店的客房价格就越高;酒店品牌的知名度越低,客房本身的价值越低,市场需求量越小,酒店的客房价格就越低。所以,酒店收益管理人员,需要懂得市场的需求变动情况,懂得从市场的角度来考虑酒店产品和服务的价值,并据此制定价格策略。

价格的控制和管理是收益管理的核心问题。如何制定价格,如何管理价格,如何使用数字化管理系统配置多种多样的价格也成为酒店管理人员的必备技能。

PMS 系统为酒店管理人员提供了一套完整的价格体系配置功能,可以在此完成多种多样的价格配置,并按市场供需关系实时、快速、便捷地进行价格管理和调控。

1. 价格体系结构

价格体系又称价格结构,酒店的价格多种多样,以满足不同的市场需求和不同的顾客需求。酒店的价格从多种不同的维度分为挂牌价(展示价)、合同价、协议价、淡季价、旺季价、平日价、周末价、一人价、多人价、成人价、儿童价、散客价、团队价、含早价、不含早价、组合价、折扣价、促销价等。在 PMS 系统中通过结合基础价、浮动价、价格策略来完成以上所提到的各种维度的价格的最终配置。

(1)基础价。

酒店的基础价也称为参照价,基础价的高低体现了酒店客房的价值和档次,还反映了酒店的市场定位和形象。酒店在 PMS 系统中为每一个房型都配置一个唯一的基础价,通常这个基础价在很长的一段时间内(如 1 年、2 年或更长时间)不会改变,除非酒店的客房产品发生极大变化(如重新装修),或市场行情发生整体变化。基础价是价格体系中的底层结构,基础价的设置为浮动价、价格策略的设置提供参考和依据。基础价的系统截图如图 3-10 所示。

(2)浮动价。

随着收益管理的深入,越来越多的酒店采取浮动价格,使其价格完全建立在对供求关系的预测上,其价格根据市场供求曲线的变化而上浮或下调。在这种情况下,基础价存在的意义侧重于为浮动价提供参照,为顾客评价酒店产品价值提供参考。采用浮动价格能有效地帮助酒店避免出现房价过低,本来可多收钱却少收了;或房价过高,本来可以接到更多订单却没有接到的情况。例如,某酒店大床房的基础价为 600 元,根据市场供需关系需要上调 100 元,便可设置 10 月 1 日~10 月 7 日的浮动价为 100 元。浮动价是在基础价上进行浮动,共同组合成了市场价 700 元。浮动价在 PMS 系统中不可独立使用,必须与基础价绑定计算。浮动价的系统截图如图 3-11 所示。

图 3-10 基础价

图 3-11 浮动价

（3）价格策略。

合理的价格结构以市场细分为基础、以产品细分为手段。酒店面向不同细分市场，推出不同种类商品、不同价格。因为不同细分市场的支付能力是不同的，即使是完全相同的商品也会因为不同折扣而给出不一样的定价。这些细分化产品与价格结合起来，构成了酒店的价格策略。良好的价格策略既要能体现不同产品和服务的价值，又要能满足不同细分市场的需求以及帮助酒店最大限度地提高收益。此外，因受市场供需关系变化和市场竞争的影响，良好的价格策略应是变动的价格策略，是能够准确反映供需变化和市场竞争的价格策略。

价格策略的制定可以借助一定的先进技术手段进行，通过获取数据、生产报表来辅助决策和调整价格等。在 PMS 系统中,可以设置价格代码,为价格代码配置定价方式(含税、不含税)、定价策略(日租价、月租价、季租价、年租价等),销售有效期、绑定包价(如含早、不含早等),并为价格代码指定所属市场、来源、渠道、客源等策略条件。除此之外,PMS 系统还提供了丰富的价格集合设置功能,为价格代码配置各种房型在各种时间段的价格。PMS 系统的价格配置支持两种模式,一种是固定价格,另一种是折扣价格。固定价格只需要在价格代码中单独配置,而折扣价格则是基于"基础价 + 浮动价"叠加计算后的价格,所以"基础价 + 浮动价"的配置也是为最终的价格策略的制定提供价格的计算基础的。价格策略的最终落地标示着酒店产品的价格最终成型并能随时在市场上销售。

2. 价格在系统间的互联互通

以上介绍的房量管理是基于 PMS 系统创建的,在如今数字化时代,酒店实际运营过程中还会存在房量与其他系统互联互通的场景。例如,中央预订系统(CRS)和酒店管理系统(PMS)在价格策略上就可以实现互联互通。PMS 系统和 CRS 系统都可以同时维护价格策略,并通过上行、下行的传输方式进行数据同步,保持多边系统的价格策略一致。再如,华住集团使用实价销售策略,给到各个渠道的主价格统一、折扣不同,就要求数字化系统的互联互通做到最优,才可保障各个渠道最终价格不会混乱,保障会员价格最优、华住官网最优。

在数字化时代,通过系统的互联互通对价格进行管控,将更有利于价格同步的时效性,对酒店房价进行合理、有效的管控,给酒店带来巨大的收益。

3. 价格策略数字化报表统计分析

每一个订单在每一天都有唯一的一个价格策略,这个价格策略赋予了这个订单实际应该发生的价格,同时也确定了这个订单所对应的市场、来源、客源、渠道等,对酒店在做细分市场、数据分析时提供了准确的数据支撑。酒店也可以通过 PMS 系统所提供的与价格策略相关的数字化报表来分析酒店价格策略管控的合理性,并根据报表所提供的数据实时调整价格策略,以满足市场对酒店产品或酒店价格的需求。这对于酒店管理人员来说,是非常好的数据分析工具,对酒店管理人员进行定价决策起到了重要的辅助作用。

通过 PMS 系统的综合分析报表功能,可以判断每一个价格策略所贡献的已售房间数、房费收入、出租率等情况。价格综合分析报表如图 3–12 所示。

Comprehensive Analysis Summary by Rate Code 综合分析汇总(房价码)									
Hotel: 教学酒店		BizDay: 2022/10/10—2022/10/10							
Code 代码	Desc. 描述	Rm.Nights 间夜数	Room Rev. 房费收入	F&B Rev. 餐饮收入	Other Rev. 其他收入	Total Rev. 总收入	ADR. 平均房价	OCC.% 入住率	Prs. 人数
RACK	门市价	1.00	90.00	20.00	0.00	110.00	90.00	1.33%	1
Total		**1.00**	**90.00**	**20.00**	**0.00**	**110.00**	**90.00**	**1.33%**	**1**

图 3–12　价格综合分析报表

通过矩阵分析报表可以对价格代码＋市场、价格代码＋来源、价格代码＋客源、价格代码＋渠道等多维度进行数据分析,更细化的数据分析给酒店管理人员判断是否需要调整定价策略提供更多的参考数据。

练一练

一、单项选择题

1. 通常情况下,在全世界范围内酒店第一大收入来源是（　　　）。

A. 餐厅　　　　　　B. 客房　　　　　　C. 会议　　　　　　D. 宴会

2. 为酒店设置个性化的房型名称可以利用 PMS 系统中的（　　　）功能。

A. 房型名称自定义　　　　　　　　　B. 主数据系统

C. 房型应用　　　　　　　　　　　　D. 房型管理

3. 下列（　　　）选项不是根据客房的物理特性、设施、规格和使用价值区分的。

A. 单人房　　　　B. 双人房　　　　C. 海景房　　　　D. 大床房

4. （　　　）的控制和管理是收益管理的核心问题。

A. 房型　　　　　B. 房量　　　　　C. 价格　　　　　D. 渠道

5. 酒店价格结构中的（　　　）通常是酒店提供的限制最少的价格,它给予顾客最大的自由度来取消或更改预订。

A. 浮动价　　　　B. 基础价　　　　C. 团队价　　　　D. 散客价

二、判断题

1. 通过房型分析报表,可以对房型＋市场、房型＋来源、房型＋客源、房型＋渠道等多维度进行数据分析,更细化的数据分析给房型售卖能力的判断提供更多参考数据。

（　　　）

2. 中央预订系统和酒店管理系统在房量数据实现互联互通的主要目的在于能实现重要数据的同步推送,从而提高操作效率,数据统一、规范。

（　　　）

拓展资料

酒店的产品是多样化的。总体来说,酒店产品是指酒店的可供出租的客房、餐饮、会议、康乐、商务及交通等相关设施及相关服务。我们知道,不同群体对酒店产品有不同的需求。那么酒店产品应当如何进行合理的组合与定价呢?

扫描二维码,了解数字酒店之酒店房型分类管理,学习更多相关知识。

视频：数字酒店之酒店房型分类管理

任务六　客户关系管理系统的构成与运用

任务目标

1. 了解客户关系管理系统的意义与基本概念
2. 熟悉并掌握客户关系管理系统操作规范、会员体系及客户关系管理的流程
3. 运用客户关系管理系统(CRM)分析酒店客户的数据,为酒店决策提供依据

总经理日记

如何优化客户服务

2022年4月18日　小雨

集团旗下有家酒店,近期因为出租率低迷而使该店的总经理小顾甚是头疼,压力很大。作为小顾的好朋友,我主动去协助他,试图帮助他解决一些困难。

今天我和他一同召集了酒店的员工共商对策。在梳理协议公司的过程中,我们发现销售经理小林之前签约回来一个重要的协议公司近一个月未产生用房。这个协议公司是小林费了九牛二虎之力争取过来的,它之前在Z酒店的用量一个月可以达到几百间夜。这令我和小顾非常迷惑,为什么和之前的预估产量有这么大的差异?

我们带领着小林及前厅部骨干一起查看客户关系管理(Customer Relationship Management,CRM)系统,通过检索我们发现,该协议公司的大部分顾客已经被酒店转化为会员,该类会员顾客在月初曾经有过入住,但后期未能持续产生用房;另外一部分顾客有流失情况。对照这些会员的入住信息,我们查看了他们的点评,其中有40%的顾客提出服务时效性差,有30%的顾客提出早餐口味差,还有30%的顾客提出前台不热情。

原来这个协议公司的顾客有这么多对酒店的不满。于是,我们让员工回访了那些未被转化成会员的顾客,发现大家的反馈几乎一致。还有一些顾客本来准备在这里入住,但是听到酒店在大部分员工中的口碑一般,于是临时决定更换酒店。

症结找到了,接下来就是解决问题。我建议小顾后面要快速整改以上调研发现的问题,提升服务水平。当然,为了表达酒店的诚意、展示酒店整改的成果,还可以邀请顾客再次入住体验,希望能够通过我们的努力让顾客再次回来。

小顾点点头,舒了口气,展露笑颜。

我们能够快速、及时地解决问题,离不开先进的数字化系统,CRM系统作为服务系统中重要的组成部分,能够帮助我们在做一些重要决策时提供数据支持。

请思考：你知道 CRM 系统是什么吗？在当下，为何酒店要使用 CRM 系统进行客户关系管理？

知识链接

一、客户关系管理系统的意义

在大数据时代，要善于运用客户关系管理，将酒店人员与顾客日常接触的经验，对顾客的行为、喜好等特点进行分析，处理成为可以量化的资源信息，改进酒店的经营服务模式，吸引更多的顾客在酒店消费，形成酒店稳定的客源，保证酒店持续经营盈利。CRM 系统能够帮助酒店构建一个巨大的数据仓库，并运用数据挖掘技术辅助酒店对顾客生命周期中的每一个环节进行管理。一方面，客户关系管理的宗旨和任务是需要充分把握顾客信息、销售信息、经营信息及其他信息；另一方面，在酒店数字信息化日益推进的今天，通过 CRM 系统对酒店顾客数据进行整理与分析，以支持酒店作出科学的决策。

二、客户关系管理概述

1. 客户关系管理的概念

客户关系管理是指企业以顾客为中心，通过一系列营销手段的制定及实施来不断发掘顾客市场，分析顾客的真实需求，从而在这个基础上采取切实有效的措施来更好地满足顾客的真实需要，进而提高顾客对于企业的满意度和忠诚度，增强酒店的市场竞争力的一系列管理活动。通过客户关系管理，顾客对公司的信任程度将相应提高，和公司将保持一种长久而稳定的关系。与此同时，在管理过程中，企业经营者还需具备社会行为学和心理学的专门知识，才能很好地进行客户关系管理，从而有助于企业塑造良好形象和取得更多的顾客的信赖，进而增强其市场竞争力。

2. CRM 的应用

CRM 是数据挖掘中的一个重要应用领域，正是在数据挖掘技术的支持下，CRM 的思想与目标的实现才成为可能。CRM 所使用的数据仓库及数据挖掘技术，其分析内容包括客户盈利能力分析、客户获得、交叉营销、客户维护及流失分析、客户细分。

CRM 的根本理念是"以顾客为中心"。同时，企业经营过程的许多环节又涉及顾客，因此，CRM 的作用几乎涉及营销、销售、客户服务、技术支持等企业管理各方面内容。

（1）疏通客户沟通的有效途径。

顾客和企业之间存在多种交流渠道，其中具有代表性的包括网络评价、面对面交流、移动销售和电子邮件。CRM 系统应能有效地从不同角度支持上述接触活动，并且把有效的沟通渠道统筹在一起，让顾客可以用他们所偏好的方式和公司进行沟通和业务往来。

（2）准确分析顾客需求。

一个完备的客户信息数据库在 CRM 系统中占有举足轻重的地位。通过多渠道地收集客户数据，得到完整、准确、一致且在企业内部共享的客户信息。对于各类关于企业客户及潜在客户的数据应及时予以反馈。这样企业内任何一个处理客户问题的雇员都可以充分理解客户关系，按客户的要求成交，知道怎样向客户纵向及横向推销，以及怎样向顾客提供个性化服务。

（3）数据分析处理能力。

CRM 系统能够对市场活动进行规划、评估，对整个活动进行全方位的透视，能够对各种销售活动进行追踪，并拥有对市场活动和销售活动的分析能力。

（4）企业的决策辅助工具。

CRM 系统的用户包括酒店的客户和员工，可通过终端访问企业的业务处理系统，获取客户信息。CRM 系统能够从不同角度提供成本、利润、生产率、风险率等信息，并对客户、产品、职能部门、地理区域等进行多维分析。不只是帮助实现业务流程的自动化，而且是管理者进行决策的辅助工具。

三、客户关系管理系统的构成与分析

客户关系管理系统是酒店管理的有效工具。对于任何一家酒店而言，都需要维护客户关系。其中，最基础的工作就是客户数据的收集，收集的数据一定要具有实用性，能为解决实际问题提供一定的依据。酒店使用 CRM 系统，实现了客户有关信息的收集、分类、共享等功能，有利于酒店管理人员全面、准确地掌握客户关系情况，从而采取有效的措施来维护现有顾客及挖掘新顾客，从而提高酒店的盈利。根据酒店的现状及客户关系管理的需求，其 CRM 系统的应用与分析主要包括营销管理、客户管理、酒店评价管理等模块。

1. 营销管理的运用与分析

营销管理的运用与分析主要包括成本分析、市场策划、定价管理、销售管理等部分。成本分析是对酒店采购产品的数量、采购的价格及销售的数量和价格进行分析，从而做好酒店的成本管理。市场策划主要是在客户数据挖掘的基础上，采取不同的营销计划，以最小成本最大限度地挖掘客户。定价管理是对酒店的服务和产品进行定价，内容包括客房价格、餐饮价格等。销售管理的运用与分析主要分为酒店的库存管理、采购管理和竞争对手管理等内容。根据市场变化，定价管理模块会在控制酒店成本的基础上，制定一定的优惠活动，最大限度地吸引和挽留顾客，保护行业内的竞争力。华住集团开发的"华住超脑"系统可根据后台数据实时分析供需关系，帮助酒店作出价格调整的决定，涨价和降价背后有上千万条数据支撑，减少人工判定失误，提高数据的准确性。

2. 客户管理的运用与分析

客户管理的运用与分析是系统的核心，是以满足客户需求为中心，主要包括客户基本信息、消费记录、客户投诉记录、客户类型、客户标签、客户流失记录和原因分析、客户忠诚度分析等。华住集团通过自主研发的技术，实现酒店工作人员工作的简化——用户从预订、入住、退房到开发票,全程实现数字化。易掌柜系统自助入住的方式,实现 30 秒入住,0 秒退房、把开发票的时间压缩到了几秒,提升了顾客的入住体验。

客户管理的运用与分析通常会使用到会员系统相关报表。针对会员相关信息以及围绕会员消费行为等相关报表是酒店回顾分析的重要手段,在传统的会员 CRM 系统中报表统计的种类较少,报表维度较为单一,报表的形式也决定了酒店对于会员数据无法深度利用。华住 CRM 系统中报表统计的形式囊括了关于以上相关信息的报表,除展示形式多样外,对数据进行多种角度读取和透视。

以华住集团会员注册渠道统计报表为例,可以通过系统查询统计会员的注册渠道、数量等数据,为酒店的会员吸收和营销提供决策支持。以下列举部分报表作为展示。

"会员注册渠道统计报表"(见二维码图片)可查看不同渠道的会员增长情况(CRS、CRM、PMS、官微、官网)。"渠道视图"展示不同渠道的会员数量,左上角可选择报表查询时间,右上角可按日、月、年查看。如有需要可以点击"下载报告"将报告导出。

图片:会员注册渠道统计报表

此处可对展示方式进行切换,点击柱状图标可切换成柱状图显示,点击还原图标可还原为折线图展示,点击下载图标可将图表保存为图片,底部有详细数量展示。

3. 酒店评价管理运用与分析

通过系统集成,酒店可以对顾客的网络评价进行及时反馈与处理。当出现网络差评时,系统可以及时告知酒店进行处理,让顾客意识到酒店对他们的重视,提升顾客满意度。CRM 系统和呼叫中心建立信息共享,系统会自动分类顾客的来电,如咨询酒店信息的、投诉建议等情况。根据不同的呼叫内容进行对应处理,为顾客提供一站式服务,提高办事效率,节约顾客的时间,提升顾客满意度。华住集团开发了华小二(AI 语音电话)系统代替人工接电话,提高了服务效率,降低了酒店的运营成本。

练一练

一、单项选择题

1. ( )的运用与分析主要分为酒店的库存管理、采购管理和竞争对手管理等内容。

A. 销售管理　　　　B. 目标管理　　　　C. 产品管理　　　　D. 客户管理

2. CRM 系统的基本思想是以( )为中心。

A. 产品　　　　　　B. 价格　　　　　　C. 顾客　　　　　　D. 公益

3. ( )是对酒店采购产品的数量、采购的价格及销售的数量和价格进行分析,从而做好酒店的成本管理。

A. 市场策划　　　　B. 成本分析　　　　C. 定价管理　　　　D. 人员管理

4. 以下( )不是 CRM 的作用。

A. 疏通客户沟通 B. 准确分析顾客需求

C. 便于管理酒店客房 D. 企业决策的辅助工具

5.( )主要是在顾客数据挖掘的基础上,采取不同的营销计划,以最小的成本最大限度地挖掘顾客。

A. 人员管理 B. 成本分析 C. 市场策划 D. 定价管理法

二、判断题

1. 正是有了数据挖掘技术的支持,才使得 CRM 系统的理念和目标得以实现。( )

2. 根据市场的变化,定价管理模块会在控制酒店成本的基础上,制定一定的优惠活动,最大限度地吸引和挽留顾客,保护酒店的竞争力。 ( )

拓展资料

维护良好的客户关系是酒店经营最重要的一环,而 CRM 系统则是酒店管理的有效工具。简单来说就是运用数字化系统,了解不同客户群体的消费习惯,帮助酒店维护客户关系。

扫描二维码,了解数字酒店之会员管理的相关内容。

视频:数字酒店之会员管理

模块四 交付与管控

模块导读

交付与管控的背后是对酒店管理者的信任与考验。一名合格的酒店人，不仅要能够熟悉酒店的客房、餐厅的物品及其他部门的固定资产的名称、使用期限、使用及保养的方法，还要能够在数字化时代的背景下使用数字化管理工具对酒店的客房、餐厅及固定资产进行有效管控，降低物品损耗，提高工作效率，以保障服务交付的质量。

能力是其一，品质是其二。除了拥有爱物惜物的习惯、具备可持续发展的理念，现代酒店管理者还应当具有执着专注、精益求精、一丝不苟、追求卓越的工匠精神。

本模块主要阐述交付与管控，内容涉及清洁工具（剂）的使用与管理、客房查房流程的制定、客房用品分析（品质管控）、餐厅仓库管理、酒店固定资产盘点、客房仓库管理等典型工作任务的职业技能要求。

■ 思维导图

```
                              ┌─ 清洁工具的分类与管理
          清洁工具(剂)       ├─ 清洁剂的分类与管理
          的使用与管理       ├─ 清洁工具（剂）的优化
                              └─ 清洁工作的五大要素

                              ┌─ 逐级查房制度
          客房查房流程       ├─ 查房要求
          制定               ├─ 查房要点之产品思维与顾客思维
                              └─ 技术助推查房效率的提升

          客房用品分析       ┌─ 客房用品的分类
          (品质管控)         ├─ 客房用品的现状及发展趋势
                              └─ 客房用品的管理

                              ┌─ 食品安全
                              ├─ 原料采购
          餐厅仓库管理       ├─ 进货查验
   交付与管控                ├─ 原料存储
                              ├─ 库房及冷冻（藏）设施
                              └─ 库存管理系统

                              ┌─ 固定资产采购管理
                              ├─ 固定资产标签管理
                              ├─ 固定资产的分类和折旧年限
                              ├─ 固定资产的日常管理和维护
          酒店固定资产       ├─ 固定资产盘点
          盘点               ├─ 固定资产盘盈、盘亏处理
                              ├─ 固定资产的处置
                              ├─ 固定资产损失备案
                              ├─ 其他资产管理
                              └─ 固定资产管理系统

                              ┌─ 客房仓库基本管理规范
          客房仓库管理       ├─ 客房仓库管理的分类
                              └─ 客房仓库数字化管理
```

148

任务一　清洁工具(剂)的使用与管理

任务目标

1. 了解清洁工作的五大要素
2. 熟悉清洁工具(剂)的分类与优化
3. 掌握清洁工具(剂)使用和管理的基础知识,能通过管理提升清洁效率并且降低运营成本

总经理日记

关于"干净"这件事

2022 年 4 月 20 日　晴

5 年前举办的那场关于"爱干净"的大型活动,至今让我记忆犹新。

集团邀请了一位日本国宝级的清洁匠人新津春子来给我们指导清洁工作。她所工作的 76 万平方米的东京羽田国际机场连续四年被评为世界上最干净的机场,无论是高级休息区还是普通候车室,都整洁干净,烟灰缸都反着光。而这一切的幕后功臣就是这位清洁匠人。

我一边听着这位清洁匠人的传奇故事,一边在想:"清洁这样看似简单的工作真是一点也不简单,集团这次提出的'爱干净'可真不只是口号,集团对于'干净'这件事的态度是非常认真的,还特意邀请大师级匠人来给我们指导,这样一场活动也表明了公司在'干净'这件事上的决心。"干净卫生是顾客入住酒店的基本需求,让顾客住得干净、住得放心是我们始终不变的目标。如何才能做到真正的干净? 新津春子的指导给了我们启发。除了要有"匠人精神"以外,新津春子也对各类清洁工具和清洁剂做了深入的研究,这在日常的清洁工作中帮助她提升了工作效率。我们在日常工作中也需要去关注这些内容,也应当了解并掌握各类清洁剂、清洁工具的作用和使用方法,把"干净"这件事落到实处,兑现"爱干净,住汉庭"的承诺。

"干净"是酒店行业基本的要求,真正做到"干净",需要每一个清洁师匠心般的责任心。

请思考:弘扬工匠精神,勇攀质量高峰,打造让顾客满意的住宿品牌,我们应该怎么做?

知识链接

在开始相关知识学习之前,先尝试回答以下问题:

(1) 自己是一名清洁工,还是一名技工?

(2) 清洁客房是应该每天重复着同一个动作、同一种生活状态,还是要琢磨着如何改进自己的清洁技术?

(3) 在工作中你会秉持"既然做了,就要做到最好"的想法吗?

(4) 连续5年被世界上最权威的航空排行榜网站评为世界上最干净的机场是哪个? 为什么这个机场能被评为世界上最干净的机场?

(5) 你能迅速辨别不同污渍的形成原因,并能够灵活使用80多种洗涤剂和50多种清扫工具吗?

(6) 清洁工、作家、网络红人、专家、老师、纪录片主角,这些身份能叠加在一个人身上吗?

很难有人天生就喜欢清扫,更加不会带着责任感去清扫。但如果我们能以敬业的态度、专业的知识完成清洁工作,那么随之而来的成就感与愉悦感也是旁人难以体验的。普通日常的工作只要你用心去做、肯拼搏,就可以在任何一个看似平凡的领域做出不平凡的业绩,活出生命的厚重与精彩。

《论语》有云:"工欲善其事,必先利其器。"孔子告诉子贡,工匠要想把工作做好,一定要先让工具锋利。清洁工具作为酒店服务产品的重要生产工具和生产保障,它的使用与管理在现代酒店服务质量管理体系中,如同它的清洁功能一样日趋务实、细化、规范、可操作、可考核。由受过专业培训的人运用专用清洁工具,并依据科学的管理方法及严格的清洁保养程序和技术规范,有针对性地对各类材料进行清洁与保养,以达到维持其应有表面光泽及高洁净度的目的,这是一项专业化的工作。现代酒店清洁工具的管理与使用具有科学性和专业性,打造干净整洁的酒店环境,应有经济适用、高效快捷、绿色环保的清洁工具作为生产工具和保障。

一、清洁工具的分类与管理

清洁工具分类是管理的基础,有很多不同的分类标准,分类方法得当能提升清洁质量、提高工作效率、降低运营成本。

1. 根据用途分类

擦拭用具:抹布、蜡拖、尘推、毛套等。

去污用具:百洁布、软垫、方刷、圆刷等。

开荒用具:刀片、铲刀、钢丝刷、砂轮、钢丝球等。

喷洒工具:喷壶、简易喷头等。

掸尘工具:鸡毛掸、除尘刷等。

攀高工具:铝金工作梯、登高凳、伸缩杆等。

2. 根据成本和品质分类

(1) A类清洁工具。

① 分类原则。一般为应用于酒店大堂、走廊等公共卫生日清洁的工具,在酒店易购平台直采,门店不允许自行采购。

② 工具管理清单(涵盖采购系统的编号管理、产品名称、规格、图片、使用区域、用途等信息)如表4-1所示。

表4-1 工具管理清单(A类)

序号	产品名称	规格	图片	采购类别	落实期限	使用区域	用途
1	90厘米微纤尘土推	套		A	另行通知	公区	仅限用于酒店大堂地面推尘,大理石地面可配合静电水使用,不可蘸水后湿拖
2	90厘米微纤尘土推替换布	块		A	另行通知	公区	用于微纤尘推更新使用
3	快捷式手柄	根		A	另行通知	公区	配合微纤尘推、微纤拖布、微纤除尘棒使用,快速更换
4	快捷式拖把头	只		A	另行通知	公区	用于大堂地面清洁,与快捷式手柄配套使用,可配套小心地滑提示牌、榨水车使用

(2) B类清洁工具。

① 分类原则。一般为应用于酒店客房清理的工具篮配备、工作车配备、客房公共区域卫生保洁的工具,可在易购平台采购或线下自采。

② 工具管理清单(涵盖产品名称、规格、图片、使用区域、用途等)如表4-2所示。

表4-2 工具管理清单(B类)

序号	产品名称	规格	图片	采购类别	落实期限	使用区域	用途
1	塑料清洁篮	只		B	立即	公区/客房	用于摆放各类清洁剂和清洁工具,如涂水器、玻璃刮、地板刷、百洁布、马桶刷等

序号	产品名称	规格	图片	采购类别	落实期限	使用区域	用途
2	35厘米涂水器	套	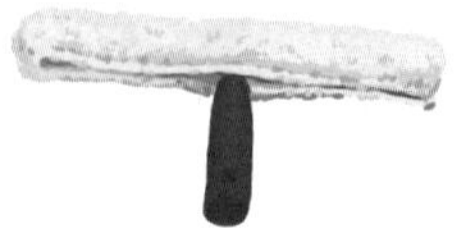	B	立即	公区/客房	主要用于卫生间淋浴房玻璃和墙面涂刷四合一。也可用于其他镜面、玻璃、瓷砖,表面涂刷清洁剂
3	35厘米涂水器毛套	只	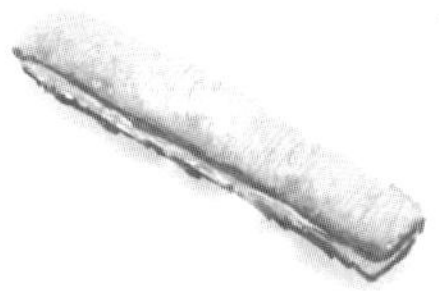	B	立即	公区/客房	涂水器部件,更新使用
4	35厘米不锈钢玻璃刮	套	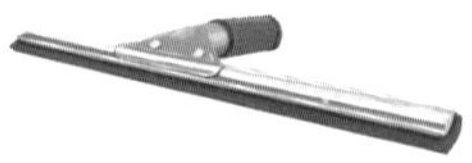	B	立即	公区/客房	主要用于卫生间淋浴房玻璃和客房镜面,快速去除玻璃和镜面水迹
5	35厘米玻璃刮胶条	根		B	立即	公区/客房	玻璃刮部件,更新使用

③ 物品摆放标准。工作车外部工具、集中消毒的工作车、工作车上客用品以及工具篮的摆放标准如图 4-1~ 图 4-4 所示。

图 4-1　工作车外部工具的摆放标准

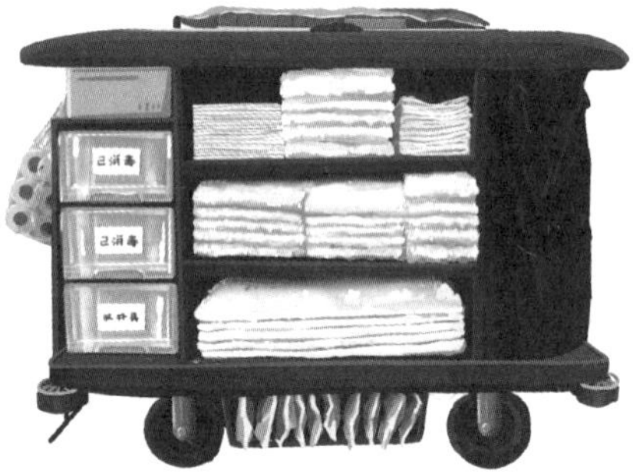

图 4-2　集中消毒的工作车的摆放标准

图 4-3　工作车上客用品的摆放标准

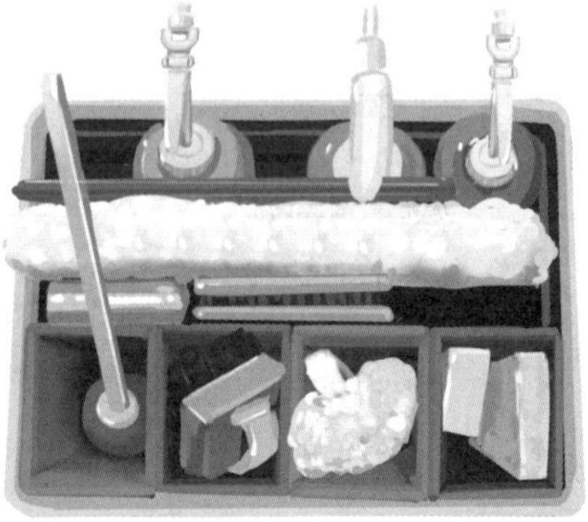

图 4-4　工具篮的摆放标准

（3）C 类清洁工具。

① 分类原则。一般为应用于玻璃、镜面等专项清洁的工具,门店自行采购的小件清洁工具。

② 工具管理清单(涵盖产品名称、规格、图片、使用区域、用途等)如表 4-3 所示。

表 4-3　工具管理清单(C 类)

序号	产品名称	规格	图片	采购类别	落实期限	使用区域	用途
1	蓝色擦地大抹布	片		C	立即	客房	用于浴室地面清洁
2	磁性双面擦窗器	套		C	立即	公区 / 客房	用于客房及公共区域玻璃窗的清洗
3	抹布篮	只		C	立即	客房	用于放置客房清洁抹布,避免抹布交叉感染,提升员工的工作效率
4	魔力擦	片		C	立即	客房	用于家具表面、墙面等污渍的去除
5	瓶装酒精棉	瓶		C	立即	客房	用于电话机消毒

③ 物品摆放标准如图 4-5 所示。

二、清洁剂的分类与管理

当今酒店使用的清洗剂主要包括三大类:餐饮、客房、洗衣房用的清洗剂,由于其清洗所涉及的范围比较广,污垢种类比较复杂,所以使用的清洗剂的成分也比较复杂。在实际应用的过程中应正确规范采购、使用及储存。

图 4-5　抹布篮摆放标准

规范采购首先应该从以下几个方面考虑:安全、环保、质量、资质、价格。酒店清洗剂的使用不同于家庭清洗剂,因为酒店用清洗剂许多产品都是具有强腐蚀性的,因此,一定要对酒店从业人员进行上岗培训。

酒店清洗剂产品与其他化学品不同,种类繁多、性能各异。因此在储存的过程中我们一定要知道每个产品的特性(碱性、酸性、氧化性、还原性)。平时应储存于阴凉、通风的库房;远离火种、热源;库温不宜超过40℃,相对湿度不超过80%;切忌混储。储区应备有泄露应急处理设备和合适的收容材料。

1. 新生代清洁剂发展趋势和代表

清洁剂在未来的发展趋势是:绿色、健康、高效、专业化和个性化。

以华住集团使用的清洁剂为例,过氧化氢清洁消毒液俗称四合一清洁剂,具有广谱杀菌、快速高效的优势。稀释的比例为1:20,消毒时间为3~5分钟。产品可替代:物体表面消毒清洁剂产品、玻璃清洁剂、不锈钢光亮剂、浴厕清洁剂,可提高效率,避免员工误操作,改变旧有的不良清洁习惯。

异味消除剂可以中和烟味,消除发霉、尿液及其他异味。适用写字桌下方、窗帘下方、卫生间、房门背后,不可在织物表面使用。

强力异味消除剂具有无磷环保的特点,分子键合剂能够去除异味,对于各种表面(包括织物)而言,这是具备安全有效性的。这种除味剂可以去除渗透进地毯、窗帘、被子、席梦思、装饰里面的烟味、方便面味、大蒜味、咖喱味、霉味、尿味等各种强烈异味,可直接喷洒在地毯、窗帘、被子、席梦思等布草表面。

2. 清洁剂的分类

(1) 按性质分类。

① 酸性清洁剂主要包括卫生间消毒剂、马桶清洁剂、盐酸、硫酸、草酸等,主要是用来清洁卫生间以及马桶。

② 中性清洁剂主要有多功能清洁剂、地毯清洁剂等。

③ 碱性清洁剂主要有玻璃清洁剂、家具蜡、面蜡、起蜡水等。

④ 溶剂类清洁剂主要包括地毯除渍剂、牵尘剂、杀虫剂、空气清新剂等。

(2) 日常性清洁分类。分为清洁消毒剂、异味消除剂。

(3) 周期性清洁(专项清洁)分类。

① 重污清洁剂。主要用于硬表面上的顽固污渍去除,如地砖、人造石台面、洁具、玻璃和不锈钢上的皂垢、锈渍、鞋印、胶印等。

② 地毯除渍剂。地毯强力除渍产品,去除化纤和羊毛地毯上的顽固污渍,同时保障羊毛地毯的安全使用。切勿使用84等其他清洁剂,以免造成地毯褪色或物理损伤等风险。地毯的损伤和褪色是不可修复的。

③ 白立澈。使用范围:浴室、台盆、竹制品、皮革。

④ 杀菌除味清洁剂。去除下水道异味,清洁、杀菌、除臭同时完成,对杀灭葡萄球菌、绿脓杆菌等病原体特别有效。对油烟味或垃圾腐臭味等也均可提供解决方案。

3. 清洁剂管理清单

清洁剂管理清单如表4-4所示,涵盖产品名称、规格、图片、使用区域、用途等信息。

表 4-4 清洁剂管理清单

序号	产品名称	规格	图片	采购类别	落实期限	使用区域	用途
1	四合一全能清洁剂	2 升 ×2 桶 / 箱		A	立即	公区 / 客房	集消毒、去污于一体,有效去除卫生间残留皮屑 99% 以上,减少下水道异味,对不锈钢有一定的清洁作用,且无腐蚀性
2	异味消除剂	2 升 ×2 桶 / 箱		A	立即	公区 / 客房	可消除难以去除的异味并保持室内空气清新,可用于客房和公共区域

三、清洁工具(剂)的优化

选择专业、高效、安全的清洁工具和清洁剂,不仅省时、省力、提高工作效率,同时保护顾客、员工和设施的安全,延长被清洁物的使用寿命,降低成本,同时让员工在清洁时产生愉悦感,使工作士气高涨,工作业绩提高,最终为顾客呈现一个美好、安全的环境。

在选择清洁工具和清洁剂时需要考虑以下三方面因素。

(1)清洁力。清洁的面积和干净程度。

(2)员工使用舒适度。符合人体工程学设计,保障员工身体健康。

(3)成本。主要指长期平均成本。

以湿拖为例,其品质对比如图 4-6 所示。

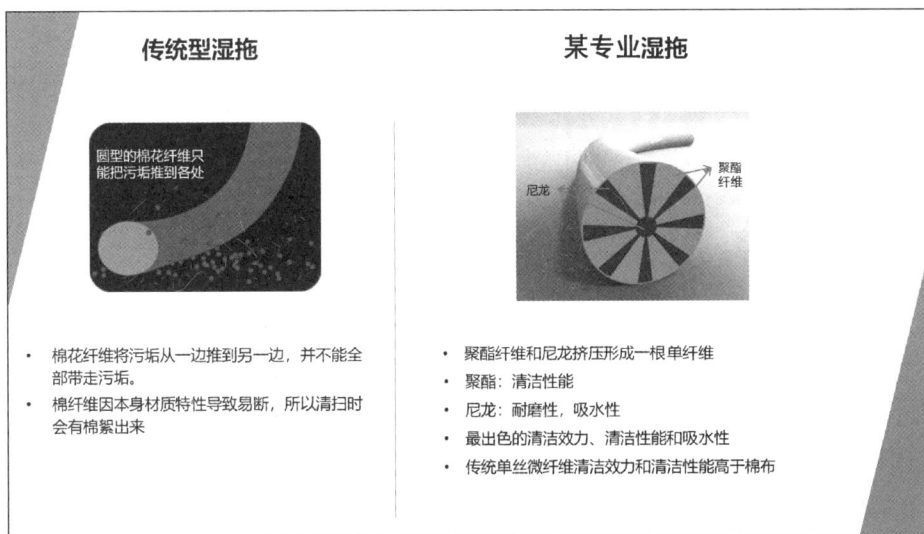

图 4-6 不同湿拖的特点

不同湿拖的类型对比如表 4-5 所示。

表 4-5 湿拖对比

单位:元

年限	某品牌专业湿拖	棉拖	差额
第一年	187	92.5	94.5
累计二年	0	92.5	−92.5(节省)
累计三年	35.3	92.5	−57.2(节省)
累计四年	60	92.5	−32.5(节省)

通过以上对比可以看出,选择优质的湿拖提升地面清洁效率,让工作事半功倍;符合人体工程学,使清洁更轻松,能减轻使用传统绳拖给手腕、肩膀和后背造成的损伤,且年均成本更低。

四、清洁工作的五大要素

(1) 机械作用。分为人手摩擦、机械摩擦、高压洗擦。

(2) 化学作用。湿润 / 渗透,乳化 / 化学反应。

(3) 流程。分解松脱,悬浮,去除。

(4) 温度。每增加 10℃,清洁效果提高两倍(蛋白质类除外)。

(5) 时间。影响清洁效果和成本。

适当平衡这五个要素有助于"一次完成清洁",从而节省重新清洁的成本、减少化学洗涤剂的消耗和水的用量,还可以使清洁工作更加轻松。

练一练

一、单项选择题

1. 下列不属于 A 类清洁工具的是(   )。

A. 快捷式拖把   B. 微纤除尘棒   C. 微纤尘土推   D. 吸尘器

2. 下列不属于 B 类清洁工具清洁篮配备的是(   )。

A. 塑料清洁篮   B. 尘土推   C. 涂水器   D. 玻璃刮

3. 下列不属于 C 类清洁工具的是(   )。

A. 蓝色擦地大抹布   B. 磁性双面擦窗器

C. 小心地滑提示牌   D. 瓶装酒精棉

4. 过氧化氢清洁消毒液的稀释比例一般为(   )。

A. 1:10   B. 1:20   C. 1:30   D. 1:40

5. 人造石台面、大理石已渗入的顽固污渍可以使用(   )进行清理。

A. 除霉菌膏　　　　B. 84 消毒液　　　　C. 钢丝球　　　　D. 重污清洁剂

二、判断题

1. A 类清洁工具根据用途分类,分为擦拭工具、专污工用具、开荒用具、喷洒工具、掸尘工具、攀高工具。　　　　　　　　　　　　　　　　　　　　　　　　（　　）

2. 异味消除剂不能直接喷洒在地毯、窗帘、被子、席梦思等布草的表面。　（　　）

三、实操题

1. 清洁工具、清洁剂使用与管理练习。

(1) 能清洁 VD 房、OD 房。

(2) 能专项清洁不锈钢。

(3) 能专项清洁地毯污迹。

(4) 能独立使用烘被机。

(5) 能独立清洁内外窗。

2. 在教师引导下组织学习小组,通过课堂学习交流、演示训练、讨论相关知识内容,结合实际工作酒店场景,分组制作 B 类和 C 类产品使用流程图或视频。

拓展资料

酒店清洁工作需要"工匠精神"的同时也需要具备清洁剂的理论知识与使用经验。酒店在进行日常清洁时,会使用到各类清洁剂。这些清洁剂的配比与使用方式都会在很大程度上影响到最终的清洁效果。

扫描二维码,一起来学习清洁剂的配比与使用的相关知识。

视频:清洁剂的配比与使用

任务二　客房查房流程制定

任务目标

1. 了解主要查房制度、查房方法及技术对查房效率的影响

2. 熟悉基本查房要求与查房要点

3. 掌握因地制宜地进行查房流程及标准制定的方法,能对提升客房质量提出合理化建议

总经理日记

消失的酒精棉球

2022 年 4 月 24 日　雨

今天是新来的客房清洁师小杨独自打扫房间的第一天。上午,我按惯例前往楼层进行日常的检查工作。我通过易客房系统选择了小杨刚打扫完的 520 房间,检查完后便将她叫了过来。

首先,我对小杨铺的床铺进行了表扬,整齐又标准,肯定了小杨的工作。随后指出了房间存在的问题:第一,房间少了一个衣架;第二,电话机表面有明显的污渍。小杨听后连忙道歉表示是自己疏忽了,立马补上了衣架,随后又在工作车上翻找酒精棉球,但是没有找到。我上前询问,小杨支支吾吾地告知没有酒精棉球了。小杨以为等待自己的将是一顿责备,但却听见我在呼叫客房主管,请主管帮忙送一瓶酒精棉球到 520 房间。我教导小杨:"上班前一定要先检查清洁工具是否齐全,就好比士兵打仗前要检查武器,这是我们要坚持的工作标准。另外,在公司的质检标准中,也规范了工作车清洁工具的配置标准,所以必须严格执行。在所有清洁工作完成后,离开房间之前要再回头看一遍,查漏补缺。"在我的指导下,小杨配齐了工作车的清洁工具后,保质保量地完成了电话机清洁工作。

现今的酒店,不乏多元化的品牌、标新立异的装修,但顾客住店是一种体验,主要是对客房服务、卫生质量的体验。我们要根据质量检查标准对酒店进行定期或不定期检查,及时发现问题,持续改进。

请思考:怎样的质量检查标准可以保证酒店交付的产品和服务质量可靠,让每位顾客都乐意成为回头客呢?

知识链接

只有完美的产品,才能放心地交到顾客手上。干净整洁的客房是酒店的核心产品,不仅能够给顾客带去舒适的入住体验,也是酒店利润的绝对体现,是一家酒店产品力、竞争力的主要体现。稳定的产品供给,才是质量的保障。

客房查房是酒店管理人员的基本管理工作,作为酒店管理中的一环,显得尤为重要。随着现代酒店数字化、智慧化业态的发展完善,客房查房的技能将在原有查房的基础流程上衍生出更多数字化要求,也会有更多的大数据在查房这项工作中生成,并反向支持、保障酒店客房运营的成本管理、安全管理和服务个性化设计。

一、逐级查房制度

想要控制客房质量,最有效的方法就是建立逐级检查制度,明确检查内容、标准、流程。

我们先从制定科学、效率、细致、务实的查房流程切入,达到以客房检查促进客房质量提升的基本管理目的。逐级查房制度是指清洁师自查、客房主管普查、经理抽查结合的客房清洁卫生质量检查。

1. 客房清洁师自查

客房清洁师将房间收拾好并交上一级检查前,要对房间设备是否齐全,环境是否整洁,物品摆放是否合理等进行自检。这种做法可以加强员工的责任心、提高客房的合格率、提升查房的效率和出房率、增进工作环境的和谐与协调,是建立客房质量管理系统的基础环节。客房清洁师每打扫一间客房时都需要有对客房和本次清洁卫生工作进行主动、自觉的检查。

(1)进房检查。检查房间整体情况,设备设施是否正常无损,是否有顾客遗留物品、带走物品。

(2)清扫中检查。重点检查电器、卫生间设备设施、灯光等运行运转情况,以及床品、巾类等客房用品的清洁情况和清洁质量。

(3)离房检查。对本次客房清洁卫生进行整体回顾,查漏补缺,及时纠正。

2. 客房主管普查

客房主管是继清洁师自查之后第一道关,往往也是最后一道关。客房主管查房是客房逐级检查制度中最关键的环节。要求对所辖区域客房进行 100% 检查,并保证清洁卫生的质量。

3. 经理抽查

由于经理人员对查房有较高要求,所以被象征性地称为"白手套"式检查。这类检查通常是定期进行的。可以为管理工作的调整和改进、实施员工培训和计划人事调动等提供比较有价值的信息。这是了解工作现状、控制服务质量最为可靠而有效的方法。

二、查房要求

1. 查房的基本功"心到、眼到、手到、嗅到"

"心到"就是要用心、动脑,经常琢磨怎样才能又快又彻底地检查顾客退房。现代酒店场景下,0 秒退房,不查退房,"心到"也就被应用于带着责任心和同理心查房,对顾客负责,对工作用心。例如,查房一定要按顺时针或者逆时针方向,依次检查,切忌遗漏项目;查房也要抓住重点,对床的检查应特别用心,床单、被子、枕头等物品的折叠都应一一过目;为提高效率,检查柜子时应把抽屉依次打开,然后一次性同时关上,交替开关抽屉会导致效率低下。

"眼到"对掌握查房技巧非常重要。"眼到"就是善于全方位地用眼审视同一件东西。如家具上的尘土,不仅要正面观察,还要用光线侧面查看,尤其要注意书桌、茶几和迷你吧一侧有无水渍。卫生间镜子检查不仅要查看镜子是否干净,还要通过眼睛在镜中查看所有能够看见的东西,如浴缸、淋浴玻璃、花洒等部位。还有就是站立于同一地点,眼睛查看可见的东西,如站立于床边同时查看床头柜内用品、床头柜两边、床底部、床头灯和床头板等。

所谓"手到",是指在用心、用眼时,要做到用手查实。对于电器和浴室三大件等客房用具必须手查是否能用,尤其是花洒更应该手试,切忌嫌麻烦,避免水流不畅、漏水等。客用品、家具位置出现偏差时要随手扶正,在确保客房质量的同时也减轻了员工的工作量。

此外,应该善于利用嗅觉来达到"嗅到"的目的。若一进房间便闻到烟味较重,则要重点查看地毯是否烧焦、棉织品类是否有烟洞、家具是否有烟点;不合格品要相应去渍或者更换;根据具体情况喷异味消除剂除烟味(开窗最适宜)。卫生间里有异味,有可能是因为地面不干净,也有可能是因为地漏、马桶等散发出来的味道,需要视情况喷一些强力异味消除剂。

2. 查房须管理层亲力亲为

查房最后一个重要环节就是跟进,检查完客房后告诉客房清洁师需重新整理、清洁的地方,由客房清洁师跟进,确保跟进后的房间达到标准。使用华住集团的易客房系统点击"检查未通过"要求,若房间打扫任务重新分配给打扫人员,需打扫人员重新提交,客房清洁师整改回复后重新提交复查。

如果客房清洁师未跟进,管理人员没有亲力亲为,那么查到的未尽事项仍不会改善,客房的质量将得不到保证。查房是一项体力和脑力相结合的劳动,有时由于工作量大,每间客房都要一丝不苟地检查必定十分累人,因此平时应注意加强体能,才能在查房工作中切实做到亲力亲为。

3. 查房须与培训结合

培训能够帮助员工提升技能和业务水平,改进酒店客房清洁卫生质量和效率。同时,通过查房树立优秀的客房工作标准并与考核结合,对清洁师进行具有正向的表扬和激励。其手段不是依靠加强查房,而是识别影响本工作质量的要素,在各个职能部门协同努力下,让清洁工作不管谁来完成,都能做出合格的客房产品。建立一个能充分提出意见的体制,共同为"品质的易造性"进行改善。最终实现"不产生不合格客房、不接受不合格客房、不流出不合格客房"。

三、查房要点之产品思维与顾客思维

随着酒店业的发展,设备要求正在不断更新,检查表的内容也应不断地丰富和发展,以应对不断变化的顾客需求。不是所有酒店查房的流程和要点都是相同的。我们可以尝试从产品思维和顾客思维两个角度,因地制宜地设计查房流程。

(1)产品思维重点关注产品的功能、性能以及能否解决顾客实际需求的情况,中心关注点在产品上,优秀的查房流程及标准的制订,能达到提高工作效率、保障客房产品基本质量的目的。

(2)顾客思维重视用户,了解顾客的痛点、心理感受、意见和建议,越是好的产品越是直击需求的本质,并将这些不断融入自己的产品(包括设计、改进与推广等)。让产品给顾客提供实际价值、好的使用体验,同时提升顾客的参与感。结合这两个方面,逐步提升顾客对产品的美誉度和忠诚度。

表4-6为使用顾客思维,针对顾客对卫生最在意的与自己密切相关的"入口(嘴)"及

"贴身"两部分设计的查房表格,客房经理在查房时尤其要注意。让客房产品物有所值才不枉顾客作出的选择。

表4-6　计划查房的项目内容及改进措施(节选)

物品类别	物品名称	检查要点	立刻处理
入口(嘴)	饮品	茶包、饮料等包装上的日期、保质期	更换
	烧水壶	内壁是否有水垢或水残留	去除、消毒或更换
	水杯	有无水渍	擦拭、消毒
贴身	床品	除了检查床上的毛发,还有一个隐蔽的细节——床护垫也需要检查	掀开成品,检查、复原
	马桶	用手电筒照马桶内外壁死角,检查是否有污垢残留。尤其是马桶盖夹缝	如有污渍,轻则冲洗,重则把盖子拆卸下来刷
	五金件	用手电筒检查花洒水出口、水龙头等是否有水垢,检查管壁上是否有水痕	用白醋擦拭,再用抹布擦干
	地板	除了检查床底是否拖拭,还要检查地板毛发	重拖,去除毛发

四、技术助推查房效率的提升

酒店业作为劳动密集型的传统行业,近年来由于人力成本急剧攀升,酒店经营者和加盟商面临很大的运营压力。但随着科技的运用,延续几十年的酒店业人工管理模式正在发生巨变,科技改造了传统酒店行业。

以华住集团自主研发的易客房系统(见图4-7)为例,它可以对客房清洁师所打扫的房间做检查,并且可以看到打扫人、时间、计件类型、客需记录等。该系统将普通查房流程优化,主管检查后不通过的房间仍在打扫该房间的清洁师名下,无须重新排班。填写检查备注,使用查房拍照上传功能上传,当主管再次检查不通过的房间时,可以点击查房记录,查看未通过问题的照片。在计算机端易客房系统后台,可配置总经理、主管查房的每个类别下的查房标准和记录,可在电脑端看到查房的数据详情。

使用易客房系统将查房过程记录及沟通情况数字化后,保障了客房出品质量,提升了查房的效率,从而提升了劳动效率,释放了酒店的潜力与价值,实现了去中心、移动化、无纸化作业调度。易客房系统覆盖客房管理全业务,重新定义了酒店房务管理标准作业程序。

图4-7　易客房系统查房界面

练一练

一、单项选择题

1. 逐级查房制度是指清洁师自查、(　　　)、经理抽查结合的客房清洁卫生质量检查。

A. 主管抽查　　　　　　　　　　　　B. 客房主管普查

C. 总经理抽查　　　　　　　　　　　D. 总经理普查

2. 清洁师清扫房间时,下列不属于重点检查内容的是(　　　)。

A. 电器　　　　　　　　　　　　　　B. 卫生间设备设施

C. 床品、巾类等客房用品的清洁和质量　D. 床垫是否定期翻转

3. 查房的基本功能不包括(　　　)。

A. 眼到　　　　　　　　　　　　　　B. 手到

C. 听到　　　　　　　　　　　　　　D. 嗅到

4. 下列不属于产品思维重点关注的是(　　　)。

A. 产品功能　　　　　　　　　　　　B. 解决商家利益需求

C. 解决客户实际需求　　　　　　　　D. 产品性能

5. 查看客房清洁卫生的整体状况是否合格,可以采用(　　　)方法。

A. 看　　　　　　　　　　　　　　　B. 摸

C. 嗅　　　　　　　　　　　　　　　D. 以上都是

二、判断题

1. 客房主管查房是客房逐级检查制度中最关键的环节。　　　　　　　　(　　　)

2. 离房检查是指对本次客房清洁卫生进行整体回顾,查漏补缺,及时纠正。　(　　　)

三、填空题

尝试从顾客思维的角度因地制宜地设计查房流程,才能应对不断变化的顾客需求,这要求我们在查房时要尤其注意与顾客密切相关的"入口(嘴)"及"贴身"两部分。请根据表4-6,从管理角度提出能够提升客房质量的建议。例如:

1. 购买宠物毛发清洁工具,客房增加宠物设备。

2. _____。

3. _____。

检查人:_____。检查时间:_____。

四、实操题

1. 补全《计划查房的项目内容及改进措施》内容。

2. 独立操作易客房系统、PMS系统。

拓展资料

查房工作的质量与顾客的入住体验息息相关,一套完善的酒店查房流程可以保障顾客的入住环境是卫生、舒适、安全的。因此,查房流程的制定是否合理尤为重要。

扫描二维码,一起来学习经理查房流程的相关知识。

视频:经理
查房流程

任务三 客房用品分析(品质管控)

任务目标

1. 了解客房用品的现状与发展趋势
2. 熟悉客房用品的分类与管理
3. 掌握根据酒店定位、客房等级、特色、顾客个性化要求进行客房用品配置与摆放标准确定的方法,能够对客房用品进行品质管控和成本控制

总经理日记

一篇文章的读后感

2022 年 4 月 26 日 晴

今天看了一篇文章,其作者是一名知名商业顾问,他每年有一大半的时间都在出差,所以经常住酒店,也经常观察酒店,这篇文章讲的是作为一名商业顾问是如何观察酒店的。

作者会观察酒店的硬件、服务,特别是"创新"。他认为酒店中有些问题不是服务能解决的,如灯光,房间里的开关实在太多,他想找到哪个开关控制哪个灯非常困难。读到这里,我想到我们酒店使用智能语音控制,开关哪个灯只需开口说话就行。作者又说到了床上的枕头等用品,这些在我们酒店也不是问题,因为我们都使用专业品牌,棉织品的面料都非常讲究。随后作者又提到了充电 USB 接口、洗手间的手机置物架等这些看似很小,但对于现今酒店顾客住宿而言,却是需求最普通的客房设施。而我们酒店对这些细节更是考虑得面面俱到,如卷纸架连带有手机置物架的功能,非常方便。

在作者看来,细节是酒店更能洞察人心的"创新"之举。作者还认为,创新不一定是颠覆式的,也可以是轻量化的改进,从日常客房用品和客需用品中探索顾客需求,抓住顾客的痛点去解决问题。

读完这篇文章,这名商业顾问的住店感受给了我很多启发,例如,对客房用品的管理分析、创新能帮助满足顾客的需求,进而能赢得回头客,对酒店的经营就有帮助。对于客房用品我们可以进行轻量化的创新,从顾客需求出发,管理好客房用品,才能更好地服务顾客。

请思考:如何管理我们的客房用品,让顾客体验到我们在细节上的"创新"之举?

知识链接

客房是顾客在酒店中停留时间最长的区域,因而客房服务水平常常被作为衡量酒店等级水平的标准,客房用品是酒店客房服务的实物载体之一。酒店客房运营因其用品的设计、品质、配置而具备与同行相区别、相竞争的能力。因此,客房用品一直以来都是酒店经营、定位的"兵家必争之地",传承演绎了地域文化元素,是一个使酒店可以独具特色的软标签。

合理的物品摆放会让整个客房更显整洁和美观。除此之外,标准化的物品摆放,也会让酒店品牌更有辨识度,让顾客在酒店的住宿体验更加完美。

一、客房用品的分类

1. 客用固定用品

客用固定用品是客房内所配置的,供多批次顾客反复使用、不会在短期内损坏或消耗的物品。这些物品仅供客人在住店期间使用,离店时不能带走。它包括如下几类。

(1)床上用品。包括枕套、被套、床单、被芯、床垫、床旗等。

(2)非一次性使用巾类。

(3)客房电器。包括电话、小冰箱、吹风机、咖啡机、电水壶、香氛机、加湿器、电热驱蚊器、音响等电器及附属产品。

(4)客房杂件。包括服务指南、遥控器盒、便签夹、闹钟、请勿打扰牌、请勿吸烟牌、垃圾桶等。

客用固定用品包括如下选择原则和要求。

(1)牢固耐用、不易损坏,才能避免频繁地更换,从而更好地控制成本。

(2)美观雅致。客用固定用品除了使用功能外,还应美观,给顾客带来好的使用体验,并且与客房的档次和整体风格相协调。

(3)摆放合理。通过合理的位置摆放,规范的摆放方法,使顾客取用方便,整体摆放效果美观协调。

(4) 标准统一。用品质量、样式需要统一,以便采购调配;客房中配置用品的种类、数量、位置、方法需要统一。

2. 客用消耗物品

客用消耗物品是指客房内配置的,供顾客在住店期间使用消耗,允许顾客离店带走的物品。包括牙刷、梳子、香皂、一次性拖鞋、擦鞋布、剃须刀、针线包、浴帽、护理包、女宾袋等。

消耗品选择应遵循如下原则。

(1) 方便实用。结合自身定位、品牌来选择价位相当的产品。方便顾客使用、物尽其用是客用消耗物品最大的价值体现。注意盘点好库存,及时补货,避免造成断货现象。

(2) 美观大方。产品的选择、外包装设计等建议根据酒店的装修风格、色彩色调尽量搭配起来。体现酒店风格、档次和地域文化,应品质优先、耐用适用。虽然是消耗品,但仍应令人感到赏心悦目。

3. 顾客免费租借的物品

顾客可免费租借的物品有象棋、插线板、手机多用途充电线、雨伞等。

4. 顾客可以购买的物品

酒店是高品质生活的引领者,从床垫到当地伴手礼,所见即可买。顾客在体验客房的品质后,更易引发其购物欲,如购买客房里的艺术品、生活用品。

二、客房用品的现状及发展趋势

1. 环保低碳化

在现代酒店服务质量管理体系下,客房用品日益高品质、设计精美的同时,也更加倡导绿色、低碳、环保。例如,华住集团全品牌基本实现所有的客用品包装全部换成以树木韧皮纤维制成的环保材料,可降解,零污染,汉庭 3.5 版本酒店客房内采用 EPE 材料(一种可快速光降解材料)的拖鞋,客人也可以拿走循环利用。

酒店可以从自身出发,通过包装、用量和品种的调整来达到节能减排的目的。在节能减排的同时,酒店客房成本也得到了很大的降低。国家目前也有相应规定,不主动提供一次性用品不仅是在政策层面倡导绿色生活,这一举措也能培养顾客的节约意识和环保理念,让顾客养成“自带部分日用品”的习惯,这对于避免浪费、保护环境都有很大的促进作用。

2. 科技智能化

智能化如今已成为行业新风向,智能家具、智能卫浴和智能灯具、厨房设备等智能化客房用品纷纷出现在酒店客房,一些酒店还开始使用人工智能、虚拟现实和聊天机器人等高科技产品。客房用品智能化不仅可以提升顾客的体验感,还可以让酒店达到节能的目的,减少日常成本消耗,实现酒店的可持续发展。同时,智能化产品还是一位很称心的助理,帮助酒店收集整理数据、分析市场状况和需求,为酒店提供决策依据。

3. 外观艺术化

随着消费升级及消费习惯的演化,客用品不再仅仅一味追求奢华而是更多地转向了小众、定制、特色的体验,追求文化共鸣及美感,客用品的打磨要精细,同时不断创新,否则就会被市场淘汰。客用品最好能体现当地的艺术气息,表现出其细致的工艺、丰富的人文故事、丰富多彩的细节以及地域特色。

4. 消费品牌化

客用品的品质折射出酒店的品质。越高端的酒店,越会选择用高品质、与自己气质相配的客用品来凸显酒店的品位。越来越多的酒店品牌,在选择酒店物品时,开始选择基因优良的品牌产品,甚至理念一致的品牌。对于床垫、灯饰、卫浴用品,大众普遍认可的品牌会成为行业的首选,因为品牌的融入,会让顾客放心,也体现酒店设置的高端、精致。不少高端酒店、民宿选用的洗漱用品均为国际一线品牌,以此表达对顾客的关爱,也诠释了自己的品牌主张。例如,华住集团旗下的禧玥酒店每间客房均配有某高档品牌的家具及洗浴用品,全实木榫卯结构家居,圆桌方椅、朱红条桌,给顾客带来不一样的东方韵味。

酒店在寻找合作平台、厂家或者产品品牌时,将会越来越谨慎。酒店从某种意义上来说,是理想中家的呈现,迎合了人们渴望有一个放松、美观、享受的空间的愿望。酒店里的物品是一种生活的引导,可能会成为人们选择家居用品的参考,也正是因为这样,品牌主义的主张才尤为重要。

三、客房用品的管理

客房用品管理与顾客入住体验息息相关。在酒店客房的业务活动中,除客房的设施外,必须使用一定数量的客房用品,客房用品作为客房服务有形展示要素,种类繁多,需求量大,投资量大。如果购进的客房用品价高而质低,不仅经济损失巨大,还会给后续的物资的使用、保管、保养甚至客房部的运营带来连锁性的难题。每个酒店都要根据自身的感官营销策略、客房服务场景来确定客房用品的选择标准。在实际工作中掌握并运用客房成本管理与控制方法,达成降低客房成本的目标,让员工养成节约环保的习惯。

1. 客房用品管理的环节

客房用品管理由申购、统计盘点、保管和领用三个环节组成,如图 4-8 所示。

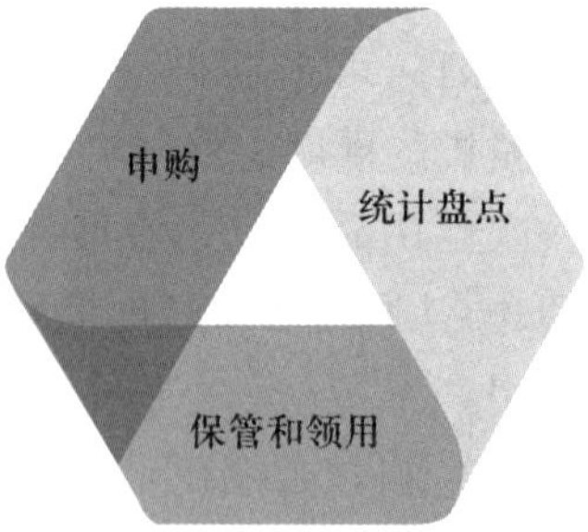

图 4-8　客房用品管理环节

(1) 申购。申购量大容易造成货品成本挤压流动资金;申购量小会导致采购次数增加,运输成本增加。所以确定好购买的频率和数量才能使酒店良好运营。

(2) 统计盘点。分为日盘、周盘和月盘。通过盘点找出客房出租率与单房客用品成本之间的规律,做好客用品精细化管理。

(3) 保管领用。

① 主管根据门店实际消耗量做控制管理。

② 每月按人数做房用量对比,超平均值须做合理分析。

③ 领取时,领取人签字确认,防止重复领取。

④ 建立奖惩制度。

通过以上客房用品管理流程的梳理,不断总结属于所在酒店节约客用品成本的经验,提出合理化建议。例如:

① 新店以留住顾客为主。

② 新清洁师以做客房为主。

③ 不因控制成本而降低接待标准。

④ 新开店和成熟店客用品控制侧重点不同。

2. 客房用品的数字化管理

传统酒店的管理模式比较单一,而且数据非常不完善,管理效率低下。而酒店客房智能控制系统后台能收集很多酒店日常经营数据,如顾客的偏好信息、服务人员的服务数据、资源消耗信息等,酒店可以根据大数据挖掘有利于酒店发展的信息,提高酒店的管理效率。酒店智能控制系统将成为适应新时代、掌握新技能的新一代管理者的最爱。例如,华住集团采用了易客房系统、易采购系统以及其他智能化手段,来实现客房用品的数字化管理。

(1) 易客房系统可以实现客用品的设置。在易客房系统的后台添加客用品的名称、数量、规格,当客房服务员在完成房间的清扫后,需要选择此次打扫需要的客用品数量登记页面(见图4-9),这样系统就可以统计客用品每日的消耗量,可以为第二天提前做打算,也可以通过分析进行成本控制。

Guest Supplies Statistic Report 客用品统计表

Hotel: 教学酒店　　BizDay: 2022/6/16

ID	物品名称	单位	所属分类	二级分类	状态
2654	被套	个	洗涤物品	被套	启用
2682	便签	个	一次性物品	无	启用
2672	擦鞋布	个	一次性物品	无	启用
2653	床单	个	洗涤物品	床单	启用
2659	地巾	个	洗涤物品	无	启用
2658	方巾	个	洗涤物品	床单	启用
2676	购物袋	个	一次性物品	无	启用
2665	护发素	个	一次性物品	无	启用
2673	护理套	套	一次性物品	无	启用
2679	火柴	盒	一次性物品	无	启用
2686	加多宝	罐	一次性物品	无	启用

图 4-9　易客房系统客用品数量登记页面

(2) 易采购系统可以实现客用品的设置。在易采购系统后台添加房间客用品的设置,包含客用品的名称、数量、规格,以及它所属的分类和所属仓库等(见图4-10),客房管理人员即可以在易采购系统上对客用品进行调拨和领用。当客用品达到一定的设置红线的时候会提醒客房管理者及时采购。

（3）软件管理系统。华住集团的客房用品的管控也可以通过软件管理系统实现，并且通过系统管理更高效地实现了对客房用品的三级管控。

① 系统实时记录运营用品消耗情况，让决策更加精准和快速。

② 根据单店的用品分析自动推送采购建议，不用再凭经验下单——让采购更加省心。

③ 客房用品实现采购、库存、成本管理联动——让门店管理更加高效。

④ 领用线上化、盘点线上化——让移动办公更加便捷。

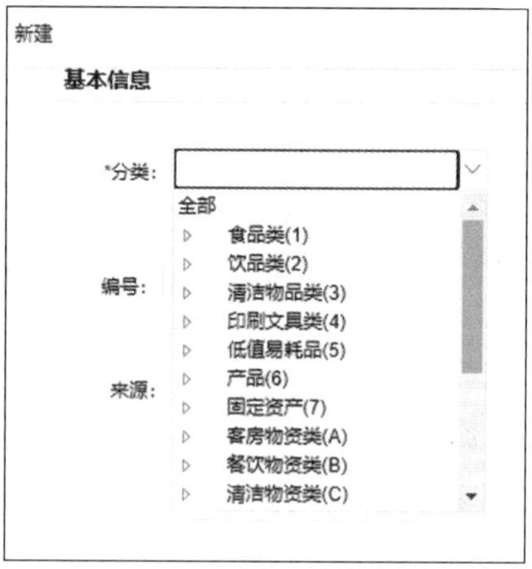

3. 成本管控

（1）通过互联互通演算理论成本。

（2）通过业务单据统计实际成本。

（3）通过成本差异管控成本。

图 4-10　易采购系统客房用品

酒店客房成本主要包括几个方面：一是低值品消耗，包括客房标配的六件套、日常所用文具和布草等；二是房间出售物品相应的成本价格，出售物品有房间酒水饮料和房间小商品等。分析客房的理论成本与实际成本差异，并提出行之有效的整改方案，是酒店成本分析控制中非常重要的一个环节（见图 4-11）。理论成本等于销售出库和消耗出库的成本之和，此部分成本可通过各信息化系统之间的互联互通，例如，客房管理系统将消耗出库信息发送给库存管理系统，由库存管理系统做库存数量的扣减和库存金额的完成自动计算。实际成本等于仓库的期初金额加上实际业务发生成本（包括收货和退货的差额 + 调入和调出的差额 + 领用和领出的差额 + 产品调入和产品调出之间的差额）减去报损物品的成本以及仓库的期末金额。由库存管理系统的库存变动业务触发对实际成本的计算，如表 4-7所示。

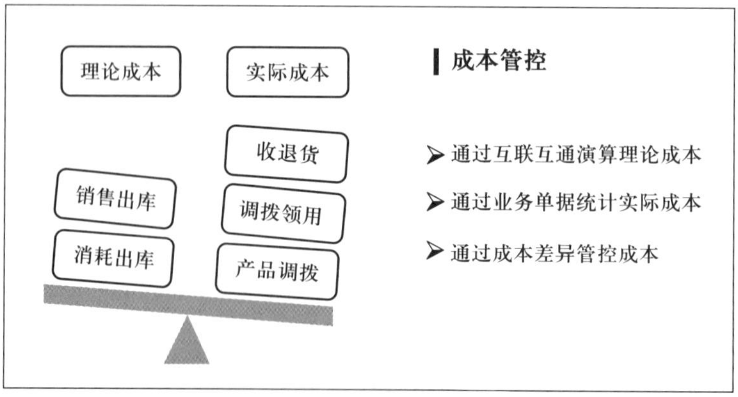

图 4-11　客房用品的理论成本和实际成本差异的对比分析

表 4-7 客房用品的理论成本和实际成本差异算法

项目	算法
实际成本	实际成本 = 期初 + 实际业务 – 期末 =(期初 – 期末)+(收货 – 退货)+(领用 / 调出)+ (产品调入 – 产品调出)– 报损
理论成本	理论成本 = 理论出库 = 消耗 + 销售
当月费用	IF(真实仓库)当月费用 = 实际成本 IF(非真实仓库)当月费用 = 实际业务

成本差异	成本差异 = 当月费用 – 理论成本
	IF(真实仓库)成本差异 = 实际成本 – 理论成本 = 盘存调整
	IF(非真实仓库)成本差异 = 实际业务 – 理论成本

成本差异率	成本差异率 = 成本差异 / 当月费用 ×100%

练一练

一、单项选择题

1. 以下举措中,不利于酒店客房用品环保低碳化的是(   )。

A. 使用可降解客用品包装

B. 从自身出发,调整客房用品的包装、用量和品种

C. 追求设计精美、外形高端的客房用品包装

D. 不主动向顾客提供一次性客房用品

2. 客房用品发展趋势不包括(   )。

A. 环保低碳化   B. 消费统一化

C. 外观艺术化   D. 科技智能化

3. 客房内所配置的,供多批次顾客反复使用、不会在短期内损坏或消耗的物品是(   )。

A. 客用固定用品   B. 客用消耗物品

C. 客房租借物品   D. 以上都不对

4. 下列属于客用消耗品的是(   )。

A. 布草   B. 杯具   C. 衣架   D. 洗漱品

5. 下列选项中,客房固定用品选择的原则不包括(   )。

A. 牢固耐用   B. 美观雅致   C. 经济实惠   D. 摆放合理

二、判断题

1. 客房内的常规客用物品,按照供应的形式分为三大类:客用固定用品、客用消耗物品和客房租借物品。   (   )

2. 客用消耗物品主要考虑美观性,成本可以不用考虑。   (   )

三、实操题

进行一间亲子客房的客用品摆放设计。

![拓展资料图标] **拓展资料**

现代酒店的服务与设计日趋成熟,客房用品作为酒店客房服务的实物载体之一,其品质越来越受大家的重视。不同品牌酒店有不同的客房用品标准,而客房用品的品质对于提升品牌辨识度有重要意义。因此,酒店需要规范客房用品,树立酒店品牌理念。

扫描二维码,一起来学习酒店品牌理念与客房用品规范的相关知识。

视频:酒店品牌理念与客房用品规范

任务四　餐厅仓库管理

![任务目标图标] **任务目标**

1. 了解食品安全、原料存储等基础知识

2. 熟悉酒店餐厅管理系统及各类报表的基础知识

3. 掌握餐厅仓库管理工作的规范要求

4. 运用酒店库存管理系统完成酒店餐厅仓库物品的出库、入库、调拨、领用、查询、盘点等全流程线上管理,能够根据规范来操作符合酒店餐厅仓库各类原料成本控制的标准,能设计餐厅仓库原料盘点表格

![总经理日记图标] **总经理日记**

酸奶"风波"

2022 年 4 月 30 日　　晴

今天早上,我像往常一样在早高峰时段来到餐厅进行巡视。餐品出餐正常,服务人员状态良好,顾客一批一批有序地来用餐。正当我准备离开时,看到一位顾客在酸奶柜旁四处观望着什么。我们的目光碰撞在一起,我领会到了他的意思,赶忙朝他的方向走去,并说道:"您好,先生,请问有什么可以帮您?"顾客说:"你们这酸奶都是临保食品了,怎么还给我们吃呢?"我查看过后发现酸奶确实已经临近保质期了,赶忙很诚恳地说:"抱歉先生,给您带来不好的入住感受,是我们的失职,我现在立刻给您换新鲜的酸奶。"

虽然酸奶没有过期,但是还有 1 天就过期的酸奶在我们的餐厅出现也是不正常的。我们酒店酸奶的购买频次和蔬菜是一样的,每天都会送最新日期的酸奶到店,那么这个在店里"待了"27 天的酸奶是怎么回事? 我在当天餐厅卫生工作结束后,和餐厅厨房的相关人员了解这个事情。最后在酸奶进出仓库原则上找到了原因:厨工每日在归类已采购的物品后,并没有遵循食材储存先进先出的原则进行物品的整理和摆放,早餐出餐时也没有认真复查出品日期,导致一个在冰箱里放了 27 天的酸奶,被摆放到了顾客的面前。

厨房员工未在事前做好食品安全保障工作,对于食品的出入库工作有疏忽,作为酒店总经理的我是有责任的,酒店管理全在小事和细节之处,餐厅仓库管理是关乎食品安全的大事,千万不能出任何问题。

请思考:怎样才能让餐厅仓库管理更轻松且不易出错呢?

知识链接

餐厅仓库管理的重要性,从微观上讲,是为顾客提供餐饮服务的基础,是餐饮服务成本控制的切入点;从宏观上讲,事关餐饮服务食品安全,是企业经营管理的重点。餐饮服务提供者须严格按照食品安全法律、法规、规章、规范性文件的要求,落实食品安全主体责任,规范餐饮经营行为,提升食品安全管理能力,保证餐饮食品安全。

一、食品安全

酒店行业应遵守《中华人民共和国食品安全法》(以下简称《食品安全法》)的规定,履行食品安全第一责任人义务,严把商品质量关,建立和执行以下与经营食品相适应的经营管理制度,确保食品经营安全,地方职能部门相关要求如有差异,以当地为标准执行。

1. 进货查验记录

门店采购食品时,应当认真履行进货查验义务,查验供货者的许可证、营业执照和食品合格的证明文件,建立索证档案,禁止从无合格经营资质的供货者处进货,禁止接受来历不明的上门送货行为,禁止经销三无(无厂名、厂址、生产日期)的食品和过期变质等违法食品,保证所售食品质量安全。本单位采购食品,应当向供货者索取"一票通"进货凭证。

2. 从业人员健康检查管理

从业人员须取得健康证明后方可上岗,并每年接受至少 1 次健康体检。从业人员得了有碍食品安全的疾病,应当立即脱离原来的工作岗位。病愈必须领取健康证明后方可复职。

从业人员一定要保持个人卫生良好,不留指甲,不涂指甲油,不佩戴金银首饰,做到勤洗手、勤剪指甲、勤沐浴、勤理发、勤洗衣物、勤清洗被褥、勤更换工作衣帽。

从业人员在进入经营场所之前,手一定要洗净消毒,穿戴整齐的工作服、工作帽和工作鞋等,工作服应覆盖在外衣上,发梢不露帽外,不进行抽烟等妨碍食品卫生安全的行为。

应当建立从业人员的健康档案,并至少保管 3 年以上。

3. 从业人员学习培训

门店负责人、食品安全管理人员、食品安全专业技术人员和从业人员必须接受食品安全法律法规和食品卫生知识的培训,经考核合格后,方可从事食品生产经营工作。

酒店应认真制定培训计划,在有关主管行政部门的指导下,定期组织管理人员、从业人员参加食品安全、卫生知识、职业道德和法律、法规的培训以及卫生操作技能培训。

酒店应定期组织本单位食品从业人员学习《食品安全法》等,及时掌握和了解国家及地方的各项食品安全法律、法规,做知法守法的模范。

培训方式以集中讲授与自学相结合的形式进行,需定期考核,不合格者离岗学习一周。

二、原料采购

1. 原料供货商有无合法的经营资质

选择的供货者应具有相关合法资质。在指定平台采购商品和食品,应严格执行集中采购制度,规避风险。非平台指定采购的商品、食品,应从合规渠道、当地大型知名超市进货,确保货源的安全性。合规渠道指与酒店进行长期合作的商户,该商户具备与实际供应商品、食品相符的经营资质,资质复印件留存,并确保在有效期内。更换合作商需审核相关资质并实地查看,确保渠道供货安全。

2. 建立供货商评价和退出机制

建立供货者评价与退出机制,评估供货者食品安全情况等,把符合食品安全管理规定的纳入供货者名单,并及时替换不合格的供货商。

3. 定期对供货商的食品安全情况进行现场评审

应定期自行或委托第三方机构定期对供货商的食品安全情况进行现场评审。

4. 建立固定的供货渠道

与固定供货者签订供货协议,明确各自的食品安全责任和义务。根据每种原料的安全性、风险高低及预期用途,确定对其供货者的管控力度。

三、进货查验

1. 随货证明文件查验

国家《餐饮服务食品安全操作规范》中规定,从食品生产者采购食品的,应查验其食品生产许可证和产品合格证明文件等;采购食品添加剂、食品相关产品的,应查验其营业执照和产品合格证明文件等。

从食品销售者(商场、超市、便利店等)采购食品的,查验其食品经营许可证等;采购食品添加剂、食品相关产品的,查验供货商的营业执照等。

从食用农产品个体生产者直接采购食用农产品的,查验其有效身份证明。

从食用农产品生产企业和农民专业合作经济组织采购食用农产品的,查验其社会信用代码和产品合格证明文件。

从集中交易市场采购食用农产品的,索取并留存市场管理部门或经营者加盖公章(或负责人签字)的购货凭证。

采购畜禽肉类的,还应查验动物产品检疫合格证明;采购猪肉的,还应查验肉品品质检验合格证明。

实行统一配送经营方式的,可由企业总部统一查验供货者的相关资质证明及产品合格证明文件,留存每笔购物或送货凭证。各门店能及时查询,获取相关证明文件复印件或凭证。

填写表 4-8 所示的进货查验记录表格。

2. 入库查验和记录

(1)外观查验。在入库时要检查预包装食品的包装是否完整、清洁、无破损,标识与内容物是否一致;冷冻食品有无解冻后再次冷冻情形;食品是否具有正常的感官形状;食品标签标识是否符合相关要求;食品是否在保质期内。

(2)温度查验。查验期间,尽可能减少食品的温度变化。冷冻食品表面温度应 $\leqslant -12℃$。如温度在 $-1\sim -12℃$,在接收后贴上解冻标签,按照解冻食品的第二保质期处理。但凡有软化、冰晶或再冻迹象,均应拒收。

四、原料存储

为保证食品原材料储存、保管安全,食品原材料管理需坚持以下基本要求。

一标:食材制作、加工、存放符合食品及卫生安全管理要求。

二禁:禁止存放个人物品,禁止已拆封食品开口存放。

三隔离:坚持生熟食品隔离,成品和半成品隔离,食品和杂物隔离,预防食品污染。

三先一不原则:食品原材料储存中坚持先进先出,易腐易变的先出,有效期短的先出,腐坏变质的不出,及时报损处理。

四防:防火、防潮、防腐、防虫害。

四化:管理专业化、食品货位固定规格化、库房货柜 / 货架整洁化、检查经常化。

餐饮原料因为质地、性能的不同,对储存条件的要求也不同,根据原料对储存条件的要求,可以分为干货储存、冷藏储存、冷冻储存等。

1. 干货储存

(1)瓶罐类或带包装类物品按类别整齐摆放在货架或货柜中。

(2)散装干货须存入整理箱或收纳盒内,贴上标签存放,标签符合公司标准。

(3)开封大米用加盖米桶存放,避免大米暴露在潮湿的环境中,易生虫发霉。

(4)奶、果汁等饮品拆除纸箱直接放置货架或橱柜。

2. 生鲜存放区

蔬菜水果去除塑料袋包装、纸箱,避免原包装上的泥土、水迹带入厨房而对货架造成污染,均需用菜筐存放,放入货架,不得落地。

生鲜存放区的注意事项还包括存放豆类建议使用保鲜盒加盖存放,防止发霉潮湿;镂空式货架建议存放生鲜蔬菜类,防止腐烂;存放时,将重的物品放在下层,易碎品、常用品放

表 4-8 进货查验记录表格示例

货号	进货日期	物品名称	规格	数量	生产批号或日期	生产者	地址及联系方式（电话等）	供货者	地址及联系方式（电话等）	随货证明文件查验					入库检查		自检或委检情况	记录人	备注
										许可证	营业执照	进货凭证	产品检验报告	其他合格证明	外观检查	温度检查			

在中层,不常用的物品置于高层。

3. 冷藏及冷冻储存

(1) 冰箱内部除霜清洁,无油腻污垢(包括门吸条内)。

(2) 冰箱内各类食品容器、物品摆放整齐,生熟分开,有标签标识;生肉类、半成品、成品菜肴及开封食品须加膜或加盖。

(3) 冰箱门外必须张贴冷冻食品、冷藏生食、冷藏熟食等标贴。

(4) 易腐坏变质和临保的剩余冷藏食品须丢弃;将日期较旧的冷冻食品放置在外层。

(5) 污损的纸箱不得出现在冰箱内。

冷藏及冷冻原材料食用注意事项为冰箱内半成品贴有当天制作日期或进货日期的标贴;冰箱门上贴明分类(冷冻食品、冷藏生食、冷藏熟食)标贴,冰箱内食材摆放整齐;冰箱内食品生与熟、成品与半成品分开,食品无裸露,不使用有色马甲袋存放。

4. 先进先出

(1) 所有食品原料、食品添加剂、食品相关产品都应遵循先进先出、先进先用原则。

(2) 所有食品应有标签,食品标签内容应包括生产日期或在此日期食用、保质期等。

(3) 库存的冷藏、冷冻食品和干货食品应优先使用生产日期 / 开启日期最早的。

(4) 及时清理腐败变质等感官形状异常、超过保质期等的食品原料、食品添加剂、食品相关产品。

五、库房及冷冻(藏)设施

根据食品储存条件,设置相应的食品库房或存放场所,必要时设置冷冻库、冷藏库。

1. 库房

国家《餐饮服务食品安全操作规范》中关于虫害有如下要求。

(1) 库房应设有通风、防潮及防止有害生物侵入的装置。

(2) 同一库房内储存不同类别的食品和非食品(如食品包装材料等),应分设存放区域,不同区域有明显的区分标识。

(3) 库房内应设有足够数量的存放架,其结构及位置使储存的食品和物品离墙离地,距离地面应在 10 厘米以上,距离墙壁宜在 10 厘米以上。

(4) 设有存放清洁消毒工具和洗涤剂、消毒剂等物品的独立隔间或区域。

2. 冷冻库、冷藏库

冷冻库、冷藏库有明显的区分标识。冷冻库、冷藏库设有可正确显示内部温度的温度计,宜设置外显式温度计。

六、库存管理系统

酒店库存管理系统覆盖酒店及餐厅内各使用场景,可实现仓库物品出库、入库、调拨、领用、查询、盘点全流程线上管理。酒店工作人员可通过该系统进行多种情况下的采购收退货管理,实时查看仓库内的库存变动情况,发起及审批各仓库间物品调拨申请,物品消耗和借用归还申请,并实时跟踪申请和审批情况。库存管理系统可与客房管理系统、餐饮管理系统联通,同步实现食材、客用品出库消耗管理,与财务系统联通,实现财务单据管理。

为适应目前移动设备使用广泛的现状,发挥移动端便携、快捷、易用的优势,华住集团库存管理系统目前已上线移动端收货功能(见图4-12),便于工作人员通过手机进行快速收退货审批。同时首推移动签字功能,可通过手机端手写输入方式实现快速签字及校验。库存管理是酒店后台管控的重要环节,由于涉及大量物料、单据和人员,也是传统酒店后台管理中流程复杂的环节,通过数字化系统可对流程进行线上记录和溯源,使库存管理更加规范,可对物品流动情况和库存变动情况进行实时跟踪,使管理更加清晰,便于酒店后台实现成本管控。

图 4-12　库存管理系统

1. 收货入库

收货管理功能用于各场景收货入库(见图4-13)。目前华住集团采购系统支持通过系统内线上采购下单收货、线下采购收货以及赠品收货。

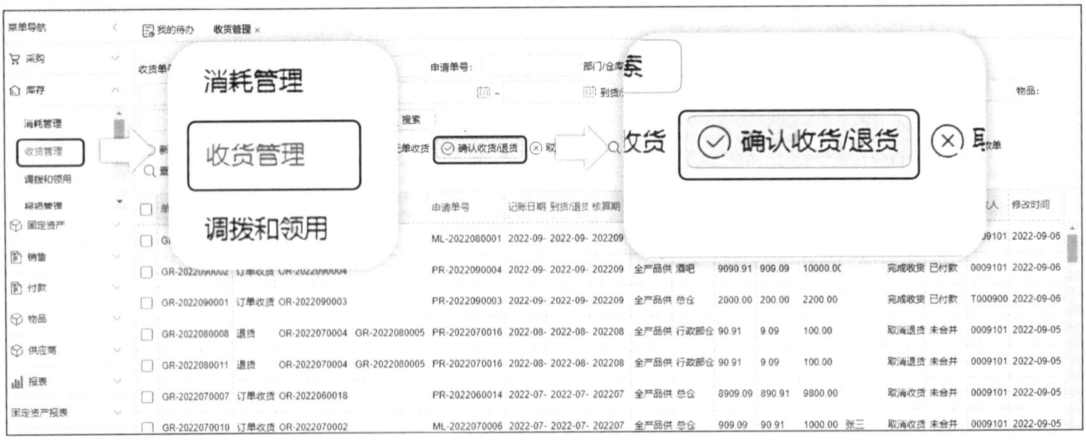

图 4-13　餐厅收货入库

对于在系统内发起采购申请,生成采购订单后发起收货单的流程,系统可根据采购订单生成对应收货单,在收货管理模块可对已收的收货单进行"确认收货"操作,操作完成后完成物品入库。

对于线下进行采购流程的订单,可通过无单收货功能直接新建收货单,新建后系统会自动补充采购申请单,后同样在收货管理模块可对已收货的收货单进行"确认收货"操作,操作完成后完成物品入库。

对于零价格物品收货,如赠品收货,系统内另设"新建赠品收货"功能,赠品收货默认价格为0,新建单据后不会自动生成采购订单,生成后同样在收货管理模块可对已收货的收货单进行"确认收货"操作,操作完成后完成物品入库。

在完成收货后可通过生成付款单操作进入付款流程。如操作"确认收货"失误,可通过反记账功能取消收货。

同时,华住集团库存管理系统支持移动化审批和审批节点配置。设置开启收货时需要进行签字校验功能后,可在移动端通过手写输入设置签章并进行签章,校验通过后收货确认,完成物品入库(见图 4-14 和图 4-15)。

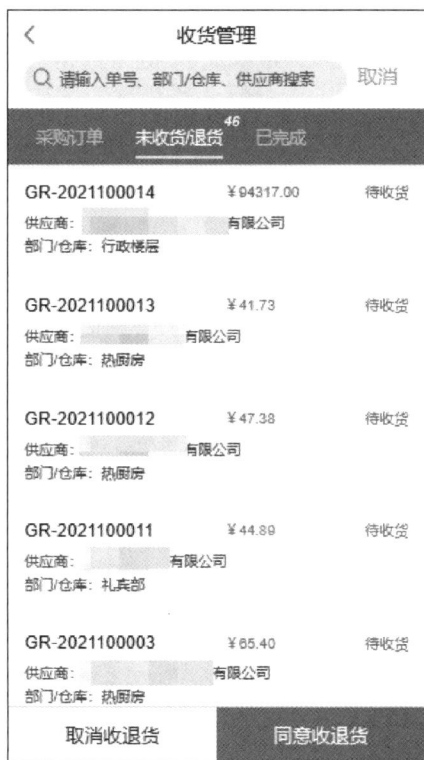

图 4-14 收货管理

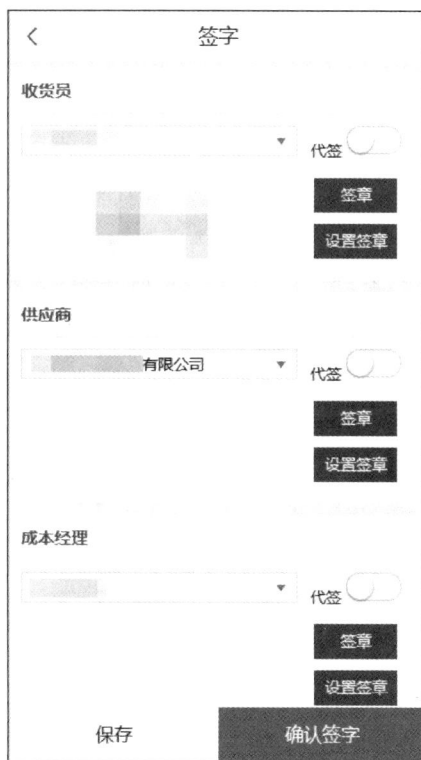

图 4-15 收货管理签章

在华住集团库存管理系统内可根据需求随时设置多个审批流程节点,修改后立即生效,满足酒店从筹备到正式运营的状态切换、人事变动,以及按分类配置等多种场景,提升酒店内部流程的效率。

2. 库存查询

仓库内物品是库存管理的基本元素,通过库存管理系统,可对物品进行数字化管理,实时了解物品库存数量、所在部门仓库和可用库存数量,对于库存数量少于设定值的产品,系统会进行安全库存提醒(见图 4-16)。

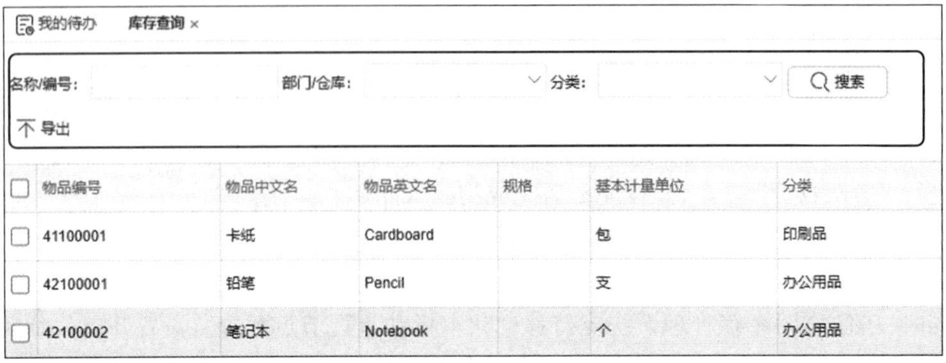

图 4-16　库存查询

酒店工作人员通过系统内的库存查询功能可了解仓库内所有物品的实时库存情况。可分别根据部门、仓库或物品分类查询某个部门、某个仓库或某个物品分类下的库存情况，以便工作人员对不同仓库进行管理。对于需要导出为 Excel 文件的物品数据可批量导出。

3. 仓库收入发出报表

仓库收入发出报表（见图 4-17）统计了各仓库入库物品数量、金额和出库物品数量、金额，通过该表，可快速了解各仓库的收入发出金额，便于酒店管理人员基于数据分析进行成本管理。该表可按照核算期、业务日期、部门、仓库分别统计，可将物品名称或者编号作为关键字查询。同时可按照收入数量、收入金额、发出数量、发出金额 4 个字段进行排序。

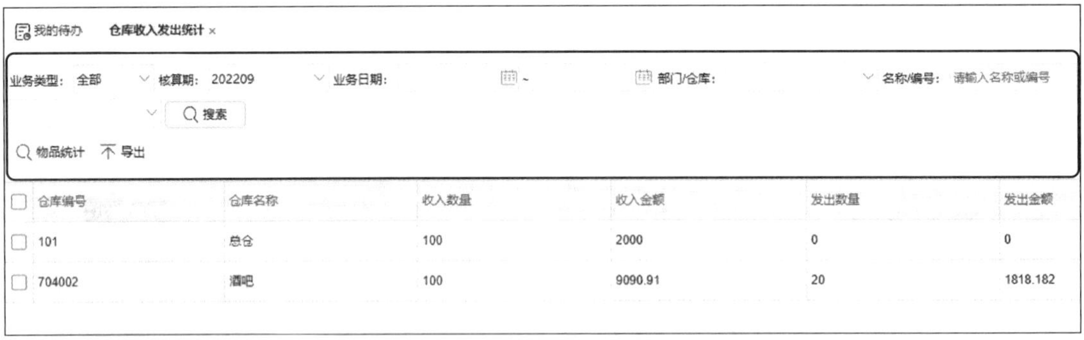

图 4-17　仓库收入发出报表

4. 库存盘点

通过库存盘点功能（见图 4-18）可对不同部门、仓库的实际库存进行盘点，以此对比仓库实际物品数量和系统内物品数量的差异，便于对实际库存进行监管。

华住集团库存管理系统通过新建盘点选定要进行盘点操作的部门、仓库，盘点单加载库存后可进行实盘录入，确定物品状态，盘点完成后系统还将自动计算差异金额。

图 4-18　库存盘点

练一练

一、单项选择题

1. 下列选项中不属于"三无"的是（　　　）。

A. 无厂址　　　　　　B. 无厂名　　　　　　C. 无配料表　　　　　D. 无生产日期

2. 库房内的货架,距离地面以及距离墙壁的距离应在（　　　）以上。

A. 5 厘米和 10 厘米　　　　　　　　B. 10 厘米和 5 厘米

C. 10 厘米和 10 厘米　　　　　　　　D. 5 厘米和 5 厘米

3. 按照食品安全管理制度,从业人员健康档案需保存（　　　）以上。

A. 1 年　　　　　　B. 2 年　　　　　　C. 3 年　　　　　　D. 4 年

4. 以下关于干货储存的说法中,错误的是（　　　）。

A. 带包装类物品应按照类别整齐摆放于货架或货柜中

B. 散装干货存放需要贴上标签

C. 开封大米应尽量保持通风,不能密闭保存

D. 果汁饮品应拆除纸箱,直接放置在货架或橱柜上

5. 冷冻食品表面温度应≤（　　　）℃。

A. −3　　　　　　B. −6　　　　　　C. −9　　　　　　D. −12

二、判断题

1. 因为冷冻库、冷藏库设有可正确显示内部温度的温度计,所以不需要设置外显式温度计。　　　　　　　　　　　　　　　　　　　　　　　　　　（　　　）

2. 酒店库存管理系统覆盖酒店及餐厅内各使用场景,可实现仓库物品出库、入库、调

拨、领用、查询、盘点全流程的线上管理。 　　　　　　　　　　　　（　　）

拓展资料

厨房食品存储管理规范能有效保障酒店为顾客提供健康安全的早餐,在餐厅仓库管理工作中的重要性更是不容小觑。因此,厨房食品存储管理规范需要落实到细节之处,对不同种类食品的存储方法(常温食品存储、冷藏和冷冻食品存储)应进行区分。

视频:厨房食品存储管理规范

扫描二维码,一起来学习厨房食品存储管理规范的相关知识。

餐厅物品、原材料盘点表和日常餐厨具报废报损表如表 4-9~ 表 4-11 所示。

表 4-9　餐厅物品盘点表

酒店名称:＿＿＿＿＿＿＿　　　日期:＿＿＿＿＿＿＿

序号	名称	单位	上月盘点数	购入数	本月盘点数	损耗	备注

表 4-10　餐厅原材料盘点表

酒店名称:＿＿＿＿＿＿＿　　　日期:＿＿＿＿＿＿＿

序号	名称	数量	单价	金额	备注

表 4-11　日常餐厨具报废报损表

日期	品名	数量	单价	合计	报废原因	处理情况	备注

任务五　酒店固定资产盘点

任务目标

1. 了解酒店固定资产盘点的定义与重要性
2. 熟悉酒店固定资产盘点的要点
3. 掌握酒店固定资产盘点的流程
4. 运用各类表格及数字化工具进行固定资产盘点工作,能够制作一份酒店固定资产盘点表并依据给定酒店信息提出固定资产管理整改方案

总经理日记

为什么盘点少了一台咖啡机?

2022 年 5 月 8 日　晴

今天公司安排新的固定资产盘点培训,现在的数字化盘点明显比原来各种表格的盘点要轻松很多。

想起去年的一次固定资产盘点,当时我正在楼层查房,小张跑过来说:"季总,我们盘点一下午了,表格里显示餐厅少了一台咖啡机。"我拿着小张递给我的固定资产清册,又看了下餐厅现在使用的咖啡机上的固定资产标签和编码,真是毫无头绪。

"年初我们有一台咖啡机坏了,还没修好,我记得在仓库啊。"这时客房经理打破了沉默,小张恍然大悟,挠挠头笑道:"对不起季总,不好意思,那台坏的咖啡机我走完报废和新购审批流程后,忘记更新固定资产清册了。"

对报废咖啡机核对无误后,我又重新上报了固定资产清册更新的原因并且做了相应的签字确认。

现在我们使用数字化的库存管理系统,差错率就下降了很多。门店内所有的物品,在购入时会有一个固定的名字、代码和二维码,这些都会一并录入系统存档,每次盘点前我们只需要扫描物品的二维码,等到所有的物品盘点完毕后,直接从后台进行数据比对就可以了,这能够清楚地呈现酒店的所有固定资产明细。如果当月出现物品报废,在新购时,都是先让旧物品走完流程,固定资产清册数据库会自动更新,无须手工操作;新购物品时,也只需要在采购平台上购买,物品到货后确认收货,用手机就可以实现一键操作。

请思考:是什么原因导致餐厅盘点少了一台咖啡机?

知识链接

酒店固定资产盘点的重要性,从微观上讲,是酒店运营管理的基础,是酒店运营成本控制的切入点;从宏观上讲,事关酒店的经营效率,是企业经营管理的重点。酒店资产盘点工作须严格按照酒店资产管理制度、规章、规范性文件的要求,落实固定资产管理主体责任,规范资产管理盘点行为,提升酒店固定资产管理能力,保证固定资产运营有效。

酒店固定资产管理包括固定资产的采购管理、标签管理、固定资产分类和折旧年限管理、固定资产日常管理和维护、固定资产盘点、固定资产盘盈盘亏处理、固定资产的处置、固定资产损失备案和其他资产管理等。

一、固定资产采购管理

1. 固定资产更新原则

资产的更新增置需本着节约成本和有效利用现有资源的原则,在无重大影响使用的情况下,各门店应尽量利用旧资产或局部翻新改造旧资产,以及将资产以旧换新,报废资产应办理好报废等相关审批手续后再申请增置新资产。

2. 固定资产采购申请

固定资产采购需严格遵守酒店的预算管理制度,业务部门负责人在审批采购申请时应确保在预算范围内审批,超过预算的采购申请原则上不得报送审批。特别情况确需超预算进行固定资产采购申请的,需按预算调增审批流程申请特批。

3. 固定资产请购

申请酒店需根据实际需要并且在预算内提出固定资产的购置申请,将需要购置的固定资产信息(名称规格、型号、类别、数量、申请原因、用途等)资料填写《固定资产请购单》进行请购。

4. 固定资产验收

采购部统一采购物品到货后,如开业前酒店总经理尚未到岗,酒店营建期间如果采用了 EPC 模式(Engineering Procurement Construction,指公司受业主委托,按照合同的约定对工程建设项目的设计、采购、施工、试运行等实行全过程或者若干阶段的承包),则固定资产清单由总包方提供,总包方、工程项目经理、运营三方进行实物盘点交接。

5. 固定资产清册

门店的固定资产清册需包括资产名称、数量、单价、供应商、到货日期、验收情况、资产的坐落位置。如果是移动固定资产,还需要明确资产使用人和负责人等。

6. 固定资产清册确认

在固定资产清册编制工作结束时,需要将其印制成册,由总经理在纸质固定资产清册上签名确认。

二、固定资产标签管理

1. 固定资产标签编码

原则上,固定资产编号是一物一编号。如同一型号、同一规格、同一单价的批量采购的客房必备的家具(如写字台、席梦思、床头柜、挂衣橱等)以及客房必备的电视机、空调,酒店会计按批建立固定资产卡片,酒店需按"资产编码＋序号"("资产编码"及资产数量由酒店固定资产管理对口会计发送给酒店总经理),逐一制作固定资产标签并及时粘贴。如"席梦思1 800厘米×2 000厘米(100个)、资产编码为11000701080001",酒店应制作100个标签,资产编码从11000701080001–1至11000701080001–100。

2. 每一项固定资产有唯一的固定资产标签

每一项固定资产在酒店只有唯一的固定资产标签,以避免混淆。

3. 酒店应及时粘贴固定资产编码标签

酒店应及时粘贴固定资产编码标签(见表4–12),如发现有破损情况,应及时补贴标签。

表4–12　酒店集团固定资产标签

店名			
资产编号			
资产名称			
规格型号			
使用部门		启用日期	
所在地点			

4. 每月15日前及时更新新增固定资产相关信息

酒店需将固定资产编码录入门店固定资产清册,制作固定资产标签并粘贴,务必做到一物一标签。每月15日前,酒店固定资产管理对口会计提供酒店上月新增固定资产的相关信息,酒店应在当月制作标签并及时粘贴,同时更新固定资产清册。

5. 固定资产清册需存档

在试营业中比对一致的固定资产清册需打印,并由资产管理人员和总经理签字后存档。相关资料应及时发送至对口的酒店会计处,由对口的酒店会计存档备查。

三、固定资产分类和折旧年限

目前酒店固定资产分为计算机与外围类、设备类、橱柜类、桌椅类、沙发类、其他家具类、床类、床垫类等,各大类包括的范围如表4–13所示。

固定资产折旧方法采用年限平均法(直线法),残值率统一规定为5%,酒店固定资产的折旧年限和残值率如表4–14所示。

表 4-13　华住集团固定资产类别清单（节选）

小类	序号	名称	大类
计算机与外围类	1	iPad2	计算机与外围类
	2	iMac	计算机与外围类
	3	Apple TV	计算机与外围类
	4	打印机	计算机与外围类
	5	传真机	计算机与外围类
	6	……	计算机与外围类
设备类	7	液晶电视机（挂壁／台式）	设备类
	8	空调	设备类
	9	定频吸顶机	设备类
	10	全热交换机	设备类
	11	落地式电视架	设备类
	12	……	设备类
橱柜类	13	文件柜	家具类
	14	衣柜	家具类
	15	茶水柜	家具类
	16	衣橱	家具类
	17	壁柜	家具类
	18	……	家具类
桌椅类	19	书桌	家具类
	20	办公桌	家具类
	21	咖啡桌	家具类
	22	会议桌	家具类
	23	餐桌	家具类
	24	吧台	家具类
沙发类	25	休闲沙发	家具类
	26	三人位沙发	家具类
	27	单人沙发	家具类
	28	双人沙发	家具类
	29	有／无靠背沙发	家具类

续表

小类	序号	名称	大类
其他家具类	30	电视背景墙	家具类
	31	妆镜	家具类
	32	挂衣板	家具类
	33	穿衣镜	家具类
	34	接待台	家具类
	35	餐椅卡座	家具类
床类	36	床头柜	家具类
	37	床背板	家具类
	38	床底座	家具类
床类	39	床箱	家具类
	40	床靠背	家具类
	41	员工宿舍床	家具类
床垫类	42	席梦思床垫	床垫类

表 4-14　酒店集团固定资产大类和折旧年限

小类	大类	折旧年限	残值率	备注
1. 计算机与外围类	计算机与外围类	5 年	5%	
2. 设备类	设备类	5 年	5%	
3. 橱柜类	家具类	5 年	5%	
4. 桌椅类	家具类	5 年	5%	
5. 沙发类	家具类	5 年	5%	
6. 其他家具类	家具类	5 年	5%	
7. 床类	家具类	5 年	5%	
8. 床垫类	床垫类	3 年	5%	

四、固定资产日常管理和维护

固定资产管理实行统一政策、分级负责和归口管理,责任和权力相统一。实现责任到人的原则,谁用、谁保养、谁经营。酒店总经理对自己酒店里所有固定资产都要管理好,其中包括准备标签、日常保养和定期盘点等。

酒店总经理为资产保管的第一责任人。在日常盘点中关注固定资产的使用情况，及时报告固定资产的异常情况。酒店如果发现固定资产存在被盗等情况，需及时上报总经理和相关主管，并书面通知酒店固定资产管理对口会计。

酒店负责固定资产日常的保管、维护，通过积极保养等措施延长固定资产的使用寿命，节约固定资产日常维修和新购支出。酒店固定资产的维修需在预算范围内进行，酒店如果发现固定资产损坏，需申请维修，具体维修流程需参考相关维修制度。由于员工个人或顾客的原因造成公司资产损坏而需要维修的，维修费用需由员工个人或顾客承担。

五、固定资产盘点

1. 酒店固定资产盘点的范围界定

酒店固定资产盘点包括以下范围。

(1) 计算机及外围设备类。包括计算机、打印机、复印机、传真机、网络设备等。

(2) 设备类。包括办公及客房、厨房设备，具体有办公电脑、电视机、除中央空调外的其他空调设备、冰箱、洗衣机、保险柜、点钞机、监控设备、程控交换机等。

(3) 家具类。包括办公及客房、大堂家具。主要包括床、床头柜、行李架、办公桌、沙发等。

(4) 床垫类。包括席梦思，不含软床垫。

具体如图 4-19 所示。

华住酒店集团固定资产盘点表

酒店*：　　　　盘点日期*：

序号	资产编号*	序列号	资产名称*	所属部门*	购入日期*	数量*	资产原值*	累计折旧*	账面净值*	实际数量*	备注
1											
2											
3											
4											
5											
6											
7											
8											
9											
10											
11											
12											
13											
14											
15											
16											
17											
18											
19											
20											

说明：1.该固定资产盘点表适用于酒店固定资产的盘点；

2.标示*部分为必填列，固定资产明细信息由酒店集中会计组对口会计提供；

3.酒店集中会计组对口会计在盘点前提供固定资产盘点表，盘点人员需打印盘点表并填列实际数量；

4.该盘点表原件相关人员签核后由酒店留存，财务部留存盘点表扫描件电子档。

盘点人员：＿＿＿＿　城区内控：＿＿＿＿　酒店店长：＿＿＿＿

日　期：＿＿＿＿　日　期：＿＿＿＿　日　期：＿＿＿＿

图 4-19　华住酒店集团固定资产盘点表

2. 酒店固定资产盘点的方式和流程

酒店固定资产盘点分为定期盘点和不定期盘点。

（1）定期盘点包括半年度盘点和年度盘点。酒店应及时完成半年度和年度的固定资产全面盘点工作。半年度盘点一般在每年六月，年度盘点一般在每年十一月。

半年度和年度盘点由各酒店安排人员进行初盘和复盘，根据酒店会计提供的最新门店资产盘点，财务部负责固定资产盘点计划的更新，并在盘点前将固定资产盘点计划以邮件形式抄送相关部门。

盘点过程中盘点人员需复核各项资产信息和固定资产卡片是否一致。如发现不一致，应在《固定资产盘点表》备注栏中列明不一致的信息以备查。盘点结束，酒店资产管理人员、总经理需在《固定资产盘点表》上签字确认。

具体流程如图4-20所示。

（2）不定期盘点包括试营业的盘点、总经理离任或调任交接时的固定资产盘点等。

按公司固定资产管理的规定，在总经理离任或调任交接时，需对酒店资产进行全面盘点，并由公司指定人员负责监交，其中固定资产应依照酒店固定资产管理对口会计提供的固定资产盘点清单进行盘点，通过盘点确定是否账实相符。

六、固定资产盘盈盘亏处理

盘点责任人对于固定资产定期或不定期盘点时，如有发现盘盈或盘亏，盘点责任人需填写《固定资产盘盈或盘亏表》，并书面通知酒店固定资产管理对口会计。

保管责任人（工程项目经理、酒店总经理）有下列情况者，需按公司规定追究相应责任并赔偿，情节严重或损失金额较大的，公司可追究法律责任。

（1）盗卖、调换或化公为私等营私舞弊者。

（2）未经报准而擅自转移、拨借或损坏不报告者。

（3）未尽保管责任或由于过失致使固定资产遭受被窃、损失或盘亏者。

七、固定资产处置

固定资产的处置包括出售、转让、报废等。

1. 固定资产出售或转让

开业前固定资产的出售或转让，由工程项目经理负责对已确认需要变卖的资产进行售卖，售卖时需提供3家供应商的比价，上报工程总监审批。酒店开业后，当资产达到不能使用的状态时，酒店资产保管人需填写申请单，并报酒店固定资产管理对口会计，申请单需报酒店总经理并逐级审批。

2. 固定资产报废

已到期的资产进行报废、毁损，需填写《酒店固定资产报废申请单》。

由使用部门填制《酒店固定资产报废申请单》，逐级审批，酒店固定资产管理对口会计将对资产原值、净值等情况进行审核，并将《酒店固定资产报废申请单》进行编号。

资产报废后售卖价不得低于资产净值，询价人与资产处置经手人需分设两人操作，比

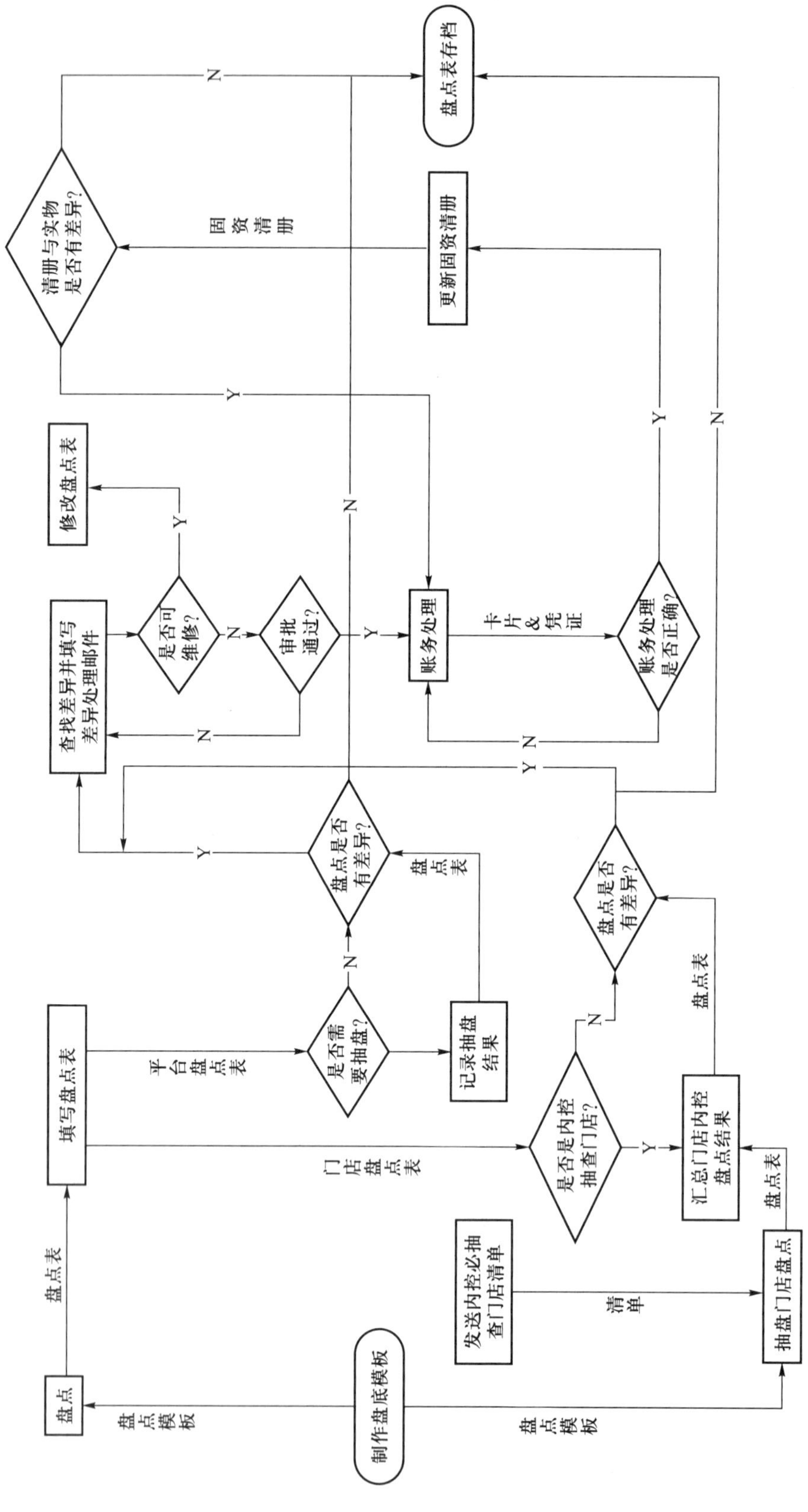

图 4-20 固定资产盘点流程

价上报部门负责人审批方可售卖。

酒店固定资产提前报废,需审批方可报废。

该报废申请单原件由酒店留存,酒店固定资产管理对口会计留存扫描件电子档备查。

八、固定资产损失备案

酒店固定资产发生盘亏、丢失、报废的情况,酒店同时需做好税务备案工作。

九、其他资产管理

酒店固定资产外的其他资产,保管责任人(工程项目经理、酒店总经理)同样负有保管、清点及时上报责任。

十、固定资产管理系统

传统酒店的固定资产管理模式为:记录固定资产台账,手工分配固定资产编号,记录固定资产信息,定期将台账和实物固定资产做盘点,手工建立盘点单,录入盘点结果。随着行业的不断发展,数字化管理水平不断提升,现代酒店逐步采用酒店固定资产管理系统进行固定资产管理。酒店固定资产管理系统是一套信息化管理系统软件,主要用于对酒店资产进行日常管理。内容涉及酒店资产采购、资产入库、资产领用、资产借用、资产归还、资产维修、资产调拨、资产盘点、资产折旧、资产处置等经营范围。全方位监督管理固定资产全生命周期,做到"线上账"与"线下物"一致。同时,还能够将资产分类统计与其他报表相结合,对固定资产进行移动扫码盘点,能够提升资产管理效率,有助于酒店破解资产管理难题。

1. 盘点单的创建及实盘录入

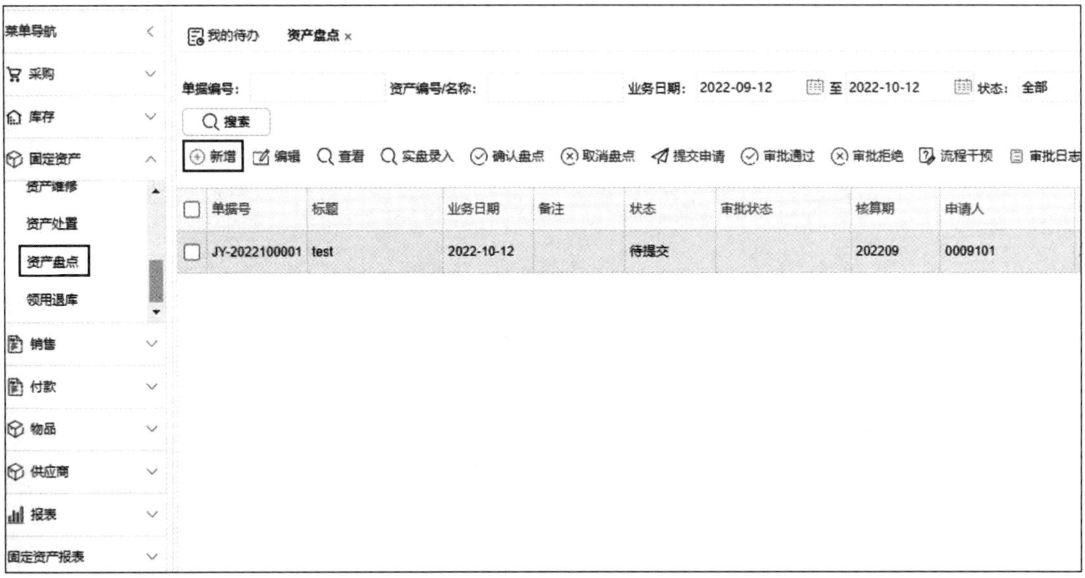

图 4-21　固定资产盘点单

每一件新购入资产的相关数据录入到系统(见图 4–21)之后,都会由系统按照编号规则自动生成固定资产编号,并生成包含固定资产编号信息的二维码(见图 4–22),可以打印固定资产标签(不干胶),其中包含二维码和固定资产其他信息。标签上的内容可由酒店自己设定,其中包括固定资产名称、购入日期、使用部门等内容。把标签粘贴到固定资产实物上面,不仅清晰区分了固定资产使用部门,而且为盘点工作提供了很大便利。盘点者无须通过记录资产编码和核对账本等方法来盘点,只需通过移动端地址在系统移动端打开盘点单点击扫一扫按钮就能扫描固定资产标签,标签信息就会被自动阅读出来,改变资产盘点状态。通过查询,可以即时检测资产盘亏和溢余的变动。盘点人员可以方便盘点,携带手机至任意固定资产存放处进行扫码盘点,使盘点速度提高了 90%,同时还避免了重复盘点或错盘。

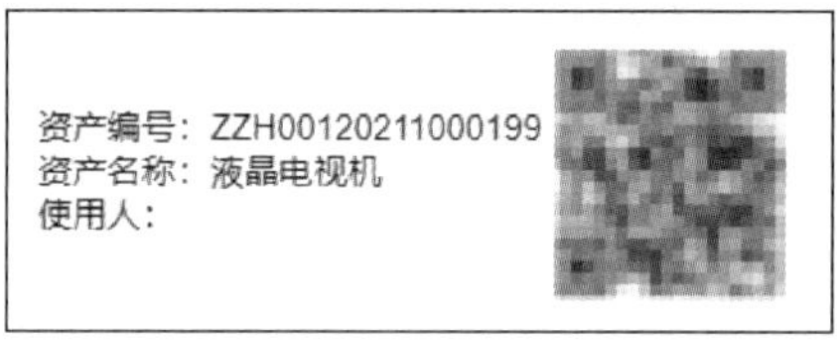
资产编号: ZZH00120211000199
资产名称: 液晶电视机
使用人:

图 4–22　固定资产编号

2. 固定资产报表查询

在酒店固定资产管理过程中,可以充分使用系统的固定资产报表模块(见图 4–23)查询固定资产相关信息。如固定资产成本分析,通过查看固定资产折旧报表,可以查看酒店中每个固定资产的当月以及历史月份的折旧金额,按照固定资产的分类统计各资产的折旧金额,按照固定资产的使用部门统计资产的折旧金额,跟踪各部门固定资产使用成本。如果想要了解固定资产的使用情况,可以查看固定资产分类使用情况表,追踪各资产状态下的资产数量,提高各类资产的使用效率。

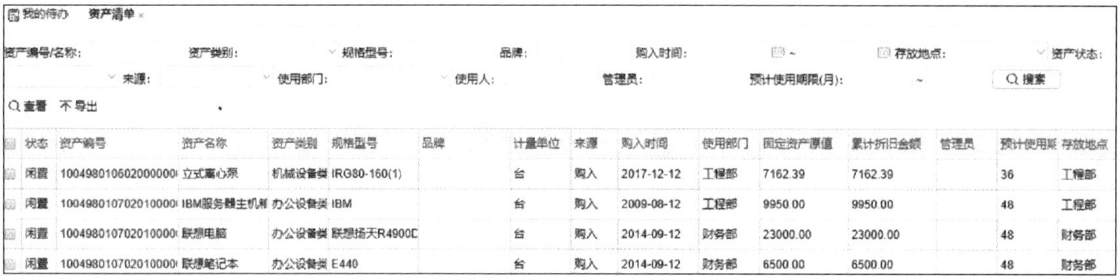

我的待办　资产清单 ×

资产编号/名称:　资产类别:　规格型号:　品牌:　购入时间: ~　存放地点:　资产状态:
来源:　使用部门:　使用人:　管理员:　预计使用期限(月): ~　搜索

查看　不导出

状态	资产编号	资产名称	资产类别	规格型号	品牌	计量单位	来源	购入时间	使用部门	固定资产原值	累计折旧金额	管理员	预计使用期	存放地点
闲置	100498010602000000	立式离心泵	机械设备类	IRG80-160(1)		台	购入	2017-12-12	工程部	7162.39	7162.39		36	工程部
闲置	100498010702010000	IBM服务器主机箱	办公设备类	IBM		台	购入	2009-08-12	工程部	9950.00	9950.00		48	工程部
闲置	100498010702010000	联想电脑	办公设备类	联想扬天R4900D		台	购入	2014-09-12	财务部	23000.00	23000.00		48	财务部
闲置	100498010702010000	联想笔记本	办公设备类	E440		台	购入	2014-09-12	财务部	6500.00	6500.00		48	财务部

图 4–23　固定资产报表

练一练

一、单项选择题

1. 下列不属于酒店固定资产的是(　　)。

A. 机器设备　　B. 运输工具

C. 中央空调　　D. 洗漱用品

2. 床类固定资产的残值率为(　　　)。

A. 3%　　　　　　　　B. 5%　　　　　　　　C. 8%　　　　　　　　D. 10%

3. 下列不属于酒店固定资产大类家具类的是(　　　)。

A. 橱柜类　　　　　　B. 桌椅类　　　　　　C. 床类　　　　　　　D. 床垫类

4. 下列不属于固定资产的处置方式的是(　　　)。

A. 自用　　　　　　　B. 出售　　　　　　　C. 转让　　　　　　　D. 报废

5. 下列不属于固定资产标签上内容的是(　　　)。

A. 资产名称　　　　　　　　　　　　B. 规格型号

C. 资产编号　　　　　　　　　　　　D. 报废日期

二、判断题

1. 床垫类固定资产的折旧年限为 5 年。　　　　　　　　　　　　(　　　)

2. 酒店固定资产折旧方法一般采用年限平均法,也称为直线法。　　(　　　)

拓展资料

　　酒店固定资产盘点是现代酒店运营管理的基础之一,事关酒店运营效率,涉及工作内容多且管理难度高。因此,酒店固定资产盘点工作需要投入更加科学、有序的管理,以便最大限度地帮助酒店提升运营水平。其中,制定清晰、合理且可行的酒店固定资产管理流程尤为重要。

　　扫描二维码,获取酒店新增资产流程图与资产处置流程图。

资料: 酒店
新增资产流
程图和资产
处置流程图

任务六　客房仓库管理

任务目标

1. 了解酒店客房仓库管理的意义

2. 熟悉酒店客房仓库管理的各项具体要求

3. 掌握酒店客房各项物料用品的出入库流程

4. 运用各类表格及易客房系统进行客房用品的仓库管理

总经理日记

王经理开心地笑了

2022 年 5 月 11 日　晴

今天是每个月固定的客房部盘点日,一早就看到客房部全员在进行盘点工作。

我问客房王经理:"你们这次打算怎么盘点?"

王经理说:"之前我们把所有的东西先归位,然后把上个月的盘点表和出入库的单子、布草清点本准备好,分工进行盘点,再进行加加减减才能匹配出对应的数值。如果哪个数据没有及时找出来,就会造成盘点结果的错误。上个月我们就因为忘记了一个借出物品的单子,少了 100 卷卷纸,后来您提醒了,我们才想起来。"

我就继续追问:"你们今天还是用这种方式来盘点的吗?"

王经理说:"您不是刚给我们进行了一次客房仓库管理系统使用的培训吗? 我们这次盘点的流程就要按照您培训的流程来。先是把我们仓库打开,将仓库的物品、楼层的布草,一边点数,一边输入数值,到后台系统确认,盘点表就自动生成了。这个月的出库、入库、借用都一目了然,时间也节省了好多,盘点日不再让我们感觉压力很大了。"说完她开心地笑了。

日常管理中,我作为酒店总经理,应该了解如何更好地帮助和培训员工正确理解和掌握本岗位的工作标准,让员工学会与时俱进地使用数字化系统来提高工作效率。

请思考:数字化系统在盘点工作中的应用,可以帮助酒店解决什么问题?

知识链接

客房仓库管理的重要性,从微观上讲,是酒店为顾客提供干净、安全的客房环境的基础。从宏观上讲,事关酒店品牌形象与顾客安全,是酒店经营管理的重点。客房清洁师需严格按照客房业务流程和相关制度,落实绝对主体责任,规范客房仓库管理行为,严控客房用品成本。

客房仓库管理包括客房仓库基本管理规范、客房仓库管理的分类、客房仓库数字化管理等部分。

一、客房仓库基本管理规范

客房仓库主要用于存储酒店客房用品,客房用品需分类摆放并摆放整齐;客用品进出库时信息应记录清楚,避免发生错误;领用客用品遵循先进先出原则,避免客用品过期,具体如表 4-15 所示。

表 4-15　客房仓库基本管理规范

酒店仓库管理要求	具体要求内容
基本要求	仓库内所有敷设的配电线路,都需金属管或用难燃硬塑料管保护; 仓库主体建筑、装修、装饰材料应当按照消防技术标准的要求,使用不燃、难燃材料
消防安全要求	仓库内禁止使用电热棒、电吊水壶、电炉、取暖器等,不准乱拉电线,不准使用自制接线板; 库房内不准使用 60 瓦以上高温照明灯具,使用日光灯、照明灯等时,对镇流器采取隔热、散热等防火措施,确保安全,仓库内电源控制箱上不得堆放任何物品; 仓库内应贴有禁烟标志、仓库安全管理制度、应急照明装置保证正常运行,严禁吸烟和使用明火,库房门和通道不准堵塞,保持畅通; 仓库内应当配备烟感火灾探测器和灭火器,存放位置严禁随意改动,保管员须会使用消防器材,会报警,会扑灭初期火灾
管理人员要求	保管员必须坚守岗位,尽职尽责,严格遵守仓库的入库、出库、交接班等制度,应熟悉和掌握所有存物的性质,并根据要求储存和操作; 仓库管理员经常检查物品堆垛、包装,发现洒漏、包装损坏等情况时应及时处理,并按时打开门窗或通风设备进行通风; 仓库管理员下班后,其他员工因工作需要需进入仓库的,经经理级及以上领导批准同意后方可进入仓库,进入之前必须在钥匙领用簿做好记录
物品管理要求	仓库不准代人保管私人物品,也不得擅自答应未经总经理同意的其他单位的物品存仓; 仓库与酒店不在同一建筑的,应当保持门、窗、锁完好,并定期加强巡视,在与酒店同一建筑的,离开时需关好门窗,防止被盗; 库房内不准超量储存,储存物品应当分类、分垛储存,应留有主要通道和检查堆垛的通道,垛与垛和垛与墙、柱、屋架之间应有规定的防火间距,垛与垛间距不小于 1 米,垛与墙间距不小于 0.5 米,垛与梁、柱的间距不小于 0.3 米,灯具照明直下方与物品间距不小于 0.5 米,主要通道宽度不小于 2 米

二、客房仓库管理分类

良好的客房仓库条件和合理的进出库管理是做好布草类、一次性用品类等客房客用品管理的必要条件,客房仓库管理可分为布草管理和一次性客用品管理。

1. 布草管理

布草又称布件、棉织品,是酒店客房供顾客生活起居使用的一种消费用品。提供合格、舒适的棉织品能保障顾客的入住感受,做好布草管理能减少酒店不必要的布草损耗。客房布草管理包括布草的采购、储存、收发、盘点、报损、报废等诸多环节。

（1）布草的储存。

① 酒店布草存放在布草仓库或楼层工作间。

193

② 棉织品避潮储存,仓库必须保持干燥、整洁、通风良好。

③ 棉织品柜/架边沿光滑,无锋利突出。

④ 棉被存放前须干净、干燥,经过晾晒或烘干,并用真空袋密封保存,将密封好的被芯放置于每间客房的床箱内或酒店仓库集中储存。

⑤ 棉织品在经过洗涤烘干后,应放在储存架上一段时间,而不是直接拿去使用。一般存放 24 小时,让棉织品恢复自然弹性,这样可延长使用寿命。

⑥ 布草不可作为他用(如当作抹布用),一经发现,严肃处理。

⑦ 撤出的脏布草应及时洗涤。

(2) 布草日常收发标准。

① 脏布草送洗标准。

a. 在规定的时间内,洗衣厂人员与客房指定人员清点脏布草数量。

b. 选择非顾客活动区域清点脏布草。

c. 清点前,在地面上铺设垫布。

d. 将数量输入易客房系统。

e. 清点完毕后,双方确认签字。

f. 洗衣厂人员将脏布草打包后,按酒店指定的路线撤走脏布草。

② 脏布草送洗注意事项。

a. 若酒店无非顾客活动区域,则尽量选择顾客来往较少的地方进行清理。

b. 脏布草不得直接落地。

c. 对于有污迹的脏布草,告知洗衣厂单独放置并做特殊处理。

d. 双方签字确认前,须请楼层清洁师确认所清点的数量。若有争议,须重新复核,直至无误。

③ 干净布草的领取。

a. 清洁师每天下班前,凭易客房系统送洗数据至总仓领取干净布草。

b. 领回的棉织品按不同品种、规格整齐摆入布草柜。

④ 干净布草接收的标准。

a. 核实数量。

b. 客房经理每天在规定的时间内与洗衣厂交接干净布草。

c. 客房经理将干净布草分类后清点数量,将清点数量记录在易客房系统内,确保收发一致。

d. 抽查质量。

e. 客房经理随机抽检棉织品的洗涤质量。

f. 验收标准为:分类叠放、捆扎整齐洁净、洁白、无异味、无污渍、无破损,巾类手感柔软,蓬松床品类熨烫平整、无褶皱、翻面正确。

⑤ 干净布草接收的注意事项。

a. 干净布草送回时,洗衣厂必须包裹严实。

b. 有洗涤质量问题的应及时退洗,并做好记录。

c. 若有差异,则与洗衣厂确认原因,并记录在易客房系统内。

d. 建议抽查数量:总数的 10%。

e. 洗涤不合格的棉织品要求洗衣厂返洗,并记录。

f. 因洗涤造成布草破损,经双方确认后,记录在易客房系统内,月底结算时协商赔偿。

(3) 布草盘点标准。

① 盘点人。

客房经理每月负责布草的盘点,值班经理级及以上陪同监盘。

② 盘点要求。

a. 盘点各楼层工作间、工作车的布草,并做好记录。

b. 盘点总仓的布草,并记录本月账面数。

③ 盘点表的填写。

a. 根据上月盘点、本月申购,填写本月账面数。

b. 根据各房型统计客房内铺设的棉织品数量,记录在盘点表中的"房间数"栏目里。

c. 将洗衣厂送洗数、退洗数、欠数,记录在盘点表中的"洗衣厂"栏目里。

d. 统计本月的顾客赔偿、洗衣厂赔偿、自然报损的棉织品数量,记录在盘点表中的"本月报损报废"栏目里。

e. 汇总数量,与账面数核对一致。

f. 盘点人、监盘人在《客房布草盘点表》上签字确认。

④ 总经理审批《客房布草盘点表》,并签字确认。

(4) 布草报损处理标准

① 布件搜集。

a. 在日常工作中,发现破损、毛边、严重污迹的布草,必须拣出,以待报损或特殊处理。

b. 收集的预报损布件需及时提报客房经理。

② 核实报损,客房按照如下标准进行判断。

a. 床单、被套、枕套等中心或边角可见部位出现破洞、破损,经修补已影响顾客感知度。

b. 三巾报损,是指出现多处、大面积明显掉线、抽毛、毛边,严重影响顾客感知度及使用舒适度。

c. 布草棉织品染上严重染色污渍,且无法去除干净。

③ 填写报表。

客房经理填写《客房棉织品月度报损表》。

④ 确认签字。

报损布件单独存放,按月报给值班经理核实、总经理审批,三方确认签字。

⑤ 加盖标记。

布草符合报损条件,需加盖报废专用章(刻有"报废"二字的章)或做剪角处理。

⑥ 登记去向。

报损布件处理时需填写《报损布件去向登记表》。

（5）报废布草管理标准。

① 报废布草售卖标准。

a. 报废布草尽量售卖，以回收部分成本。

b. 客房经理负责售卖，值班经理监督并派一名客房清洁师见证售卖过程。

c. 售卖金额交前台，录入酒店系统中对应科目。

d. 客房经理售卖数量登记在《报损布件去向登记表》，三方签字。

② 报废布草再利用标准。

a. 报废布草不得作客房抹布使用。

b. 报废布草可作后场抹布使用（宿舍、办公室等），经裁剪可作为工程施工时地面垫布使用。

2. 一次性客用品管理

酒店一次性客用品消耗量大，管理要求精细且快捷，因此，做好一次性客用品管理能降低酒店的成本，其操作流程如表4-16所示。

表4-16 一次性客用品管理操作流程

负责人	操作内容	注意事项
客房经理	采购：定期在易购平台采购一次性用品	根据酒店的实际库存与预算，进行物品的申购； 一次性用品配置，满足一个月使用，无须过多配置
	验收：一次性用品到货后，总经理、客房经理需进行验收	购回的物品无论多少、大小都要进行验收； 发票与实物的名称、规格、型号、数量等不相符的不收货； 发票上的数量与实物数量不相符，但名称、规格、型号相符，按实际数量收货并记录； 物品破损的不收货
	入库：完成验收后将物品放入总仓，并在易购平台确认收货	放入仓库时需注意分类存放，并在货架上摆放整齐 存放时注意先进先出的原则，避免物品超期存放
	确认收货：确认收货完成，数据将直接进入"进销存系统"	—
	领用：客房经理按需进行领用，并将领用数量录入"进销存系统"	每次领用均需录入进销存系统
	分发：每天客房经理将一次性客用品分发给客房清洁师	需注意按需分发
	盘点：每月需对总仓内的一次性用品进行盘点，仓库内余数需与进销存系统内的余数保持一致	如发现总仓内余数与系统内余数不一致，需立刻进行核对并上报原因

三、客房仓库数字化管理

通过对酒店各项业务的深度梳理,华住集团推出了"易系列"数字化产品。针对前台的工作有"易发票""易掌柜",在客房移动化的运营方面有"易客房",在餐厅有"易早餐"……不仅如此,"易系列"数字化产品更覆盖到维修和能耗管理等层面,实现了全业务场景的数字化管理与运营。

1. 客房仓库管理系统

库存系统与客房管理系统实现互联互通,在库存系统中可对客房用品进行管理,并与客房管理系统同步。

仓库间库存调拨是库存管理的重要部分,实现数字化管理有利于实时跟进库存物品的流动,统计进出库情况,对于库存合理化管理有重要意义。调拨功能用于酒店内仓库间的物品流动管理,通过建立客房仓库,使用库存系统中的调拨功能,可将所需物品调拨至客房仓库,对客房仓库的库存变动进行管理。

2. 易客房系统

客房清洁师可通过易客房系统录入布草及客用品数量(见图 4-24 和图 4-25),实现布草的报损及客用品的新增功能,以便酒店对客房仓库的布草及客用品变动进行管理。

图 4-24　易客房系统的布草录入界面

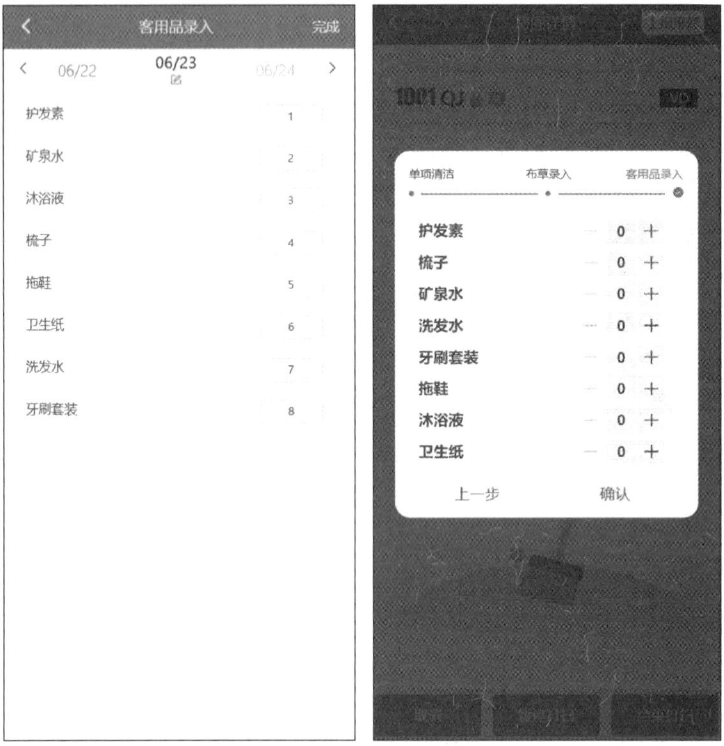

图 4-25 易客房系统客用品录入界面

练一练

一、单项选择题

1. 出现多处、大面积明显掉线、抽毛、毛边,严重影响顾客感知度和使用舒适度的布草应作( )处理。

A. 修复　　　　　　　　　　　　　　　B. 报损

C. 继续使用　　　　　　　　　　　　　D. 可由员工自行处理

2. 干净布草的验收标准不包括( )。

A. 捆扎整齐、洁净　　B. 手感柔软　　　　C. 无褶皱　　　　　　D. 统一叠放

3. 接收干净布草时,一般需要抽查的数量占总数量的( )。

A. 5%　　　　　　　　B. 10%　　　　　　C. 15%　　　　　　　D. 20%

4. 在酒店一次性客用品管理中,因为客用品消耗量大,所以要求管理者做到精细且快捷。以下关于一次性客用品管理的说法中,错误的是( )。

A. 总经理、客房经理应在一次性客用品到货后进行验收

B. 验收时,如果发现发票上的数量与实际不相符,则以发票数量为准

C. 物品入库应注意分类存放

D. 客房经理每次领用物品需录入进销存系统

5. 经济型酒店《客房布草盘点表》的审批负责人是（　　　　）。

A. 客房经理　　　　　B. 客房主管　　　　　C. 客房清洁师　　　　D. 总经理

二、判断题

1. 在接收干净布草时，若发现洗涤不合格的棉织品，可以要求洗衣厂返洗。（　　　）

2. 棉织品在经过洗涤烘干后，应放在储存架上一段时间，而不是直接拿去使用。一般存放 24 小时，让棉织品恢复自然弹性，这样可延长其使用寿命。（　　　）

拓展资料

传统的客房仓库管理十分被动，无法实现实时更新，工作中容易出现错误与疏漏。针对这个过程中出现的一系列问题，华住集团的 IT 团队研发出了能够帮助酒店更高效、便捷地管理进销存的系统（包括了采购入库、消耗出库、库存盘点、库存结转等各方面），大幅提高了管理效率，降低了人工成本，实现了数据的实时共享。

扫描二维码，一起来学习数字酒店之库存管理的相关知识。

资料：数字酒店之库存管理

模块导读

作为酒店业的基层管理者,督导具有承上启下的重要作用。督导既肩负着在酒店中通过巡视、观察来预防、发现并处理问题等管理责任,对员工进行督导和指导的责任,又要对顾客及员工尽义务。

对员工而言,督导代表着管理方。对于顾客和上级而言,督导则是他们与员工之间的纽带。督导既代表着工作效率、质量管理、宾客服务,又代表着员工的需求。因此,督导不仅需要具备基础的知识技能,还需要能够处理好与上级、平级、下级和顾客的多方人际关系,为此督导必须学习掌握科学的管理方法,提高管理技能,能处理好人际关系,才能适应岗位工作的需要。

本模块涉及重要客户的接待与培训、协议公司的开发与维护培训、酒店 PMS 系统培训、全员营销技巧培训、工程维护培训、安全培训等内容,从不同维度对督导岗位的知识与能力进行培训。

■ 思维导图

```
                                        ┌─────────────┐
                                        │ 酒店VIP的概念 │
                                        └─────────────┘
                                        ┌─────────────┐
                                        │ 酒店VIP的界定 │
                                        └─────────────┘
                           ┌──────────┐ ┌─────────────┐
                           │酒店VIP接待与│ │ 酒店VIP的接待 │
                           │   培训    │ └─────────────┘
                           └──────────┘ ┌──────────────┐
                                        │ 现代酒店VIP的接待│
                                        └──────────────┘
                                        ┌────────────────┐
                                        │ PMS系统VIP接待流程│
                                        └────────────────┘
                                        ┌─────────────┐
                                        │ VIP接待培训  │
                                        └─────────────┘

                                        ┌──────────────┐
                                        │ 协议公司的重要性│
                                        └──────────────┘
                                        ┌──────────┐
                                        │ 协议的分类 │
                                        └──────────┘
                           ┌──────────┐ ┌──────────────┐
                           │协议公司的开发│ │ 协议公司的开发 │
                           │ 与维护培训 │ └──────────────┘
                           └──────────┘ ┌──────────────┐
                                        │ 协议公司的维护 │
                                        └──────────────┘
                                        ┌──────────────┐
                                        │ 协议公司开发与维护│
                                        │ 培训的组织和实施│
                                        └──────────────┘

        ┌──────────┐     ┌──────────┐ ┌──────────────┐
        │ 督导与培训 │─────│酒店PMS系统 │ │ PMS系统综述  │
        └──────────┘     │   培训    │ └──────────────┘
                         └──────────┘ ┌──────────────┐
                                      │ 基本模块简介  │
                                      └──────────────┘

                                        ┌──────────────┐
                                        │ 全员营销的内涵 │
                                        └──────────────┘
                           ┌──────────┐ ┌──────────────┐
                           │全员营销技巧 │ │ 全员营销的作用 │
                           │   培训    │ └──────────────┘
                           └──────────┘ ┌──────────────┐
                                        │ 全员营销的技巧 │
                                        └──────────────┘
                                        ┌──────────────┐
                                        │ 全员营销的实施 │
                                        └──────────────┘

                                        ┌───────────────┐
                                        │ 维修工作数字化系统│
                                        └───────────────┘
                           ┌──────────┐ ┌──────────────┐
                           │ 工程维护培训│ │ 维修工作制度  │
                           └──────────┘ └──────────────┘
                                        ┌──────────────┐
                                        │ 维修工作培训  │
                                        └──────────────┘

                                        ┌──────────────┐
                                        │ 安全管理的意义 │
                                        └──────────────┘
                                        ┌───────────────┐
                           ┌──────────┐ │ 酒店安全的五大维度│
                           │ 安全培训  │ └───────────────┘
                           └──────────┘ ┌──────────────┐
                                        │ 数字化安全管理 │
                                        └──────────────┘
                                        ┌───────────────┐
                                        │ 安全培训的组织和实施│
                                        └───────────────┘
```

任务一 酒店 VIP 接待与培训

任务目标

1. 了解 PMS 系统的操作流程
2. 熟悉酒店 VIP 的概念及界定
3. 掌握酒店 VIP 的接待流程
4. 掌握 VIP 接待培训计划及培训组织实施的流程

总经理日记

把你们总经理叫来

2022 年 5 月 18 日 阴

今天的任务是给部门做培训,这让我想起多年前在星级酒店的一段工作经历。那时我是一家五星级酒店的大堂经理,早上 7 点正在交接班,被通知有位 VIP 在餐厅投诉,要总经理来解决问题。我以最快的速度翻阅了这位 VIP 的入住信息以及接待流程记录:黄先生,连续入住 3 天行政套房,每天需要把英文版《中国日报》报纸送至房间;昨天是集团的叶总和酒店的李总一起欢迎接待⋯⋯我一边快速记忆,一边快速坐电梯到二楼。当时的气氛很压抑,餐厅的同事低着头不停地道歉,客人的怒吼声在餐厅回荡。

"黄总您好,我是酒店大堂经理小季,请问有什么需要帮助的?"我随身带着日记本和笔做好记录准备。

"我不需要你过来,叫你们总经理过来!"

"黄总,您先喝杯水消消气,别耽误吃早餐。我们的服务有什么做得不到位的地方,您可以跟我说,我会帮您妥善处理。"

原来,黄总早上来餐厅吃早餐的时候未带早餐券,领位见他没有早餐券,便尝试与其沟通,在沟通过程中黄总感觉酒店在为难他,丢了面子,因此大发雷霆。

知道了事情的原委,我心平气和地与黄总沟通和协调,最终黄总原谅了我们。通过这件事,我和黄总也成了好朋友。

事后我发现,原来酒店的 VIP 接待流程里面有一个环节出了问题。酒店为了彰显 VIP 的尊贵身份,在其房卡套上敲上了 VIP 章代替餐券,但是黄总那天没带房卡套去餐厅,所以才出了这样的问题。我们需要抓紧优化流程,并且对全酒店各个部门进行培训和督导,这件事刻不容缓。

如今,酒店就不会发生这样的情况了。数字化早餐核销带来了极大的便利,避免了很多由于业务流程疏忽而带来的投诉和麻烦。酒店在运营过程中,都是做着很多重复的工作,面对不同的顾客,需要不断优化流程和标准才能尽可能避免客人的投诉,如今身处数字化时代,更需要快速捕捉客人需求并给予满足,才能把酒店经营好。

请思考:在酒店 VIP 的接待过程中,我们应该制定一套怎样的流程,才能更好地服务客人呢?

知识链接

一、酒店 VIP 的概念

VIP(Very Important Person)是酒店给予在政治、经济以及社会各领域有一定成就、影响和号召力的人士的荣誉。VIP 还包括那些能给酒店带来生意、多次入住以及与酒店关系密切的顾客。

提倡无差别服务是酒店的一项宗旨,但是随着星级酒店市场细分的日益细化,不是每位客户都能给酒店带来重大影响,也不是每位客户都是在社会上有成就、有影响、有号召力的大人物。VIP 的划分和接待标准的制定是反映酒店接待的艺术与技巧的一项举措,也是酒店顺应现代酒店公关关系要求,提高对酒店有重要影响人物接待水平的一项经营策略。

二、酒店 VIP 的界定

1. 传统的酒店 VIP 的界定

根据 VIP 的来源,传统的酒店 VIP 可以分为以下几个类别。

(1) 政府官员。

① 国家元首:国家主席、总统、首相、国王等。

② 赴当地视察的国家部委领导。

③ 各省份主要负责人。

④ 各部、委、办、局的主要领导。

⑤ 市党政军负责人。

(2) 企业人员。来当地投资的内、外资企业、集团总裁,本酒店集团的重要业务客户。

(3) 社会上有影响的人物。

① 影视娱乐界著名演艺人员。

② 国家著名运动员。

③ 广告传媒的资深编辑、记者。

(4) 业内人士。

① 省级以上旅行社的总经理。

② 高档酒店的董事长、总经理。

③ 曾经对酒店有过重大贡献的人士。

④ 酒店邀请的贵宾。

(5) 其他酒店重要客户。

在接待规格上,每个酒店或者酒店集团都有不同的等级划分。例如,比较常见的有四个等级,按级别高低依次为 V1、V2、V3 和 V4。

2. 酒店 VIP 理念的新发展

现代酒店集团对 VIP 的内涵做了更好的外延,把酒店高等级会员也纳为酒店重要客户群体。

给会员以礼遇,建立完整的会员体系,可以真正将会员体系变成企业的核心竞争力。华住集团一直强调会员最优。会员的价值在于创造更多的间夜收入,并且季节波动更小。重塑酒店 VIP 理念,将最优质的服务集中在最有价值的客户群体上,从而实现酒店或者集团的价值最大化,这是每一位酒店管理者应该努力追求的方向。

三、酒店 VIP 的接待

接待 VIP 是酒店经常遇到的一项重要任务,为了做好这项工作,酒店应该针对 VIP 的接待制定详细的程序和标准,使这项工作制度化、标准化。

1. VIP 接待服务总流程

(1) 集团 / 酒店高层管理者获得信息。

(2) 酒店管理人员建议信息。

(3) 酒店总经理助理掌握信息。

(4) 总经理助理汇总信息、确认。

(5) 总经理助理拟订接待标准、计划,向总经理审批。

(6) 总经理助理向各部门发出接待通知单。

(7) 召开接待协调会议,制定详细的接待方案。

(8) 明确各部门的任务。

(9) 各部门做准备。

(10) 按客户等级由相关人员检查各部门的准备情况。

(11) 配合完成接待服务。

(12) 总结经验与不足,并由总经理助理将所有接待资料存档。

2. 接待流程

(1) 总经理助理主动向接待单位处获得 VIP 的相关信息,将 VIP 的行程安排、具体活动安排、入住酒店要求等信息整理后报告总经理。

(2) 取得总经理批准的《VIP 申请单》后,随即向客房、前厅、餐饮、安保和财务等部门发出《VIP 接待计划书》,经有关部门签字并保留正本。

(3) 总经理助理负责酒店总经理和部门领导出席的接待工作协调会,告知接待内容,共同商讨并拟订详细的接待计划,确定各个部门的接待内容和职责。明确主要负责人在接待工作中的一切责任。

（4）酒店管理层员工须熟悉接待细节。

（5）VIP 抵店前，主要负责人要带领各部门联合检查各处室接待要求是否到位。

（6）总经理助理负责准备撰写欢迎信置于 VIP 房间内。

（7）VIP 抵店，由总经理助理 / 值班经理配合酒店总经理到大堂迎候，并负责向其介绍酒店高层管理者。

（8）要关注 VIP 到店时活动安排的变动，及时告知接待部门，向酒店高层管理者反映。

（9）总经理助理策划负责 VIP 在店期间所有欢迎横幅、画页、宣传品的制作，并安排专业摄影师办理重要拍摄事宜等。

（10）根据 VIP 和接待单位的请求，帮助安排和陪同 VIP 到酒店或者有关地区游览。

（11）VIP 离店，要及时告知酒店高层管理者，提前 10 分钟到大堂欢送。

（12）遇 VIP 来访、召开重要会议等，应根据具体情况整理资料，在新闻媒体和旅游杂志上刊登（新闻内容需经接待单位事先批准）。

（13）归档和保存接待资料。

3. 前台接待部分

就总台而言，VIP 接待应该做到以下几点。

（1）准备工作。

① 当收到 VIP 通知单或者每日预计到店名单上得知 VIP 的姓名、到店时间、职位等信息时，立即向总经理汇报，输入 PMS 系统的"VIP 预订单"，说明接待重点及注意事项，以便于 VIP 自助式处理入住及接待工作。

② 按接待规格，布置合适的客房。事先准备房间钥匙、欢迎卡。挑选方位、视野、景致、环境、保养处于最佳状态的房间。

③ 在 VIP 抵达酒店前，应先准备好盛有房卡和登记卡的欢迎信封，并告知相关部门按接待规格做好准备。

④ VIP 到店前 1 小时由总经理助理 / 值班经理和客房经理等相关负责人查房，VIP 到店前半小时由总经理助理 / 值班经理备齐客房卡、欢迎卡和住宿登记单到门前迎接。查房主要是查看空调的开启情况、设施设备的完好情况、鲜花和水果的配备情况、总经理名片和欢迎卡是否按照规格的要求放置，确保室内的情况一切正常。

（2）办理入住手续。

① 精确把握当日预到达 VIP 的姓名；用其姓氏和职位进行称呼；针对 VIP 的等级，按级别进行接待。

② 接待工作最高管理层人员亲自把 VIP 送到室内，为宾客介绍酒店设施及服务项目。

（3）储存信息。

① 总台接待员对 VIP 的相关信息进行复核，准确无误地录入计算机；在电脑中注明"VIP"，以提醒其他部门或者工作人员关注。

② 建立 VIP 的客史档案及身份说明，以备查询。

4. 客房接待部分

（1）房间准备。

（2）清扫并启动 VIP 查房程序。由专人清扫，确保房间的最佳洁净状态；检查设备设施，保证其运转良好；配备专属客房用品，体现接待规格。

（3）根据 VIP 的接待标准布置床品和周边，并在房内布置鲜花、水果、欢迎卡等。

（4）将电视调至 VIP 母语频道。可能的话，显示中英文对照的欢迎词。

（5）VIP 抵店前 30 分钟打开房门，开启室内照明灯。

（6）前台在贵宾抵店时，立即电话通知相关部门。

（7）安排专人等候在电梯门口，专为 VIP 开电梯。

（8）VIP 抵店，由客房经理在楼层迎接。

（9）VIP 入住 3 分钟内，根据人数送上欢迎茶。

（10）VIP 在店期间，酒店当值员工应密切配合保安人员做好保卫工作。热情礼貌、准确有效地答复 VIP 提出的问题。

（11）无差错地做好 VIP 在店期间的各项服务工作。

（12）应提供小整理服务和贵宾夜床服务。夜床服务应配备甜点、糖果、鲜花、礼物等，同时床边布置晚安巾和拖鞋等。

四、现代酒店 VIP 的接待

华住集团在日常接待中，往往会为高等级会员提供类似于 VIP 接待的服务和礼遇，也可以视为 VIP 接待的一种类型。

1. 华住会会员等级划分

华住会会员分为星会员、银会员、金会员及铂金会员几个等级。

2. 华住会会员礼遇

对于不同的会员等级，华住会会员礼遇如表 5-1 所示。

表 5-1　华住会会员礼遇

会员权益		星会员	银会员	金会员	铂金会员
价格权益	房费折扣	9.8 折	9.2 折	8.8 折	8.5 折
	时租折扣	—	减 20 元起		
入住权益	免费早餐	—	—	1 份	2 份
	预订保留	18：00	19：00	20：00	20：00
	延迟退房	12：00	13：00	14：00	14：00
	☆提前入住	—	—	—	√
	☆免费 Wi-Fi	√	√	√	√
	☆客房升级（视房态而定）	—	—	—	√
	客服热线优先接听	—	—	—	√

注：此会员权益时效截至 2022 年 6 月，如有变化请参阅华住会 App 内相关会员权益说明。

此外,华住会会员还可以享受充电无忧(免费租借充电宝)、免费取消(会员可在当天 20 :00 前免费取消订房并全额退款)、饮品优惠、华住商城折扣、多倍积分、生日礼券等多项礼遇。

五、PMS 系统 VIP 接待流程

1. 会员等级设定

登录 PMS 系统之后选择"系统设置"→"客户档案"→"VIP 级别"→"添加"命令,打开的界面如图 5-1 所示。

图 5-1　VIP 等级设定

设置对应的 VIP 级别代码及中英文描述。根据酒店的实际运营情况划分不同等级的 VIP,并制定相应的 VIP 待遇。

2. 建立 VIP 档案

登录 PMS 系统之后选择"门店运营"→"客户关系"→"客史管理"→"新增"命令,打开图 5-2 所示的界面。

可通过手动输入客人信息或者扫描证件录入信息。

在"VIP 级别"下拉菜单选择客人对应的 VIP 级别,并完善客人的喜好、要求和特殊备注等。

3. VIP 预订创建及显示

打开 PMS 系统,选择"新建预订"→"客历查询"→命令,在出现的界面中选择 VIP 的名字,如图 5-3 所示。

选择 VIP 客历之后,VIP 级别和客人的喜好要求会跟随客历自动带出。

4. VIP 查询

登录 PMS 系统后,选择"报表中心"→"预订"→"到店贵宾(预订中的 VIP)"→"前台"→"住店贵宾(当前在住的 VIP)"命令,出现的界面如图 5-4 所示。

图 5-2 建立 VIP 档案

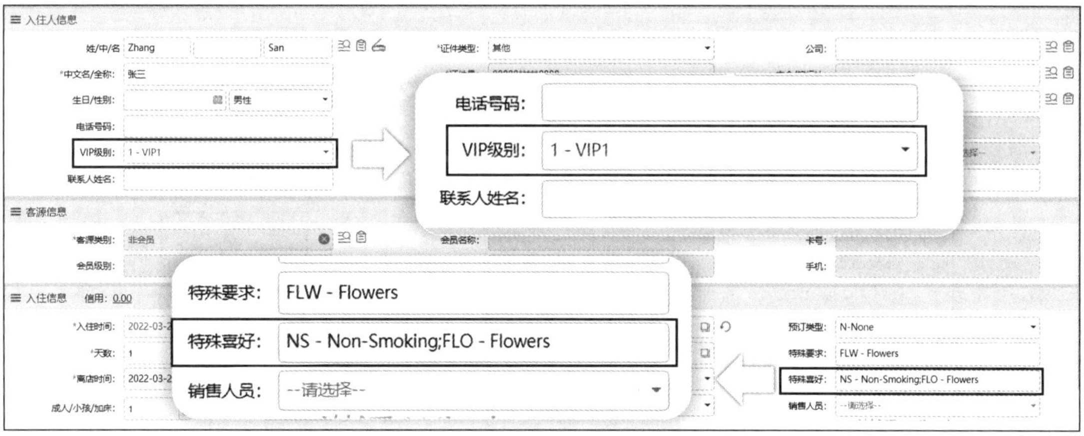

图 5-3 VIP 预订

Arrivals by VIP 到店贵宾

Hotel: 教学酒店   Print Date：2022/6/15

Arr.Date 到店日期	Res.NO. 订单号	Name 姓名	Gender 性别	VIP VIP级别	Arr.Date 到店日期	Dep.Date 离店日期	RateCode 价格代码	Adl. 人数	Spcl.Rqmt. 特殊要求	Spcl.Prfrc. 特殊喜好	RoomType 房型	Rate 房价	Room No. 房号
2022/6/15	R40001752	张三	男	VIP1	2022/6/15	2022/6/15	INTPD-OTA 预付不含早	1			高级大床房	596.00	503
	Subtotal							1				596.00	
	Total							1				596.00	

图 5-4 查询方法一

之后可通过 VIP 级别和预订到店日期做细致筛选。

或者在预订列表中选择"高级查询"→"VIP 级别"命令,从出现的界面选择需要查询的 VIP 等级,如图 5-5 所示。

图 5-5　查询方法二

5. VIP 接待流程

根据不同 VIP 级别的待遇及客人的要求为其订单做不同的提示及跟踪事项,如图 5-6 所示。

图 5-6　VIP 接待流程

新建 VIP 提示信息,如图 5-7 所示。

选择提示显示的位置,填写提示内容。

如 VIP 订单为非当日预订,需留相对应的跟踪事项,如图 5-8 所示。

客人到店之前尽量按其要求准备房间,和客人确认其喜好,如客人的要求有变动应及时在客历信息中进行更新。

图 5-7　新建 VIP 提示

图 5-8　新建 VIP 跟踪

六、VIP 接待培训

　　VIP 接待必须遵循一定的程序，接待服务管理程序的制定是酒店管理理论研究和经营实践结合的结果。管理程序包括接待 VIP 每项工作所应进行的顺序和步骤，也包括每个步骤操作过程中所应解决问题的范围和要求。决策程序具有规律性，它是成功决策的必由之路。上述这些 VIP 接待培训的要求和职责需要通过培训向每一个参与接待的工作人员传递。VIP 接待培训的目标也非常清晰：根据 VIP 的等级和不同要求，加强接待服务人员的各项服务能力，并提高服务人员综合素质和应变能力。

1. VIP 接待培训的知识内容

(1) 酒店的经营方针以及 VIP 相关制度条例。

(2) 明确 VIP 接待的标准及流程。

(3) VIP 接待的需求内容、特殊要求。

(4) VIP 接待所涉及的各个岗位的专业操作知识。

(5) 接待过程中各项成本的分配情况。

2. VIP 接待培训的目标

(1) 明确各部门、岗位的服务范围、服务标准、工作时间要素。

(2) 明确 VIP 接待程序中申报、审批、信息发布、协调指挥的具体责任人。

(3) 明确有形、无形服务要素的标准、步骤、顺序。

3. VIP 接待培训的方式

(1) 授课教学培训。通过授课讲解 VIP 接待的各个知识点。

(2) 案例分析培训。通过讲解实际案例，引导讨论和工作分析，加强对 VIP 接待的理解和问题解决能力。

(3) 视频教学培训。以实际 VIP 接待准备工作为内容录制视频教学素材，更加直观、高效地展示培训内容。

(4) 沉浸体验培训。沉浸体验 VIP 的接待服务工作，从而从各个维度总结、感受培训的知识和内容。

4. VIP 接待培训计划的制定与实施

VIP 接待培训是酒店整体培训计划的重要组成部分。每年应根据 VIP 接待工作安排，提前启动计划并实施、考核。同时应根据 VIP 接待过程中出现的优秀服务实例和问题反向完善培训计划，形成接待服务与培训计划、组织的良性循环。

练一练

一、单项选择题

1. VIP 离店前，酒店高层管理者应至少提前(　　　)分钟到达大堂欢送。

A. 5 　　　　　　　 B. 10 　　　　　　　 C. 15 　　　　　　　 D. 20

2. 以下不属于前台 VIP 接待内容的是(　　　)。

A. 将每天预计到店名单中获知 VIP 的姓名、到达时间、职务等资料报告总经理

B. 提前准备好房间钥匙、欢迎卡和住宿登记单及有关 VIP 的信件等

C. 准备客房、清扫并启动 VIP 查房程序

D. 为 VIP 建立客史档案，并注明身份，以备查询

3. 以下关于 VIP 接待流程中，说法错误的是(　　　)。

A. 酒店管理层需要熟知接待的详细过程，其他人员听从管理层安排即可

B. VIP 在店期间活动安排如有变化,应及时通报各接待部门

C. 总经理助理应准备总经理签署的欢迎信,并放置于 VIP 房间

D. 要注意接待资料的存档与保管

4. 以下哪项不是 VIP 接待培训的知识内容(　　　)。

A. 酒店的经营方针以及 VIP 相关制度条例

B. 酒店的组织管理架构

C. 明确 VIP 接待的标准及流程

D. 接待过程中各项成本的分配情况

5. 以下不属于客房接待 VIP 准备工作的是(　　　)。

A. 负责接待资料的存档与保管

B. 房间准备

C. VIP 抵店前 30 分钟,打开房门,开启室内照明灯

D. VIP 入住 3 分钟内,根据人数送上欢迎茶

二、判断题

1. VIP 接待培训是酒店整体培训计划的重要组成部分。　　　　　　　　　(　　　)

2. VIP 接待涉及各个岗位的专业操作知识,因此要加强培训,以加强接待服务人员的各项服务能力,提高服务人员综合素质和应变能力。　　　　　　　　(　　　)

拓展资料

拓展资料一

　　瑞士达沃斯施柏阁酒店坐落于阿尔卑斯山区,于 1875 年 7 月开业。作为当地规模最大、海拔最高(1 560 米)的度假村,自 1971 年开始,达沃斯施柏阁酒店连续 50 年承办冬季达沃斯论坛,成为每年峰会的主会场和主要接待酒店,在达沃斯论坛扮演了重要的角色。正因其拥有的百年历史、得天独厚的地理位置、顶级的餐饮水准以及贵族礼遇的专业服务,达沃斯施柏阁酒店受到众多来自世界各地名流政要的青睐,该酒店也被誉为瑞士五大成功的五星级度假酒店之一。瑞士达沃斯施柏阁酒店传承了欧洲的古老传统和深厚的文化底蕴,是最具传奇色彩的酒店之一,这也奠定了其欧洲酒店行业翘楚的地位。

　　(资料来源:根据网络资料整理)

拓展资料二

　　每一家酒店都有自己的 VIP,也会在 VIP 接待的过程中不遗余力。让我们一起扫码来了解全季酒店如何通过其特有的"全季亲朋服务"来体现对每一位客人的尊重与平等对待。

视频:全季
亲朋服务

213

任务二　协议公司的开发与维护培训

任务目标

1. 了解协议公司的概念及重要性
2. 熟悉协议公司的分类
3. 掌握酒店协议公司开发、维护的基础知识和培训规范

总经理日记

做好业绩没有捷径

2022 年 5 月 16 日　阴

记得我刚到这家新开业的酒店做总经理时,真是手忙脚乱。在把运营工作理顺后,最重要的环节就是销售了,要利用多种途径做好新店宣传,增加酒店经营业绩。

在网络时代,人手一部手机,微信朋友圈、公众号等都是宣传的阵地。对我来说,销售最基本的就是熟悉周边环境,要清楚周边的目标客户群和接下来可以合作的对象。于是,我利用 2 天时间把酒店方圆 5 平方千米的范围走了个遍,也一直在酒店周边大街小巷寻找机会。

在路过一个工地时,我听到工人说回酒店取东西。难道工人们都是住酒店而不是住在工地? 我赶紧抓住这个机会,获取了负责人王先生的联系方式,希望这批工人可以考虑入住我们酒店,但联系后王先生拒绝换酒店。我不愿放弃,连续好几个下雨天撑着伞在工地门口借机"邂逅",有时也会带着饮料送去工地,增加与工人之间的感情联络,最终王先生感动于我们的努力和态度,和我们签订了住房协议,并先安排了 9 个房间到我们酒店长租,这是我们酒店的第一个协议公司。

在工人入住期间,爆发了新冠肺炎疫情。为避免交叉感染,店内采取早餐打包制,由工作人员送往房间。我们的举动被顾客看在眼里,他们深受感动。后来王先生主动给我们酒店介绍了一个项目部的用房资源,签约了 80 个房间的用房协议,其中 30 个房间我安排在自己酒店,其余房间介绍给区域的兄弟门店。

前方无绝路,希望在转角。充沛的精力加上坚强的决心,相信我定能创造更多奇迹。

请思考:开发协议公司需要怎样的个人素质以及相关技巧?

　　为培养客户忠诚度,加固合作关系,酒店会与伙伴级公司客户签订长短期、现付或挂账协议。这样的政府、企事业单位客户统称为协议公司。

　　协议公司客户是由陌生客户、熟悉客户、好友级客户逐步挖掘、筛选、培养出来的。从陌生客户层级开始,经过渠道宣传、促销等方法获得潜在客户信息并通过增值服务、个性化服务、定期拜访沟通等努力,与客户逐步建立长期的协议合作关系,从而转化为酒店稳定的市场份额。对于已经建立协议的公司客户,酒店还应加大投入,在价格、方便性、核心服务、服务接触体验等多个维度做好维护工作。

一、协议公司的重要性

　　协议公司的开发与维护是酒店市场营销的一种主要方式。一方面,协议公司给酒店带来稳定收益,尤其是淡季时,能够有效补充出租率的缺口,有利于酒店与客户建立长期互动关系。另一方面,协议公司对酒店的会员体系建立有很强的导流作用,协议公司和酒店的会员体系一道建立了强大的酒店自有客户渠道。

　　服务业与制造业的特性差异,也使得酒店的客户沟通策略与实物产品的沟通策略有所不同。服务业的产品具有无形性、异质性、同步性、易逝性的特点。酒店服务仅凭宣传有时不会被客户充分信任,由协议公司这样的关系客户来推荐预订或转介绍是酒店营销工作的一种有利选择。

　　协议公司更容易成为酒店伙伴级别的客户,在协议基础上建立的关系纽带能产生更多的忠诚客户,从而使得酒店和客户双方都因合作协议的签订而受益。

二、协议的分类

　　客户协议分为挂账协议、现付协议两种。

　　(1) 挂账协议。原则上是指酒店与合作公司签订优惠折扣,以月为结算周期,进行先消费后结算的合作模式。

　　挂账协议的注意事项如下:

　　① 结算价格,原则上不签订固定价格。

　　② 入住当天不可取消或变更,超过预订时间,预订公司需要承担预订房间的首晚费用。

　　③ 入住时间为 14 :00 后的,酒店视情况确定是否可以提前安排入住。

　　④ 联系方式须留移动电话及邮箱,以便邮件订房及账务核对。

　　⑤ 根据酒店与协议公司的授信金额设定挂账限额。

　　⑥ 按要求收集协议公司营业执照的复印件并加盖公章、代理人身份证复印件并加盖公章。

　　⑦ 挂账协议加盖公章。

　　(2) 现付协议。原则上是指酒店与合作公司签订优惠折扣,在离店前结算消费金额的合作模式。

三、协议公司的开发

1. 企业信息收集

客户开发是销售工作的第一步,是在初步了解市场和客户情况,对有实力和有意向的客户进行重点沟通,最终完成目标区域的客户开发计划。但是随着经济的不断发展,客户越来越明白自身的需求、越来越注重维护自己的利益,新客户也很难轻易被获得与保持。在竞争激烈的市场中,能否通过有效的方法获取客户资源往往是企业成败的关键,这就要求营销人员能够找到精准的客户群体,主动拜访沟通,确认合作价格,签订协议,使其成为公司客户,并在后期多维护关系,争取更多合作。

(1)网络资源。利用各种网络渠道,精确查找周边具有开发价值企业的有用信息。

(2)到店客人信息挖掘。门店应积极与入住客人沟通交流,寻找目标客户,如表 5-2 所示。

表 5-2 到店客人信息挖掘

信息分类	到店客人信息
入住原因	参加培训、出游、在周边办私事、出差见客户
住店需求	能洗衣、网络好、有会议室、干净
预订习惯	不预订、线上自主预订、打电话代订
到达方式	出租车、地铁、步行
消费预算	各级别员工报销标准
支付习惯	线上预付、现付、挂账月结

2. 制订销售计划

想要提高拜访效率,务必要提前做好销售计划。

(1)每周五下午或周末制订下周销售计划,会在很大程度上提高下周的工作效率,并能够跟踪评估销售工作。

(2)将甄选出的潜在客户和老客户按时间表排好,在维护老客户的同时,可以顺便拜访附近的未签约公司。

(3)持续开发新客户,弥补流失客户的损失,保证协议存量。开启针对流失客户的拜访,设计和启动找回流失客户计划。

注意事项:

(1)销售计划制订周期可以按月度来进行,也可以按周制订,同时也可以制订每日走访计划表,结束后要及时记录拜访情况,有利于做总结及做好二次开发的准备。

(2)做好销售档案记录、客户分析、每月消费前十的客户等文件表格的存档工作,查看同期的市场活动概况。

3. 拜访客户

陌生拜访是最传统的一种销售方式。对于销售员来说,尤其是新销售员,陌生拜访是最常见的工作,当然也是比较棘手的工作。但是陌生拜访工作又是每一个销售员不能躲避的工作,只有把这项工作做好,才能做好销售工作。

(1) 心理准备

① 培养自信,做到"相信公司、相信产品、相信自己"。

② 心态调整,见到客户不卑不亢,讲话要妥当。

③ 培养抗挫能力,心态放平,不要怕被拒绝。本着合作互利的角度出发,与客户洽谈。

④ 无论遇到什么情况,都要能够很好地控制自己的情绪。

(2) 提前演练。新员工在独立外出做协议客户开发之前,可通过情景演练和实战锻炼销售技能,积累拜访经验。

(3) 举止仪表。选择与个性相适应的服装,以体现专业形象,最好穿公司统一服装,让顾客感受到企业的文化。衣着得体。衣着是否得体会影响销售,外在形象反映出的是特殊内涵,因此要给自己塑造一种良好的外在形象,可以从以下几个方面着手。

① 衣装得体。衣服的选择和穿着与你的职业有着分不开的影响。

② 护理头发。经常洗头,但不要赶时髦,使头发保持光滑整齐。

③ 经常修面。每天修面,没有人喜欢邋遢的人。

④ 勤剪指甲。指甲缝隙里不应有太多的脏东西,没有人喜欢看到。

⑤ 小心污点。如身上、公文包、合同上有污点,会给别人感觉不踏实。

⑥ 注意仪态。不论是站着、坐着还是走路的时候都要抬头、挺胸、收腹。

⑦ 鞋子保养。鞋子应永远保持光亮,不要有灰尘。

(4) 拜访时间段。

① 周一上午和周五下午不要拜访客户。

② 比较合适的拜访时间一般在上午 9 点半至 11 点及下午 2 点至 4 点半。

(5) 提前规划拜访路线。

① 前一天规划次日的拜访路线,预估路程上所需时间,提前出发,并准备备用计划。

② 注意提高效率,提前准备,不要在路上浪费时间。

(6) 话题准备。如次日安排了客户的回访,则应提前预约并熟悉客户的喜好和习惯,准备好第二天要聊的话题,使回访沟通更加顺利。

(7) 物料准备。

① 巧舌不如美图,图文并茂更能让人心动,准备好资料。

② 物料需提前准备,以免第二天匆忙出门有遗漏。

③ 随身带"伴手礼",助力更好地沟通。

(8) 沟通技巧。拜访陌生客户时,具体应该做到如下方面。

① 接近客户。

② 自我介绍。

③ 道明来意。

④ 了解客情。

⑤ 处理异议。

⑥ 阐明利益。

⑦ 促成交易。

（9）信息了解。

① 他们有没有人员的出差往来？

② 是否经常接待客户？

③ 有没有培训计划、会议安排、住宿需求？

④ 是否还有在其他酒店安排客户？

（10）应对示例。

① 客户不需要。

应对：是的，现在也许您暂时用不上，但您以后肯定要接待客户吧？ 如果有协议，一是您可以多一个选择；二是我们可以为您和您的公司提供优惠，现在就可以签订协议。

② 客户要考虑一下。

应对：太好了，要考虑一下说明您有兴趣，是吧？

我知道，这是一个重要的决定。使用哪个酒店，代表您公司的形象，我相信您会同意我的说法。

您是一位有经验的行政专家，您有什么顾虑，我和您一起商讨，以便回答您的问题，现在您能告诉我您有哪些方面的问题吗？

③ 等客户回电话。

应对：欢迎您来电话，先生／女士，你看这样会不会更简单些？ 我下周三下午晚一点来给您做详细介绍，还是您觉得星期四上午比较好？

④ 客户向领导汇报后再联系。

应对：我完全理解，先生／女士，我们什么时候可以跟您的领导汇报介绍呢？

⑤ 客户觉得价格太贵。

应对：这一点我很清楚，我向您保证，给您的价格比您在网站上查询到的价格优惠很多。您始终享受着更实惠的价格、更优质的服务，正因如此，才推荐您签署公司协议。

（11）易犯错误。

① 忘记了带上自己的微笑。

② 没有控制情绪，与客户发生争辩。

③ 过于热情，离客户太近。

④ 轻易地对客户作出让步。

⑤ 忽视了客户的真正需求。

⑥ 轻易为客户作出结论。

⑦ 与客户的交流过于专业。

（12）异议处理话术。

在协议客户开发的过程中，客户有异议是正常的，不要跟客户辩论，更不能跟客户争吵。客户之所以产生异议主要是因为对产品或服务本身并不是很了解,或得不到正确的资料来解释自己的疑惑,对此,最好的办法是再次解释、清晰解释。

当客户有异议的时候,我们要耐心地接纳及解答,想要客户认同你,你得先认同客户。认同客户后,接下来就要动之以情、晓之以理地解决客户的异义。

四、协议公司的维护

著名的销售员乔·吉拉德认为每一位客户身后大约有250名亲朋好友,这些人都可以成为你的潜在客户,而且每成交一个老客户转介绍的难度是开发一位新客户的1/5。口碑的力量往往能够带来连锁反应,因此,一定要重视老客户的服务与维护,提升老客户的转介绍率。

客户开发和维护可以给酒店带来稳定的巨大收益,尤其是淡季时,能够有效地补充出租率缺口。通常情况下,酒店追求的不是为了当前的客户创造更多的业务,而是为已有的业务寻求更多的客户。失败的销售人员常常是从找到新客户来取代老客户的角度考虑问题,成功的销售人员则是从保持现有客户并且扩充新客户,使销售额越来越多,销售业绩越来越好的角度考虑问题的。

1. 维护老客户的重要性

(1)老客户是酒店生存的基础。老客户是酒店稳定生存的最重要部分,开发新客户的投入一般是维护老客户的数倍,当酒店把精力用来开发新客户的时候,老客户就会有一定程度的流失。

(2)降低营销成本。酒店只有不断创造利润才能生存和发展,但同时也要控制成本。留住当前客户的成本远低于开发新客户,当酒店拥有大量忠实客户时,就可以花更少的钱在产品宣传和品牌知名度上,这样在客户支持上投入的成本就可以大大减少。

(3)帮助吸引新客户。老客户的口碑就是最好的营销,他们是吸引新客户最有效的力量。相比于广告和商家,消费者更乐意相信的是已有消费者的推荐。

(4)了解市场。现有客户是酒店了解目标受众信息的最好来源,可以通过对已有客户的数据分析来了解消费者对酒店产品的喜爱及使用程度,进而结合市场实际促进产品开发。

2. 维护技巧

每个新客户的成功开发都是来之不易的,这时维护的工作也是非常重要的。如果因为维护不当,而导致客户流失,是极不应该的。客户流失的因素可以简单地概括为服务质量、竞争对手、客户需求3种,在服务上一定马虎不得,每一位协议客户都要重点关注,入住后要询问客户入住感受,也要关注竞争对手的动向,对于客户的需求要定期回访。

(1)制定维护周期计划。包括日常维护、特定节假日表示问候关怀。

(2)与对接人建立良好关系。对重大客户的家人表示关心,让客户感到被重视,和他们建立朋友关系。

3. 不同客户的维护要点

(1)信息收集,将客户分类,建立客户档案,一般用产生间夜来做分类。

（2）拜访和回访都要有记录，在此基础上制定的客户分类可以让日常维护更加方便。

（3）不同的客户级别维护及跟进形式也是不一样的，客户的档案也要定期补充及维护，季度或月度更新一次。根据不同的客户可以采取不同的维护策略、频率和方式，详见表5-3。

表5-3 不同客户的维护要点

项目	重要客户	主要客户	一般客户	潜在客户
企业用房量	用房量大、主力客户	用房量少	偶尔用房	签约后无产量
维护策略	防御策略防止客户流失	重点营销	保持沟通	唤醒激活
维护频率	月度定期维护沟通	季度定期维护沟通	季度维护沟通	每半年梳理未订房客户清单
维护方式	上门拜访	电话沟通，配合上门拜访	电话沟通	先电话，争取上门拜访的机会

4. 沟通内容

（1）入住意见。包括服务、设备、早餐、洗衣房、特殊要求等。

（2）订房需求。包括近期、阶段性、年会等，同时关注竞争对手给予的价格和情况。

五、协议公司开发与维护培训的组织和实施

1. 协议公司开发与维护培训的方式

（1）授课教学培训。通过授课讲解协议公司开发与维护的各个知识点。

（2）案例分析培训。通过学习实际案例，引导讨论和分析，加强对协议公司开发与维护工作的理解和问题解决能力。

（3）视频教学培训。以实际协议公司开发与维护工作为内容录制视频教学素材，更加直观、高效地展示培训内容。

（4）带岗培训。由资深销售经理对学员展开带岗培训，全程参与体验协议公司开发与维护过程。

2. 协议公司开发与维护培训计划的制订与实施

销售部应对新入职销售人员进行协议公司开发与维护培训。另外，每年应根据部门整体协议公司发展的工作安排，提前启动计划并实施、考核。

练一练

一、单项选择题

1. 协议公司的开发与维护中签订的协议主要有（　　　）。

A. 季度协议

B. 促销协议

C. 挂账协议和现付协议

D. 一会一案协议

2. 以下选项不是维护老客户重要性的是（　　　）。

A. 老客户消费能力更强

B. 老客户是酒店生存的基础

C. 降低营销成本

D. 帮助吸引新客户

3. 酒店开发协议公司的原因是（　　　）。

A. 协议公司比散客更重要

B. 在淡季时，能够有效补充出租率缺口

C. 保证酒店营收的现金流

D. 有利于酒店与客户互动

4. 以下企业客户维护的技巧中，错误的是（　　　）。

A. 制定维护周期计划

B. 与对接人建立良好关系

C. 福利赠送

D. 对所有客户制定相同的计划

5. 以下哪项是维护潜在客户的策略（　　　）。

A. 保持沟通

B. 唤醒激活

C. 重点营销

D. 防御策略

二、判断题

1. 挂账协议结算价格原则上不签订固定价格。　　　　　　　　　　　　（　　　）

2. 挂职协议应按要求收集营业执照复印件并加盖公章、代理人身份证复印件并加盖公章。　　　　　　　　　　　　　　　　　　　　　　　　　　　　　　（　　　）

拓展资料

协议公司能够给酒店带来稳定收益，对酒店的会员体系的建立也具有较强的导流作用。掌握协议公司的开发技巧，满足协议公司的个性化需求，以便产生更多的忠诚顾客，从而实现与协议公司的共赢。

扫描二维码，一起学习协议客户开发的知识。

视频：协议
客户开发

任务三　酒店 PMS 系统培训

任务目标

1. 了解酒店 PMS 系统的概念
2. 了解 PMS 系统的发展
3. 掌握 PMS 系统中的主要业务模块
4. 熟练操作酒店 PMS 系统

总经理日记

入职第一天

2022 年 5 月 22 日　晴

今天是新入职员工小汪在经过一个月的培训学习之后第一天独立当班。早上,他来到岗位上就显得十分紧张,他告诉我,他是担心操作不熟练而影响客人入住体验,我关照值班经理多关注下小汪的工作,必要时要给予支持和帮助。

因周边企业有培训需求,前台接到通知今日需要接待一个 20 人的小团队。这时我来到前台,询问客情,小汪告知我有一个团队需要立即入住的信息,但他还不会操作。我进入前台,对他进行了指导:客人抵达前,要询问预计到达时间;在 PMS 系统内可以提前做好排房;应清楚团队领队的名字及联系电话、单位和特殊事项,同时要在 PMS 系统团队信息里做好备注,这样后续的当班人员就会非常清晰业务流程和整体安排……入住时不用紧张团队人多服务慢,一方面,我们可以帮助办理,另一方面,客人也可以自己在易掌柜系统办理入住。听完这些,小汪明显安心了许多。

再次与客人核对订单信息、人数、房间要求、是否需要订餐等内容无误后,小汪有条不紊地在 PMS 系统中进行了备注,并做好和各楼层的沟通以及充分的准备工作。夜晚降临,团队抵达时,因所有准备工作已经做得非常充分,我们很快就为所有客人办理好手续,客人陆续进入房间,大厅也慢慢安静下来。小汪看着客人开心的入住,自己账务也没有出差错,成就感满满的。

请思考:PMS 系统作为酒店信息应用的核心,是前台必须要熟练掌握的,使用 PMS 系统做团队预订工作的优势在哪里? 如何加强相关员工的 PMS 系统的使用和培训?

知识链接

一、PMS 系统综述

1. PMS 系统简介

PMS（property management system，PMS，译为物业管理系统，在本书中均指酒店管理系统）。它是一个能够对酒店信息进行管理的人机综合系统，不但能够实时反映酒店业务的当前状态，还能快速实现客人预订、入住、到财务对账等一系列操作。同时，通过对酒店经营各个方面的数据统计，还能够提供酒店各方面报表，以方便管理人员对数据进行统计分析，提高酒店工作效率，提高用户入住的满意度。PMS 系统已经成为全球极受欢迎的酒店管理信息系统，被国际主流酒店连锁集团及近 6 000 家单体酒店指定为酒店前台操作系统，在中国的应用也十分广泛。

2. PMS 系统的发展

PMS 系统是一个划时代的产品。其标志着酒店管理系统从"以流程为中心"到"以顾客管理为核心"的变革。到 20 世纪 90 年代后期成为全球占有率最高的酒店管理软件，也第一次让全球大多数酒店集团有了统一的软件系统。20 世纪 90 年代末，Fidelio 公司被美国 Micros 公司收购并将其广泛地应用于酒店、餐饮、零售等行业。此后 Micros 公司获得了巨大的竞争优势和业绩增长，逐渐成长为全球零售、餐饮、酒店等产业软件的霸主，并在之后推出了 Opera 酒店管理系统。最新的 Opera 版本更适合信息时代和互联网时代集团化酒店的运作方式。

3. PMS 系统在中国的发展情况

在中国市场 PMS 系统发展呈现分化格局，国外软件占据高端市场，其余市场由国产软件占据。目前，中国中小型酒店基本普及了 PMS 系统，基于网络的云 PMS 系统成为主流。

华住集团 PMS 系统的前台管理系统是基于云部署的。专门为酒店集团量身设计，能够帮助酒店集团及单体酒店实现多级管控，进而帮助酒店提高运营效率，降低运营成本。华住集团的 PMS 系统有如下特点。

（1）部署方式。云部署，可扩展，开放接口，成本低。

（2）运营管理。集中管控、高效运营、中英双语、会员共享、决策管理、一键开票、自助入住。

4. 华住集团 PMS 系统概述

以华住集团 PMS 系统为例，该系统不仅能够便于系统维护及升级，还可以使酒店的各部门之间共享各功能模块中的数据，帮助酒店协调完成各部门之间的管理功能，包括预订管理、前台管理、客房管理、财务管理、销售管理等。这些模块以一级菜单结构的形式显示在系统界面的顶端。选择每一个一级模块菜单后，将在界面左侧显示对应的二级菜单，通过二级菜单后可以进入到对应的功能界面进行具体的功能操作。在一级菜单下方、二级菜单右方是系统的主操作界面，主要功能的操作都可以在该界面中实现。在二级菜单的下方可以进行快速查询，如输入房号、手机、姓名后，便可以查找对应的预订单或接待单；也可以在这个区域中快速进入预订界面、进行散客登记、查找预计到店顾客、预计离店的顾客量。

以上操作也适合在较小的计算机屏幕或 Pad 等移动设备上操作使用。

接下来我们将介绍华住集团 PMS 系统的各个模块,具体的模块包括预订、入住接待、收银账务、房态管理、客史档案、发票管理、夜审等。

二、基本模块简介

1. 预订模块

预订模块主要由 3 个细分的子模块组成,分别为散客预订、团队预订和长租预订。这些模块能够处理散客、团队和长租顾客的预订业务,检查顾客的预订需要、核查客房的可用性并储存相应的信息。

一个运转良好的预订系统,可以为酒店或酒店集团带来稳定的客源,并使之成为酒店重要资产的一部分。连锁型酒店通过中央预订系统,每晚可以为旗下的酒店带来相当可观的预订量。因此熟练掌握散客预订、团队预订及长租预订的相关流程对于酒店的高效运转至关重要。

预订作为很多客人接触酒店的"第一步",第一印象很重要。良好的预订体验能够为酒店带来良好的口碑,这就要求服务的标准化:向顾客提供满足其需求的各个有序服务步骤。

（1）散客预订。

在入住酒店前,酒店工作人员可以为散客在系统上发起新建预订,完成基础信息录入即可办理入住,方便快捷。针对散客的具体操作流程可以在 PMS 系统中完成。涉及的业务操作可以分为调用新建预订功能、填写预订信息、预订单查询、预订单修改几个部分。其中填写预订信息由三个部分的信息组成:预订人信息、入住信息和房间信息。现代酒店场景下,顾客端也可以自主预订,即时和酒店 PMS 系统对接,信息互通,扫描二维码,了解散客预订的相关内容。

视频:PMS 系统操作之散客预订

（2）团队预订。

除了散客预订外,顾客也会以团队的形式入住酒店,如在酒店参加某个主题会议、来酒店所在的城市旅游等。这时如果还是使用散客预订流程,便捷性较差。在 PMS 系统中,可以使用团队预订来高效完成预订操作。涉及的业务操作可以分为调用团队预订功能、新增团队预订、占房、拆单和排房几个部分。通过以上操作,即可完成团队排房工作,扫描二维码,了解团队预订的相关内容。

视频:PMS 系统操作之团队预订

（3）长租预订。

酒店还有一种特别的入住类型——长租,适用于那些有较长时间住宿需求的顾客。在 PMS 系统中,长租预订服务涉及的业务操作可以分为调用长租预订功能、填写预订信息等几个部分。长租预订的流程和散客预订相似,扫描二维码,了解长租预订的相关内容。

视频:PMS 系统操作之长租预订

在处理订单时,还应该考虑协议价格的情况。企业为了应对员工大量的差旅需求,往往会和酒店商谈协议价格。协议单位的员工在入住酒店时,当和酒店工作人员沟通自己所在公司的协议价格,从而以更优惠的价格入住。在一般情况下,一个酒店用不同的价格代码来应对不同的定价需求。当到店顾客提出协议公司的名字后,若已合作,会直接显示对应酒店的价格代码,以此来提供优惠价格。

需要注意的是,酒店前台员工在 PMS 系统中录入订单信息期间,若因故需要暂时离开岗位一段时间,应将系统锁屏,以避免出现他人擅自操作系统而造成的收银账务与实际收款金额不符的情况。

2. 入住接待模块

通过此前的学习,我们已经了解到酒店中负责招徕并接待顾客有专门的部门——前厅部。负责入住接待的前厅部是酒店的"神经中枢",是酒店联系顾客的"桥梁和纽带",是酒店经营管理的"窗口"。其管理体系、工作程序和员工的素质与表现,无不对酒店的形象和声誉产生重要影响。

入住接待的顺畅体验将直接反映酒店的服务质量和管理水平,影响酒店的经济效益和市场形象。在入住接待流程中,主要涉及以下模块。

（1）预订客人入住

前厅部员工在 PMS 系统中可以查看所有预计当天抵达的预订单。通过该系统,在顾客入住前,酒店工作人员要对今日顾客的到达情况了然于胸。在预订单中,可以看到此前预订操作过程中所有已经登记的信息（预订人信息、入住信息、房间信息）。若在预订中并没有为客人选择相应的房间,登记相关的国籍、证件类型、证件号码等信息,则在最终入住前,需要在预订详单中完成相关信息的填写,扫描二维码,了解预订客人入住的相关内容。

视频:PMS
系统操作之
预订客人
入住

（2）无预订客人入住。

在 PMS 系统中,也可以为没有预约的顾客办理入住,其接待流程和预约流程一致。在完成预订人信息、入住信息、房间信息的填写后,为当前顾客分配可住房间,即可办好入住,扫描二维码,了解无预订客人入住的相关内容。

视频:PMS
系统操作之
无预订客人
入住

（3）住中服务。

良好的入住体验只是第一步,酒店在客人入住的全过程也要提供良好的住中服务。酒店的客房部或管家部是向客人提供住宿服务的部门,负责客房设施设备的维修保养、客房和酒店公共区域的清洁卫生工作。客房服务质量的好坏直接影响顾客对酒店产品的满意度,也对酒店的声誉和经济效益产生重大影响。

酒店要将合格的客房产品顺利提供给顾客,需要制定和遵循严格的客房岗位标准作业程序。标准作业程序是在有限的时间与资源内,为了执行复杂的日常事务所设计的内部程序。从管理学的角度讲,标准作业程序能够缩短新进人员面对不熟练且复杂的事务所花的学习时间,只要按照步骤指示就能避免失误与疏忽。

常见的住中服务包括换房、同住以及联房,这些都可以通过 PMS 系统实现,如图 5-9 所示。

图 5-9 住中服务

当顾客因为个人原因提出换房需求时,可以在 PMS 系统中通过筛选功能找到与该顾客对应的接待单。进入接待详单之后,就可以在"选项"功能中完成操作。"选项"功能包含非常丰富的服务,进入其中的换房页面后,可以从中选择更换的房型,挑选该房型下的房间(房号),填写换房原因及备注。

同住的操作也可以在 PMS 系统中完成。客人入住的情形是非常复杂的,良好的酒店运营需要将所有复杂的情形进行标准化,提升整体运营的效能。例如,当新顾客要来到酒店和已住顾客同住时,酒店员工可以在 PMS 系统上发起同住操作,具体如下:找到已住顾客的接待单后,在"选项"功能中找到"同住"选项,添加同住栏,登记新客信息,完成同住。

顾客入住酒店时,可能与店内其他顾客有关联。酒店可以根据实际情况将多间房的账务关联起来操作。例如,一人开多间房,并统一付费,此时需要进行联房操作。通过酒店管理系统中的"选项"功能,找到"联房"选项,弹出的联房界面将显示关联房间的基本信息,下方显示所有的房间信息列表。通过筛选查询找到要关联的房间,选择"增加联房"选项即可完成关联操作。

(4) 打印单据与制作门卡。

凭证能够给予顾客和酒店工作人员安全感,也是很好的记录方式。在酒店的实际运营中,会产生各种各样的单据,我们可以打印单据留下凭据。对于顾客来说,门卡即"钥匙",是能进入房间的重要凭证。因此,在门卡制作中也应保持规范性与安全性,如图 5-10所示。

图 5-10　打印单据

通过 PMS 系统，还可以为接待单打印单据。通过选择"接待列表"中的项目，可以进入对应接待单的接待详单页面，通过底部"打印单据"功能实现打印操作。在出现的"打印单据"对话框中，可以看到单据的基本信息，如图 5-11 所示。另外，在打印前可以通过单击"预览"按钮来查看打印的效果。

图 5-11　门卡的制作

以上是入住接待的主要内容。另外，酒店行业的预订可以最大限度地提高客房的利用率，避免因资源分配问题导致顾客到达酒店却无法办理入住的情况发生。在实际工作中，也会出现顾客已经办理入住却因个人安排原因提前到达酒店的情况,此时需要将该预订单的入住日期同步为当前营业日。还有顾客会出现延时抵达的情况,为了提供更好的服务体验,酒店也要与顾客商定房间保留时间。

(5) 自助入住。

随着数字技术在酒店行业的广泛运用,自助入住机开始承担起给顾客办理入住、续住、退房等手续的功能。虽然自助入住机看上去只是一块屏幕,但其背后却有一个强大的后台做支撑,以对接各种系统,包括 OTA 平台、公安系统等。

华住集团的自助入住机的易掌柜系统可以实现入住、退房以及地图选房等功能(见图 5-12)。在其中的入住功能中,可以扫描身份证,查询订单信息,确认订单后还可以进行支付操作。支持的支付方式包括支付宝和微信等主流支付方式。之后选择入住人数,扫描身份证并进行人脸识别就完成了入住手续的办理,系统会自动打印出房号信息小票,整个流程十分便捷。

图 5-12　自助入住

而在退房功能中,只需插入房卡,即可实现自动退房。华住集团的"30 秒入住,0 秒退房"业务真正地让顾客体验数字化带来的便捷。

随着自助入住机的广泛使用,就可以将前台员工从传统的"低头服务"转变为真正的"抬头微笑",解放了双手,摆脱了繁杂的操作程序,从"面对面"到"肩并肩",前台的员工也能够走出前台为顾客服务,拉近与顾客之间的距离。

3. 收银账务模块

酒店账户是累计汇总的财务数据的重要表现形式,账户中的项目被称为账目。一般来说,酒店的账务是相对复杂的,但通过 PMS 系统,酒店工作人员可以高效、快捷地完成收银账务工作,做到不多账、不漏账,如图 5-13 所示。收银账务模块一般可以分为以下几个部分。

图 5-13　收银账务

(1) 消费与付款。

记录是非常重要的,客人的每一次消费与付款都需要被清晰地记录下来,以便可以通过账务列表进行便捷查询。这里需要明确,消费与付款是不同的概念:消费是一种行为,PMS 系统记录的是客人消费的行为;付款是一种记录,系统记录的是顾客为消费买单的操作(见图 5-14)。

如今,酒店大多接入了数字化的支付方式,如支付宝支付、微信支付等。我们可以在常用付款方式中快速找到相关的付款方式,也可以在付款方式下拉列表中找到目前酒店支持的所有付款方式。选择好对应的付款类型,输入支付的金额,即可完成付款操作。

(2) 账务处理。

账务的记录是至关重要的。有时酒店工作人员会因为记录的细节更改、错误调整、临时需求对账务进行各种二次操作,如调账、冲账、拆账等,如图 5-15 所示。调账是指酒店工作人员在处理账务时,可能因为各种原因(登记错误、酒店促销、临时调整等)对已有账务进行的调整。冲账是指酒店工作人员在处理账务时,部分账务有取消的需求,此时需要进行冲销账务的操作。拆账是指酒店工作人员在处理账务时,部分账务可以拆成两个子账(如两人共同的餐费就可以拆成两个人各自的餐费)支付,此时就需要进行拆账的操作。

(3) 单据打印。

单据打印一般涉及打印接待单、打印发票、打印账目、打印结账单、打印押金单等,如图 5-16 所示,这些都可以通过 PMS 系统实现。

（4）支付、结账与退房。

支付、结账与退房也都可以通过 PMS 系统实现，如图 5-17 所示。

图 5-14　付款

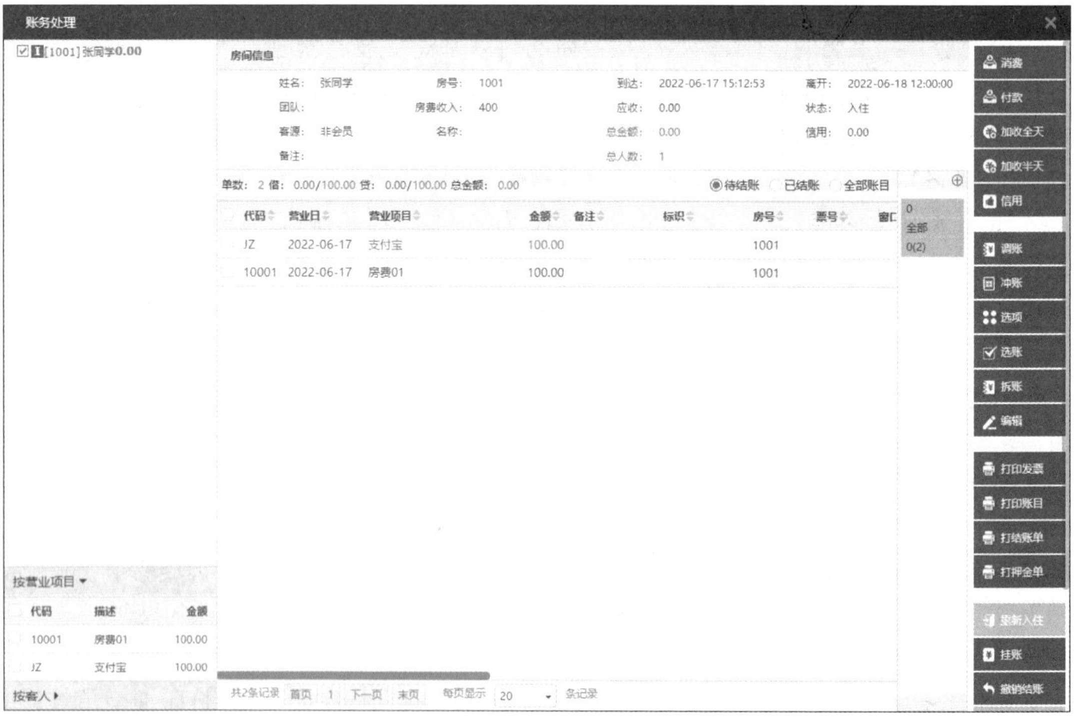

图 5-15　账务处理

图 5-16　单据打印

图 5-17　支付、结账与退房

4. 房态管理模块

合格的房态管理能够充分发挥客房的经济价值,为酒店提供盈利保障。PMS 系统的客房管理可以实现以下功能。

(1) 实时房态。

房态又叫客房状况或客房状态,是指对客房占用、清理或待租等情况的一种标示或描述。酒店数字化运营的重要标志是能对房态进行统一化管理,实现实时查看、即时更改,如二维码图片所示。通过 PMS 系统能够利用多个维度筛选房间,酒店的每间客房都有多个属性,如房型、楼座、客源、房间功能、状态、当前特征等,通过筛选能快速定位需要筛选的一间或多间客房。

图片: 实时房态

(2) 远期房量。

酒店房量是一个动态的概念,它随着预订、入住、退房等操作而不断变化。作为酒店管理人员,不能将眼光仅放在当下,应制定未来关键的销售指标,同时不断对酒店市场进行调研。此时,远期房量就非常重要了(见图 5-18)。随着移动设备的广泛使用,华住集团通过华通系统可直接使用手机查看远期房态,这种便利性使员工能够及时响应市场的变化。

5. 客史档案模块

对于酒店来说,所有的顾客都是非常重要的资源,因此酒店客史档案的建立对酒店管理非常重要。

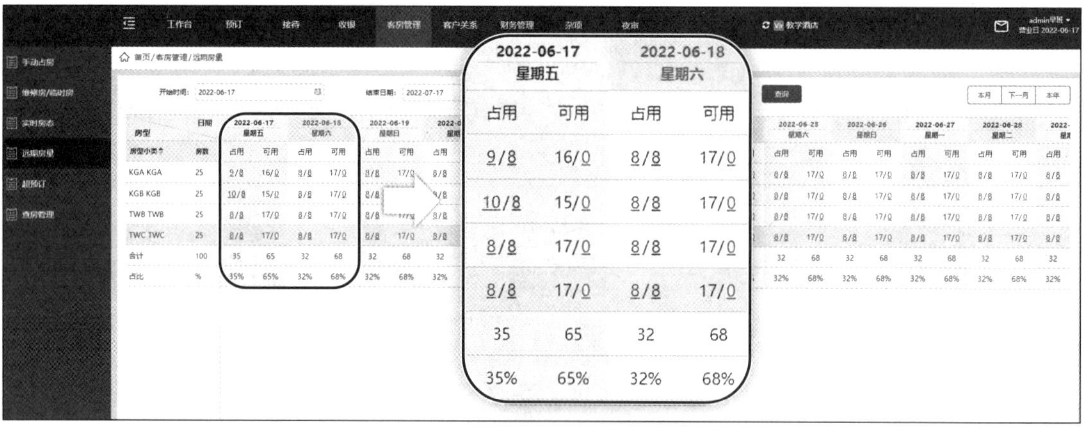

图 5-18 远期房量

(1) 客史档案的类型。

在 PMS 系统中,根据实际接待的客户类型,客史档案分为 4 种类型,分别为客历管理档案、公司档案、中介档案、团队档案。客历管理档案指单个顾客在酒店发生业务关系时创建的与这个顾客个人信息相关的档案。公司档案指酒店与公司签订协议后,在系统中录入的与公司信息相关的档案,该公司的员工可以在酒店中享受酒店与公司签订的协议价。中介档案指酒店与中介或旅行社签订协议后,在系统中录入的与中介信息相关的档案,通过中介或旅行社订房的顾客,可以享受中介协议价。团队档案指酒店在与团队发生业务关系时所创建的团队档案信息。

（2）查询档案。

不同类型的档案在 PMS 系统中分门别类地记录下来,工作人员都可以便捷地进行查询。具体可以通过个人档案、公司档案、中介档案和团队档案大类进行查询。查询条件包括电话号码、证件号码、VIP 级别、会员编号、会员卡号、销售人员等,可进行组合查询,如图 5-19 所示。

图 5-19　查询档案

（3）创建档案。

在酒店管理系统中创建档案需要尽可能保证记录的真实性、翔实性,为抓住潜在的商业机会创造条件。在系统中可以进行个人档案的创建、修改与删除,公司与中介档案的创建、修改、删除操作,如图 5-20 所示。

（4）档案合并。

在酒店实际运营过程中,由于操作不规范通常会发生为同一个顾客建立多个档案的情况,为了减少重复的档案,使档案信息更精准,在 PMS 系统中还可以通过合并功能将相同的档案进行合并,并同时删除重复的档案,如图 5-21 所示。

（5）设置"黑名单"档案。

"黑名单"档案的设置对酒店有着重大意义,通常酒店会对当地派出所发出的"通缉犯协查单""逃账欠费"中的人员以及在酒店有恶劣行为的人员（如打骂酒店员工、在酒店斗殴、偷窃等）设置为黑名单（见图 5-22）。

当档案信息被设置为黑名单后,不影响顾客入住,但在客人入住时,系统会弹出提示,告知操作人员当前入住的客人是黑名单人员,并提示设置黑名单的原因,酒店工作人员需要根据黑名单的性质灵活处理。例如,对于通缉犯,需要立刻联系警方核查处理;对于逃账顾客,需要收取足额押金;对于曾出现恶劣行为的顾客需要注意服务规范、注意人员安全等。

因此,客户档案的黑名单功能意义重大,有效、合理、准确地设置黑名单信息,可以减少酒店的损失,还能有效防止违法人员对社会再次造成危害。

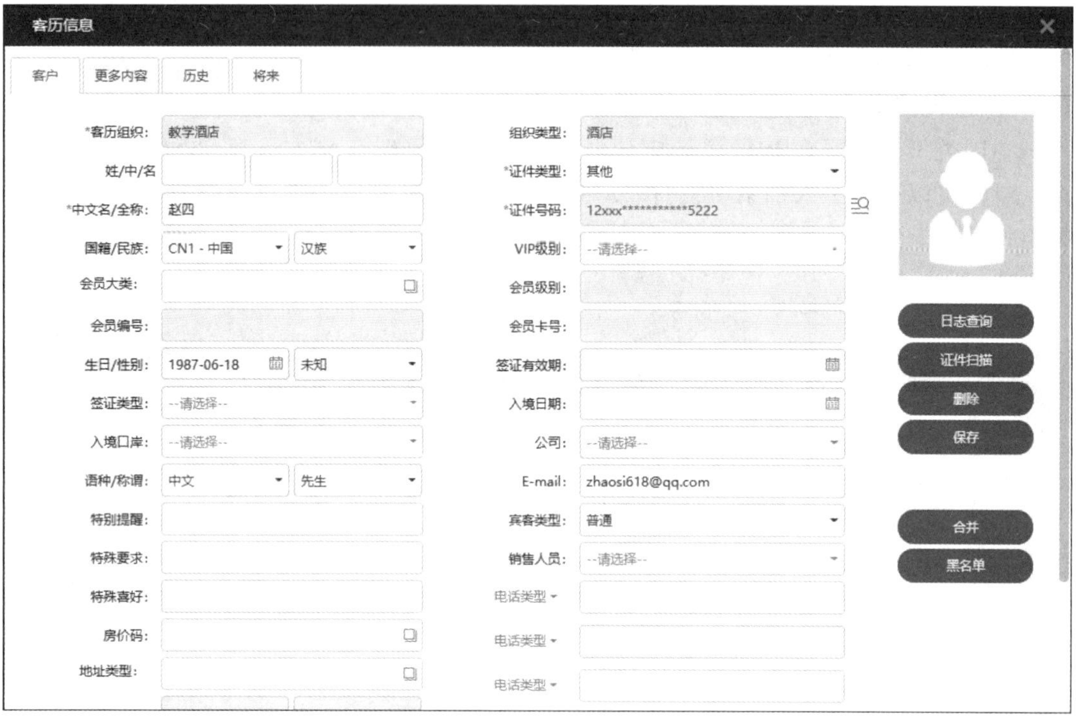

图 5-20　创建档案

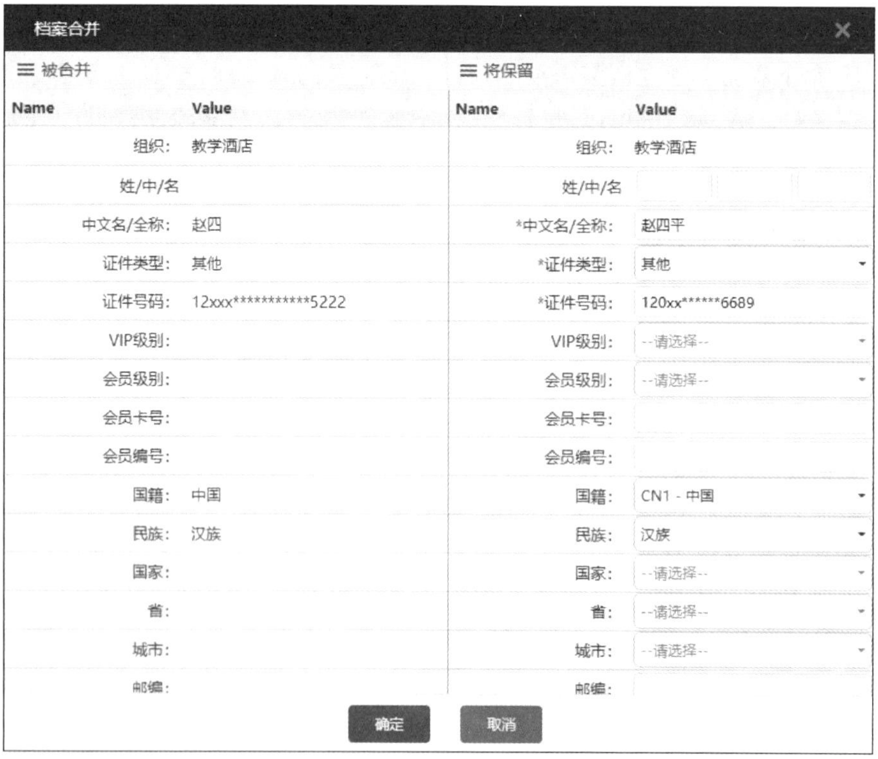

图 5-21　档案合并

图 5-22　设置"黑名单"档案

（6）档案绑定"协议价"。

协议公司更容易成为酒店伙伴级别的客户，在协议基础上建立的关系纽带能产生更多的忠诚顾客，从而使得酒店和协议公司双方都因合作协议的签订而受益。酒店在运营过程中，通常会与公司、中介或长住顾客签订协议价格，当使用这些档案预订房间时，就可以获得优惠的协议价格（见图 5-23）。

图 5-23　档案绑定"协议价"

6. 发票管理模块

随着数字技术在酒店行业的广泛应用，华住集团研发出一键开发票的功能。通过这一功能，为客人开发票的任务可以轻松完成。在客人要求酒店开具正式发票用于商旅报销时,PMS 系统会开放接口与百望云、航信等国家主要开票平台对接,从而实现了一键开票功能,极大地减少了酒店员工的开票时间,如图 5-24 所示。

图 5-24　发票打印

7. 夜审模块

对于酒店来说,每天 24 小时连续不间断运营,前厅必须定时检查和审核住店顾客和非住店顾客信息以及每一日的账务,记录要具有准确性和完整性。酒店审计(也称为夜间审计)通常在深夜凌晨时段进行,此时前台可以不受打扰地工作,夜审可以审查所有营业部门的全部收入。

(1) 营业日与自然日。

PMS 系统通常有"自然日期""营业日期"的概念。自然日期是指每日的 24 小时,超过 24 点后,就是下一个自然日。营业日期是指酒店审计在 PMS 系统中结束一个夜审审计以后,才会开启下一个营业日(见图 5-25)。

(2) 夜审的流程与步骤。

夜审登录之后进行夜审操作,如图 5-26 所示。

① 营业日提醒。开始夜审时,系统会提示当前营业日与夜审后的营业日,并提醒用户不要误操作或重复夜审。

② 夜审检查。夜审前的数据检查,例如,是否存在有当日预计到店但未入住的订单、未离店的订单、房价丢失的订单、欠费的订单等,若发现异常,系统将弹出提示并由夜审人员进行处理。

③ 限制访问。夜审期间,将限制用户访问系统,需等待夜审完成后才能重新访问,PMS 系统的夜审持续时长为几分钟。

(3) 夜审完成。

夜审完成后,系统会弹出"夜审已完成"提示框,如图 5-27 所示。

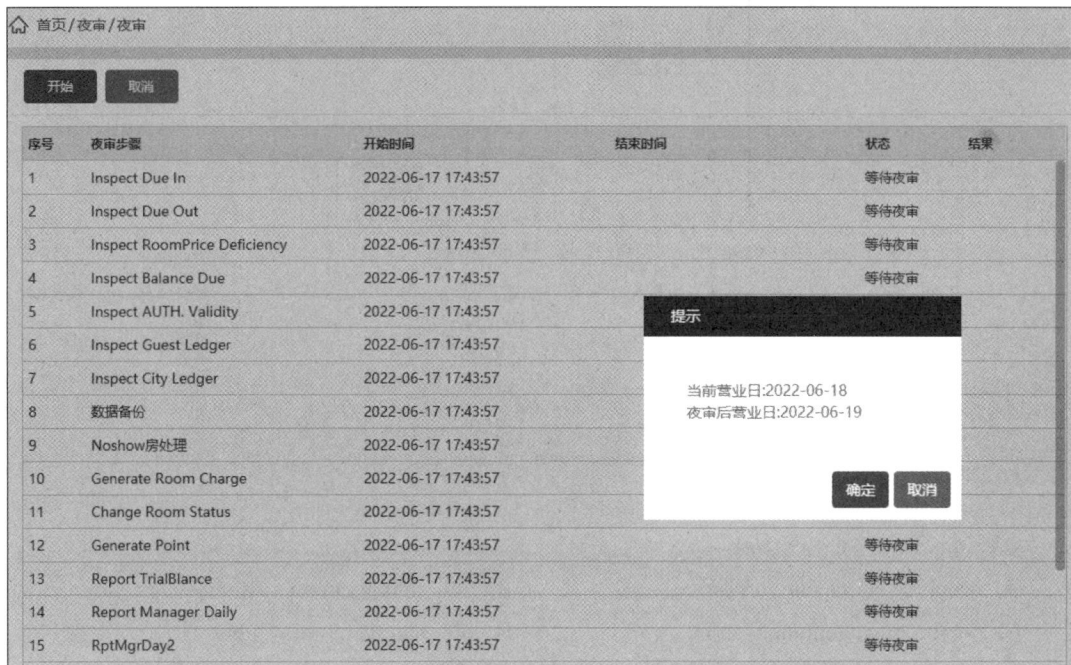

图 5-25 夜审营业日

图 5-26 夜审的步骤与流程

图 5-27　夜审完成

练一练

一、单项选择题

1. PMS 是（　　　）的缩写。

A. property management system　　　　　B. play management system

C. person management system　　　　　　D. pie management system

2. PMS 系统是酒店经营的重要基础软件，以下不属于 PMS 系统功能的是（　　　）。

A. 准确、及时地反映酒店业务的当前状态、房量情况

B. 快速实现顾客预订、入住、财务对账等一系列操作

C. 能够提供各方面的报表，帮助酒店管理人员利用数据进行统计分析

D. 非常适合在手机上使用

3. 以下选项中，不是 PMS 系统预订模块内容的是（　　　）。

A. 散客预订　　　　B. 团队预订　　　　C. 长租预订　　　　D. 短期租定

4. 酒店工作人员在处理账务时，部分账务有取消的需求。此时需要进行（　　　）操作。

A. 拆账　　　　　　B. 冲账　　　　　　C. 调账　　　　　　D. 做账

5. 关于客史档案，以下说法中错误的是（　　　）。

A. PMS 系统中客史档案共分为 4 种类型，分别为个人档案、公司档案、中介档案、团队档案

B. 当为档案信息被设置为黑名单的顾客办理入住时，酒店工作人员需要根据黑名单的性质灵活处理

C. 不同类型的档案在系统中应该分门别类地记录，以便在 PMS 系统中可以便捷地查询

D. 当顾客的朋友要求查询其客史档案时，我们可以放心地给予

二、判断题

1. PMS 系统不但能准确、及时地反映酒店业务的当前状态、房量情况，还能快速地实现客人预订、入住、财务对账等一系列操作，是现代酒店管理必备的系统之一。　　　　（　　　）

2. 通过 PMS 系统酒店工作人员可以高效、快捷地完成酒店收银账务工作。　　（　　　）

拓展资料

　　PMS 系统作为酒店信息系统应用的核心，是酒店管理实施的灵魂和酒店运营的必备工具，管理着酒店日常经营中的方方面面。一个现代化的酒店如果没有 PMS 系统，是难以想象的。

　　扫描二维码，一起学习数字酒店之运营管理的内容。

视频：数字
酒店之运营
管理

任务四　全员营销技巧培训

任务目标

1. 了解全员营销的概念
2. 熟悉全员营销的内涵
3. 熟悉全员营销的作用
4. 掌握全员营销培训的工具、技巧及实施流程

总经理日记

我们都是销售员

2022 年 5 月 28 日　阴

今天是前台的周例会，我请小美来跟大家分享她几天前的一个销售案例。

假期的最后一天，前台接待员小美在从家返回门店的客车上刷手机。这时，她看到一个朋友发布的朋友圈：上海出差一周，会展中心附近，求推荐好酒店。

小美想：可以介绍这位朋友到集团的酒店入住。于是，小美就主动向这位朋友发送了微信："最近过得怎么样？你还在找住处吗？我现在在酒店上班，可以帮你看看有没有合适的酒店。"这位朋友开始还表示疑惑："你工作的地方离我很近吗？"小美回复说："我工作的门店不在会展中心附近，但是我们公司旗下有很多品牌酒店。你可以在我们公司的软件上免费注册一个会员，享受 98 折的优惠。"这位朋友很感兴趣，又问道："还有没有更多折扣？我要住好多天。""有的。现在正好有活动，你可以花 99 元办一张季度金卡，这样享受的就是 88 折，而且含一份早餐，这样早上就不用再单独花钱去吃早餐了。这样吧，你先去应用商城下载华住会 App,再看下附近酒店的房价,看看是否符合你的预算,最后再决定。"

在小美的耐心介绍下,这位朋友最后办理了金卡,并入住了酒店。

让酒店的每一位员工都能成为酒店的销售人员,我想这就是全员营销的概念吧。

请思考:小美为什么能够成功销售? 从上述案例中我们能够学到什么?

知识链接

全员营销是一种常用的营销方式,是指以市场为中心,整合酒店资源和手段的科学管理理念,把营销工作涵盖于酒店的每一个部门,对酒店的产品、价格、渠道、促销和需求、成本、便利、服务等营销手段和因素进行有机组合,实行整合营销。在全员营销模式下,营销工作贯穿于每一个工作流程,落实到每一个人,所有的工作都紧紧围绕着"营销"进行,使酒店中每一个直接接触顾客的员工都具备强烈的营销意识,所有成员参与酒店营销活动的整体分析、规划和控制,最大化地为顾客创造价值,提升顾客满意度以及酒店的市场竞争力,最终获得稳定利润及长远发展。在全员营销的理念下,员工也能从酒店的角度考虑,本着"长期合作"的目标积极地利用自己的资源去拓宽酒店的推广渠道。

一、全员营销的内涵

全员营销就是要做到人人营销、事事营销、时时营销、处处营销、内部营销、外部营销。营销的本质是"服务",创造"好感",是"创造并传播影响力",影响他人的"思想和行为"。营销是一系列的"过程"组成的,是一系列的"活动"组成的,营销,就是要做一系列的事情,影响他人的观念和行为,达到推广酒店产品和服务的目的。

1. 人人营销

酒店中的每个人,都有"营销意识"以及"服务意识",都结合自己的工作,参与营销活动,为顾客服务,包括内部顾客和外部顾客。

2. 事事营销

将每一件事情都与营销联系起来,每一件事都力争在营销中发挥积极的推动作用,做每一件事,都想着营销。每件事情,每一样东西都灌注着营销的"灵魂"。

3. 时时营销

无论什么时候,都要想着营销、思考营销、研究营销、学习营销,都做一些力所能及的有利于营销的事。

4. 处处营销

去任何地方,都想着营销、思考营销、研究营销、学习营销,都根据实际情况,进行适当的宣传推广活动。把营销深入到脑海之中,成为我们的潜意识。

5. 内部营销

在酒店内部,员工应该利用各种活动、各种时机、各种场合、各种可能不断地传播酒店文化,不断地传播"服务意识",不断地传播"营销理念",增进交流,形成全体"服务意识"与"营销意识"。在酒店内,还要形成"顾客意识"与"服务意识",根据业务流程,按服务关系,前一道工序服务于后一道工序、后一道工序就是前一道工序的顾客。

6. 外部营销

面对社会各界,包括政府部门、新闻媒体、社会团体、供应商等,员工应该主动地去推广,推广商品,推广文化,宣传酒店。

总之,酒店存在的价值和意义就是为了"客户"服务,营销的目的在于要让目标客户知道酒店;要让目标客户认识酒店;要让目标客户认同和接受酒店;酒店要与目标顾客建立"健康、长久的合作关系"。

二、全员营销的作用

全员营销最大的作用就是能够将企业的每一个员工都凝聚在一起。发动酒店的每一位员工,贡献其自身的力量,一个人的力量是微弱的,让每一个人参与进来,达到人人都是推广员的目标。这种聚合的爆发力是非常强的。具体来说,全员营销有如下三个作用。

(1) 能在最大限度上增加产品或服务的曝光,可以让产品在更多的渠道得到更多的展现位置。

(2) 能充分授权调动每一位员工的积极性,也让员工有参与感和归属感的企业文化,培养忠诚度。

(3) 群策群力,普及大众营销的概念,人人都是参与者,人人都可以通过自己的努力推广酒店。

三、全员营销的技巧

1. 熟悉酒店的营销政策

酒店员工若要开展营销活动,首先需要全面熟悉酒店优惠政策,能够正确解读酒店营销优惠政策的相关文件,包括基础折扣、最低折扣等,为客户提供最大优惠并吸引客户,了解近期需要重点推荐销售的餐饮或客房优惠政策、折扣政策、核心卖点等,提高销售的专业度,获得客户的信任感。

2. 广泛宣传、精准营销

通过酒店员工的微信朋友圈、微博、抖音、小红书等社交媒体进行多平台宣传推广,扩大信息覆盖面;通过奖励、激励等方式共享销售的人脉资源;表明身份,强调 VIP 的一对一服务。对潜在客户进行筛选,了解客户的背景和精准需求;对酒店预订和到店客户进行需求分析和引导,针对客户需求进行服务精准推荐;对会议、婚宴、寿宴等意向性的重要客户进行重点跟进,提高客户的到访率和消费签约率。

3. 用专业和贴心的服务赢得客户信赖与忠诚

酒店员工在营销过程中,应该通过优化服务来增强顾客忠诚度。顾客忠诚度是顾客对酒店品牌依赖的一种行为倾向。顾客对购买的特定酒店产品或服务有良好的印象或依赖性,形成行为偏好,并尽可能地重复这种行为。酒店通过优质的服务赢得顾客的信赖与忠诚,也是为后续对客营销奠定良好的基础。

四、全员营销的实施

1. 酒店全员营销工具的开发

在数字化营销的系统中,客人不仅可以通过日历房功能实现自有渠道的房间预订,还可以通过系统中的商城购买酒店的相关产品。

华住集团的数字化营销系统为线上的全员营销提供了极大的便利性。任何一名华住集团的员工都可以通过数字化营销系统生成一张专属的海报。并可以通过微信或其他社交工具向自己的好友、群聊发送,也可以分享在自己的朋友圈。该海报专属于该员工,由此海报给酒店带来的收入,员工也能享受一定的奖励,这也大大地提升了员工分享的积极性。

进入数字化营销系统之后,客人能够进行会员绑定、兑换积分等操作。对比于华住集团的 App——华住会,数字化营销系统小程序的优势在于轻量化操作,即客人无须安装 App 应用,就可以完成相同的操作。

目前数字化营销系统已经可以对接抖音,即在抖音上完成客人的转化,将公域上的客流量转至酒店的私域流量,极大地降低了酒店的渠道成本。目前,华住集团的会员入住占比在七成左右。在取得这一成绩的过程中,数字化营销系统起到了巨大的作用。

此外,华住集团的数字化营销系统不仅面向华住集团的酒店,也面向行业开放。目前国内高星级的酒店包括美高梅、中旅集团等品牌旗下的数百家酒店也已经开始使用华住集团的数字化营销系统。

2. 实施全员营销的注意事项

全员营销就是让酒店的每一位员工都能成为酒店的销售人员。除了做好本职工作之外,员工还会在华住集团数字化营销系统的帮助下将推广的内容送达顾客。由于很多有限服务的连锁酒店本身并没有营销岗位的编制,因此全员营销的运用就更为重要。但在实施全员营销的过程中,还应该分别关注线下与线上营销时的一些注意事项。

(1)线下全员营销的注意事项。

线下全员营销是指传统的线下推广活动。例如,酒店将员工派至酒店周边的重点客户公司进行拜访,并将拜访的结果汇报至酒店。在线下的推广中需要注意的是,为保证酒店线下全员营销顺利开展,酒店需要有一套完整、公平的奖励机制,以确保酒店的全体员工有足够的动力进行推广,使得每一名员工在推广中产生成效的情况都能获得相应的回报。

(2)线上全员营销的注意事项。

相比于线下的全员营销,线上的全员营销日趋重要。以线上全员营销普遍使用的微信为例,酒店的员工每发一次标准化的朋友圈营销就能触达成百上千的人。在这些人群中,即使只有百分之一的潜在客户,也足够为酒店带来可观的流量。这只是全员营销让员工的流量成为酒店流量重要入口的一个例子。一般来说,每个员工都是社交网络中的一个流量入口。如果能把每个员工的流量都充分利用起来,进行全员营销,就能低成本地构建酒店私域流量。但是一种好的方式是否能得到好的结果,关键在于如何操作,酒店线上的全员营销应注意以下几个方面。

① 增强员工的分享意愿。在可以承受的获客成本之下,酒店应当尽可能多地给到员工一些利益,同时设置好奖励规则及奖励门槛,这是一个非常有效地提升员工分享积极性的方式;对非销售部门,可以通过酒店内部福利的方式刺激员工分享,如一小时调休、一次旅行报销等。

② 降低员工的分享成本。采用智能化的科技手段,降低员工复制、保存图片和文字及文案编辑的时间成本,进而更好地触发员工的行为动机。

③ 降低营销内容制作门槛。为了更好地实现全员营销,应尽量让整体内容的产出"标准化""可复制",取消投入大、产出小的营销模式,并且提供给员工可以"编辑"和"创作"的部分。例如,员工可以使用通用模板来自主添加销售员名字、手机号、店名,帮助员工快速制作营销内容,保障最终呈现的标准化,进而大幅提升其分享的主动性和个性化。

④ 全面收集员工分享的数据。数据收集是评估成员推广转化效果的基础,因此全员营销需要关注曝光线索、名片浏览量、转发量、区域的排名、员工的排名等数据,以方便公司后续制定相关激励方案,让全员营销这件事可以真正落地执行,充分激活员工的积极性。

综上,酒店布局全员营销的关键是提升员工的分享积极性、降低员工的分享成本、降低营销内容制作门槛、全面收集员工的分享数据,如此才能消除员工的抵触心理,更好地发挥全员营销的作用,实现全员营销价值的最大化。

练一练

一、单项选择题

1. 关于全员营销的作用,以下说法中错误的是（　　　）。

A. 推行全员营销,能够在最大程度上增加产品或服务的曝光

B. 全员营销是指酒店每个人都必须要参与营销

C. 全员营销能够充分授权调动每一位员工的积极性,培养忠诚度

D. 员工通过全员营销能够获得参与感和归属感的酒店文化

2. 线上全员营销应该注意（　　　）。

A. 充分利用每个员工的流量

B. 将员工派至酒店周边的重点客户公司进行拜访

C. 注意每一个员工的着装和形象

D. 提高营销门槛

3. 在全员营销下,酒店主线部门必须以( )为核心开展工作。

A. 酒店　　　　　B. 客户　　　　　C. 市场　　　　　D. 收益

4. 全员营销的技巧不包括( )。

A. 熟悉酒店的营销政策

B. 广泛宣传、精准营销

C. 用专业和贴心的服务赢得顾客的信赖与忠诚

D. 外部营销是全员营销的主要方式

5. 酒店布局全员营销的关键不包括( )。

A. 全面收集员工分享数据　　　　　B. 降低员工的分享成本

C. 降低营销内容制作的门槛　　　　　D. 降低员工分享的积极性

二、判断题

1. 新员工在独立外出做协议开发之前,建议通过情景演练和实战带教锻炼销售技能,积累拜访经验。　　　　　　　　　　　　　　　　　　　　　　　　( )

2. 全员营销是当下性价比最高的推广方式。　　　　　　　　　　　　　( )

拓展资料

在数字化时代的背景下,各行各业都希望通过有效的市场营销能力提升收益,酒店行业也不例外。与传统的营销方式相比,酒店数字化营销工具可以快速连接客户和酒店,提升客户体验和酒店收益,进而引领着营销领域的发展未来。

扫描二维码,一起来学习数字化营销在酒店管理中的应用。

视频:数字
酒店之营销
系统

任务五　工程维护培训

任务目标

1. 了解酒店工程维护的制度和流程

2. 掌握酒店工程维护数字化解决方案

3. 运用所学知识,对门店出现的工程/维修问题作出初步的判断

总经理日记

关键时刻，还是要有点技能才行

2022 年 6 月 11 日　阴

这几天，工程部的师傅由于家里突发状况请假了。今天早上接待的顾客有点多，助理一直在餐厅忙着，我代替他先完成了水表、电表的查抄工作。报表中的数据与上月同期相比，电耗持平，现在已经是 5 月，气温上升，电耗应该下降才对，需要通知工程部的师傅回岗后尽快调整锅炉水温，做到节能降耗。

巡查楼层的时候，听到负责四楼清洁打扫的宋阿姨和主管在客房里讨论着，好像是有关房间的问题。我随即走了进去，原来近期 8501 房间由于异味问题多次被顾客投诉换房，就在刚才，刚住进来的顾客又要求换房了。客房阿姨尝试了很多种方式，还是无法消除异味。客房主管也查看好几天这间房了，马桶、地漏都反复清洗，下水道也用药水处理过，检查存水弯也是完好的，卫生间和房间的排风系统也是正常的，但每次处理完没多久，难闻的味道又出来了。由于工程部的师傅请假，这几天也没有其他更好的处理办法。我随即对房间各处逐一检查，确定了异味还是来源于卫生间。我按照之前城区维护工程人员在巡查培训时教的方法，对马桶、地漏、存水弯等容易产生异味的硬件进行逐一检查，都是完好的。一抬头看到排风，排风完好，想再看看里面的管道怎么样。随即打开检修口，刺鼻的气味扑鼻而来，此时初步找到异味来源的位置。我随即联系了临近的兄弟门店，借调了工程部的师傅，师傅爬上房间顶部排查发现，本酒店前身是一家老酒店，重新装修时顶上遗留有一条废弃管道，前期封堵口上的填充物脱落，现在又恰逢梅雨季节，废弃管道内的霉味日益严重最终散发到房间里。

困扰已久的异味问题终于解决。第二天的晨会上，我将这个案例给助理、客房经理以及所有客房清洁师做了分享，包括一些常见异味问题的排查和处理方式也做了再次培训，以便大家能在问题上报之前能有基本的判断，也可以在工程缺岗的时候应急。

请思考：你如何看待酒店的工程维护？它有什么作用？

知识链接

工程维护是顾客消费活动和酒店各部门有效工作的重要保障，有着重要的基础地位。传统的工程维护过于依赖口头表达和纸质材料，传达不及时、信息遗漏事件常有发生。得益于现代信息技术的快速发展，酒店工程维修工作制度和工作流程也走上了数字化的路程。

一、维修工作数字化系统

易维修系统是华住集团内部供各门店报修的系统,可以有效地提高维修工作效率,工作人员只要看到问题,直接上传照片等信息,就能实现随时报修和结果验收,同时实现报修范围的扩大化,报修人不仅限于客房人员。易维修系统解决了酒店内部人员沟通不畅的问题,维修工也能在第一时间了解问题,并通过数字化的方式高效解决问题。

1. 登录易维修系统

易维修系统在计算机端和手机端均可登录,实现互联互通。在手机端,可通过华通 App 登录,单击底部的"工作台"图标,找到"易维修"图标,即可进入易维修系统(见图 5–28)。

2. 易维修系统

易维修系统是一个实现维修立项审批的系统,可实现多部门系统对接,集合同审批与签订、质检验收、财务结算等功能于一体。在易维修系统中,维修流程节点清晰,审批资料标准,进度管控透明,可实现数据准确、便利提取,是实现工程维修数字化管理的重要手段。

二、维修工作制度

1. 保养房

保养房是工程维护的一项基础性工作。及时制定并执行客房保养计划,才能保障维修强度处于平稳状态,综合效率才能不断提高。

(1)保养房制度。

中档及以上品牌保养房通常包括墙面、天棚的修补、粉刷,发霉硅胶刮除后的重新勾缝,灯具、照明的检修、更换,五金件的紧固更换,电源开关、插座的检修、修复,客房内人造石五大部分,具体保养内容如下:

图 5–28　易维修系统登录界面

① 整套房间天棚的修补粉刷。解决客房内棚顶存在色差、裂缝、发霉和明显污渍等情况,进行维修时需对棚顶进行基底处理并完成粉刷,保证完成维修后的棚顶无色差、起皮、发霉、明显污渍等情况。粉刷后的墙面,应做到平整、无色差、无明显裂缝、无发霉、无明显污渍、无起皮等。壁纸出现破损时,壁纸大面积(>1 幅)整体更换工作交由维护部处理,起翘、粘贴和非常小面积(≤ 1 幅)的裁剪、补贴工作由维修工根据标准完成。壁纸墙面维修后,应保证墙面平整,无明显凸起或低凹,接缝齐整,无明显缝隙,表面平整,边角无起翘。

② 各部发霉硅胶刮净重新打胶。如遇硅胶发霉、老化等情况,维修保养时必须将原有硅胶清理干净,并重新打硅胶或美瓷胶处理。保养完成后,保证卫生间内硅胶无发黄、发黑、发霉、不完整现象。

③ 所有灯具(含台灯、床头灯、筒灯、镜前灯、射灯等)应全部为 LED 灯,保证灯具正常开启无问题,灯口四周无污渍,光源无色衰、发黑等现象。

④ 对客房内各部位五金件(含花洒、软管、花洒底座、三角皂架、纸架、角阀、手盆龙头、马桶盖、玻璃折页,门和窗户的隔音条等)牢固度进行检查,发现问题及时调整牢固,尤其注意淋浴门合页的调整。发现花洒、笼头、角阀、金属软管等部件出现锈蚀、镀层剥落等问题,要更换;穿衣镜、洗漱镜如出现严重跑水银等现象应及时更换。检修完毕后,应做到五金件牢固,无松动现象;镜子无跑水银现象;淋浴花洒出水正常,软管无漏水;花洒、角阀、金属软管等部件无锈蚀、镀层剥落;隔音条无脱落发硬等问题。

⑤ 客房内各部位电器的开关、插座的检修、更换。对排风扇等电器进行维修更换,确保无电路问题。检查后,确保开关插座面板无松动,各部位可正常取电,无短路、电线裸露问题。电器运行正常,排风扇噪音、风量处在合理范围。

(2) 保养房的流程。

易维修系统通过数字化方式,从排房、保养、验收、确认和复核来实现保养房流程化管理。

① 排房。客房经理根据房间的品质情况,按照每周 2 间的标准安排维保,并将需要维修保养的房间设置为"OOO 房"。

② 保养。通过易维修系统提交后,酒店工程维修工接到维修保养的指令后实施维修保养。

③ 验收。在易维修系统上维修保养结束后,客房经理对维修保养房进行检查,不达标的房间退回返工,直至检查合格,并将房间变更为 VD 房。

④ 确认。客房经理因特殊原因无法及时检查的由值班经理级及以上负责人检查。

⑤ 复核。客房经理因特殊原因无法及时复核的由值班经理级及以上负责人复核。

2. 周检

周检制度可以维护和提高门店基础设施质量,是提高酒店服务质量和规范员工服务流程的重要手段。通过周期性的检查和维修工作,能够保证客房质量,为顾客提供舒适的环境。

(1) 周检制度。总部每周抽检运营门店,督促门店及时进行维修保养。

(2) 周检内容。周检已全面实现数字化管理,可通过线上提交周检记录,检查的主要内容有节能降耗、设备巡检、维修保养记录、维护制度、杂物堆放和保养房。

(3) 周检流程。易维修系统通过线上方式实现周检流程数字化管理。周检流程包括五大部分,分别为维修主管检查、汇总提交报告、系统邮件通知、门店检查整改、整改回馈,易维修系统数字化操作流程如图 5-29 所示,操作见面详见二维码图片。

图片:周检流程操作界面

3. 维保相关文件

维保相关文件包括 4 个文件夹,分别为设备维保合同、设备维保记录单、维护记录手册和维修合同。4 个文件夹有助于规范规章制度,确保酒店业务的顺利开展。易维修系统通过数字化的形式管理 4 个文件夹可以摆脱传统的物理方式存放文件的位置和结构问题,从而更好地规范文件管理工作,实现统一管理。

(1) 设备维保合同。放置本年度已立项并双方均已盖章有效的设备维保合同,并放置维保方资质复印件。

```
                        ┌──────────┐
                        │  周检流程  │
                        └──────────┘
    ┌──────────┬──────────┼──────────┬──────────┐
┌─────────┐┌─────────┐┌─────────┐┌─────────┐┌─────────┐
│1.维修主管检查││2.汇总提交报告││3.系统邮件通知││4.门店检查整改││5.整改回馈│
└─────────┘└─────────┘└─────────┘└─────────┘└─────────┘
```

图 5-29　周检流程

（2）设备维保记录单。放置设备维修保养记录，如空调、电梯、消防、热泵、锅炉等的维保记录单。

（3）城区维修立项合同。放置门店设备和装饰维修、改造、大修、竞价合同。

（4）城区维护记录手册。放置城区维护记录手册，每周对门店设备进行巡检，维修工巡检后签字并写上巡检日期，门店总经理签字确认并写上日期，门店固定资产报废及采购需及时更新，在门店维修材料领用单及时登记进出库材料。

4. 设备维保

设备维保是工程维护的根本，设备维保制度分为消防、电梯、锅炉、热泵、中央空调、分体空调六大方面。

（1）消防设备需采用现场巡检的方式每月开展 1 次，保养标准包括：维保商到门店进行维保时，门店工程经理或值班经理需陪同；报警主机内出现的报警要修复，无屏蔽报警探头；每次维保均要检测所有探头的 5%，看是否正常；消防水泵能正常启动、管道内水压力正常；进行维保时按维保记录单的要求进行；维保结束后，门店工程经理或门店总经理签字确认。

（2）电梯需采用现场巡检的方式每半月开展 1 次，保养标准包括：维保商到门店进行维保时，门店工程经理或值班经理需陪同；电梯内五方通话要完好；电梯载重要符合铭牌要求；电梯平层完好；进行维保时按维保记录单的要求进行；维保结束后，门店工程经理或门店总经理确认签字。

（3）锅炉每两个月需现场巡检一次，保养标准包括：维保商到门店进行维保时，门店工程经理或值班经理需陪同；管道、阀门、水箱均无漏水；燃烧机保持完好，所有传感器运行正常；换热板定期清洗；客房供水水泵保证完好；进行维保时按维保记录单的要求进行；维保结束后，门店工程经理或门店总经理签字确认。

（4）热泵每两个月需现场巡检一次，保养标准包括：维保商到门店进行维保时，门店工程经理或值班经理需陪同；管道、阀门、水箱均无漏水，管道保温完好，并检查水箱水位是否正常；所有热泵均能正常工作；清洗热泵翅片，清洗过滤器；客房供水水泵保证完好；维保结束，门店维修工或值班经理签字确认，按维保记录单的要求进行维保。

（5）中央空调每两个月需现场巡检一次，保养标准包括：维保商到门店进行维保时，门店工程经理或值班经理需陪同；主机均要工作正常；翅片清洗干净，管道和阀门无漏水；每清洗完一台风机盘管，门店工程经理或客房经理签字确认，并在风机盘管贴上清洗标贴。维保结束后，门店工程经理或值班签字确认。

（6）分体空调每年需要现场清洗一次，保养标准包括：分体空调内机和外机均要清洗；清洗同时检查该空调的状况；清洗完成后在内机上贴上清洗标贴，每清洗完一台，门店主管或客房经理在清洗记录单上签字确认。

三、维修工作培训

1. 常规培训

酒店维修需对工程人员及门店相关人员进行如专项技能、制度流程、安全意识等方面的培训。

2. 维修工技能培训

(1) 理论学习。根据"保养房六项"对维修工进行技能培训。培训课件为保养房制作视频与《维护保养手册》,培训结合实操。

(2) 实操评定

维修工保养房技能评定分三级:优秀、合格、不合格。维修工保养房技能评定每季度一次,入职半年内必须参加技能认证,评定为"合格"以上颁发维修工《保养房技能评定合格证书》,评定为"不合格",继续培训直至合格为止。

✍️ 练一练

一、单项选择题

1. 以下不是中档及以上品牌保养房要求的是(　　　)。

A. 破损壁纸拆除,并重新粘贴　　　　　B. 电源开关、插座的检修、修复

C. 五金件的紧固更换　　　　　　　　　D. 发霉硅胶刮除后重新勾缝

2. 周检内容中不包括(　　　)。

A. 设备巡检　　　　B. 电梯卫生　　　　C. 杂物堆放　　　　D. 保养房

3. 维修保养的 4 个文件夹不包括(　　　)。

A. 设备维保合同　　　　　　　　　　　B. 城区维修结项合同

C. 设备维保记录单　　　　　　　　　　D. 城区维护记录手册

4. 以下关于设备维修保养制度的说法中不正确的是(　　　)。

A. 消防设备按月检查　　　　　　　　　B. 电梯每月检查一次

C. 锅炉半月检查一次　　　　　　　　　D. 热泵半月检查一次

5. 以下哪项不是维修工技能培训的实操评定等级(　　　)。

A. 优秀　　　　　　　　　　　　　　　B. 合格

C. 良好　　　　　　　　　　　　　　　D. 不合格

二、判断题

1. 分体空调和中央空调的清洗频次一致。　　　　　　　　　　　　　　(　　　)

2. 周检流程包括维修主管检查、汇总提交报告、系统邮件通知、门店检查整改、整改回馈。　　　　　　　　　　　　　　　　　　　　　　　　　　　　　　(　　　)

拓展资料

传统的工程维护过程主要靠口头表达与纸质材料相结合的方法,往往会出现传递不及时、信息漏报等各种现象。在数字化时代的背景下,酒店工程维修工作制度与工作流程亦开始了数字化之旅。华住集团使用的易客房产品与易维修产品实时互联,能够实现客房的维保跟进,进度管控透明、便利。

扫描二维码,获取更多关于易客房维保房功能介绍的知识。

视频:易客房维保房功能介绍

任务六　安　全　培　训

任务目标

1. 了解酒店安全管理的意义
2. 熟悉酒店消防安全演练的流程
3. 掌握常见五大安全隐患和安全培训的组织和实施流程

总经理日记

繁忙的一天

2022 年 6 月 18 日　晴

晚上 11 点 30 分,酒店报警主机响个不停,地址显示是 416 房间。保安师傅快速来到现场,进房后,第一眼看到的是一件衣服挂在喷淋系统上,这导致喷淋爆管,引发消防喷淋系统报警,现场整个房间都在喷水,顾客的部分衣物、计算机等财产受损,顾客在房间里手足无措。

我立即在酒店工作群里召集工程和相关人员赶赴现场处理这个紧急事件。到现场后,我们立即关闭消防水阀,启动紧急预案,及时排出管道里的存水。还好我们行动及时,没有造成更大的损失。顾客后来也主动向酒店说明情况,表达了歉意。

今天发生的事算是有惊无险,安全是酒店经营之根本,我要把这次经验总结成文上报给各级,门店也要加强培训和督导,然后在华通群里向更多需要的人分享。

请思考:在现代酒店管理中,我们应该如何做好酒店的安全培训? 如何做到防消安全?

知识链接

酒店安全管理是指为了保障酒店正常运营,且保障酒店范围内所有人员的人身、财产没有危险、不受威胁、不出事故,所进行的一系列计划、组织、指挥、协调、控制等管理活动。酒店安全管理具有突发性、复杂性、依法性、广泛性、持久性。

没有安全就没有酒店的一切,安全是酒店运营的首要保障。酒店的安全问题可谓由来已久,经历了一个逐渐发展、演变的过程。最初的马车驿站有大门但从不上锁,客人也没有顾及是否安全;后来出现了由个人经营的路边客栈和汽车旅馆,这时酒店安全问题才逐渐引起客人的关注;如今,在高耸入云的城市酒店和豪华舒适的度假酒店里,往日的普通大门已经被复杂的电子门锁、自动火警系统、录像监控探头、数字化的库房管理所取代,酒店安全工作的质量,不仅直接影响酒店的经营状况、客人的满意程度,甚至还关系到国家的声誉。对于酒店而言,安全是宾客对酒店产品的第一需求。具有安全隐患的酒店产品,不仅不能满足宾客的消费需求,还会给宾客的人身和财产造成威胁,并给酒店带来不可估量的损失。安全是酒店获得市场的基础,也是酒店获得消费者认可的前提。

因此,我们需要了解酒店安全管理的意义与价值,同时需要了解酒店常见的六大安全隐患,能够严格按照酒店的安全标准执行工作,遇到突发安全事故能够得到及时、有效的处理。

一、安全管理的意义

1. 安全管理是提高服务质量的基本保证

根据马斯洛需求层次理论,人类的需求分为生理需求、安全需求、社交需求(归属和爱的需求)、尊重需求、自我实现需求五种。每个人都是具有这五种基本需求的。马斯洛把这五种需求从低到高进行排序,形成阶梯递升。人的这些需求是有层次的,是从低往上逐步满足的。安全是继生理需要之后人的第二基本需要,必须得到优先满足。从酒店经营管理的角度讲,为客人提供安全的食宿环境,满足客人希望受到保护和尊重的安全需要应该成为酒店各项工作和提高服务质量的前提。

2. 安全管理直接影响酒店的社会效益与经济效益

从法律角度讲,酒店必须牢固树立安全意识,确保酒店内所有人员及所有财产的安全。在经营管理工作中,酒店有义务和责任为来酒店消费的宾客制定出能保障其安全的服务标准,配备能够保障顾客安全的设施,否则,酒店经营者将面临因安全问题而引起的投诉、索赔甚至承担法律责任,从而影响酒店的社会效益和经济效益。根据《中华人民共和国民法典》第一千一百九十八条的规定,宾馆、商场、银行、车站、机场、体育场馆、娱乐场所等经营场所、公共场所的经营者、管理者或者群众性活动的组织者,未尽到安全保障义务,造成他人损害的,应当承担侵权责任。也就是说,酒店对于顾客有安全保障的义务,如未做好安全保障而使顾客人身财产安全受到损害,酒店将承担侵权赔偿责任。因此,酒店的安全管理直接关乎酒店的经济效益。

同时,酒店安全管理不仅是对顾客安全、酒店财产安全的管理,同时也包括对员工安全的管理。如果酒店在生产过程中缺乏各种防范和保护措施,将不可避免地产生工伤事故,使员工的身心受到伤害、健康状况受到影响,也将影响酒店的长远发展。

3. 安全管理有助于提高全员安全意识

根据《中华人民共和国安全生产法》的规定,要求经营单位必须对工作人员开展安全教育培训,保证工作人员具有安全知识,熟悉安全生产规章制度,掌握安全操作程序与安全操作技能,并了解应急处理措施,知晓个人在安全生产方面的义务和权利,没有经过安全教育培训工作的人员,不可以上岗。这样,员工在安全生产方面才具有责任感和参与意识,由量变产生质变,从而循序渐进地端正自我安全态度,转变意识,主动地保障安全生产与经营。

二、酒店安全的五大维度

酒店安全管理主要有治安、消防、信息、卫生、食品五大维度。

1. 治安安全

酒店的治安安全管理,牢记"六要"口诀:住宿访客要登记、安全巡检要合规、监控门禁梯控要合规、反针孔探测要配备、不良小卡片要杜绝、应急事件要提报。

(1) 住宿访客要登记。

根据《旅馆业治安管理办法》《特种行业和公共场所治安管理办法》的要求,对住宿/访客应做到应登尽登,前台人员尽量满编,合理安排人手,尽可能在繁忙时段确保至少两人在岗,酒店管理人员及时机动补位。前台宜配置具备录音功能的监控探头,或安装有录音功能的迷你摄像头,确保沟通过程被完整记录,日后有据可查。

酒店不得接待单独入住的未成年人,未成年人单独入住或有其他同行人的,必须与其监护人沟通确认,并要取得监护人的同意;宜采取微信视频等方式,必要时总经理应添加相关监护人的微信。

未成年人住宿登记遵守"五必须"的工作要求:必须查验入住未成年人的身份,并如实登记报送相关信息;必须询问未成年人父母或者其他监护人的联系方式,并记录备查;必须询问同住人员身份关系等情况,并记录备查;必须加强安全巡查和访客管理,预防针对未成年人的不法侵害;必须立即向公安机关报告可疑情况,并及时联系未成年人的父母或其他监护人,同时采取相应安全保护措施。

(2) 安全巡检要合规。

为了确保酒店人身、财产安全及各区域的安全设施设备完好、有效,酒店需要加强日常的巡检,每日按照规范设置巡检路线和实施巡逻,原则如下:

① 酒店区域全覆盖,包括但不限于:所有营业区域、所有后场公共区域、消防监控室、酒店外围、停车场等。

② 巡检过程由酒店最高楼层,由上往下(通过每层的消防通道)进行巡检;出消防通道A,应右转开始巡检至消防通道A,再由消防通道A走下,进入下一层;巡检时应在客房门对面沿着墙边(如靠着客房门巡检,恐会惊吓顾客,如两边都有门,应走在中间进行巡检)。

③ 由于物业问题,酒店楼层环境比较复杂,酒店总经理可自行安排巡检路线(必须保

证酒店区域全覆盖,包括但不限于停车场、酒店外围等)。

(3) 监控门禁梯控要合规。

酒店监控门禁,应按照要求,应装尽装,保证设备有效运行、无损坏。酒店门禁安装要规范,通向室外的消防应急疏散门/安全门,必须安装门禁(消防联动)或平推锁,日常必须确保该类疏散门和安全门呈锁闭状态,此类疏散门宜作为日常保安巡逻签到必到点。

(4) 反针孔探测要配备。

反针孔探测器需列为一类采购,且应列为开业必备项。客房经理进行查房时,必须携带反针孔探测器,同时也需关注重点部位,如正对床的插座孔、电视机下方隐蔽处、顶灯、空调连接管等。关注是否有异常物品被安装,工程人员在做维修保养房时,也需特别留心重点部位的检查。

一旦探测发现并定位到可疑摄像头时,立即通知前台将该房间暂停售卖,并将该房间断电、封闭房间,上报总经理,由总经理核实后,同步信息安全部、安全保障部,并在集团指导下,进行报警处理。安全服务员进行夜间巡逻时,应携带反针孔探测器,发现异常告警时即进行定位,将异常告警的房号记录,上报总经理,由总经理核实后,同步信息安全部、安全保障部,并在集团指导下,开展后续工作。

(5) 不良小卡片要杜绝。

所有访客按公安要求进行登记,验证访客的有效证件,按规范录入公安系统,对于形迹可疑,且无法报出住客信息的访客,一律不允许上楼。日常管理中需密切关注,发卡人员易跟随其他顾客或送餐机器人等一同上楼。监控系统完好、图像清晰且全覆盖,值守时注意监控发现发卡人员,发现时,及时报告总经理,必须及时跟进驱赶及清理小卡片。门禁(平推锁)完好且锁闭,日常巡查时注意检视,发现异常开启时,需要及时报告。梯控完好且有效,保障 24 小时启用并实现按层控制(门店特殊情况除外)。门店根据所在区域的治安环境,以及不良小卡片出现的规律,从时段上部署有针对性的管控,发现即驱赶和清理,如顾客收到,应妥善追回,并给到顾客歉意和补偿。清理隔夜房和空客房内的不良小卡片时,切忌随意丢弃,应统一集中交予总经理,由总经理联络属地公安民警,予以上交。驱赶发卡人员时,应安排两人(至少一位男同志),过程中注意自我保护,劝阻不成或对方有暴力迹象,即刻对讲机通知前台报警。加强与属地公安民警、社区民警的联系与沟通。

(6) 应急事件要提报。

根据《旅馆业治安管理办法》《特种行业和公共场所治安管理办法》《中华人民共和国安全生产法》以及集团安全管理手册、四级安全事故提报制度的规定,对于应急事件必须遵守三大原则:"边处置、边提报"原则、"事发后一小时内提报"原则、"应报尽报"原则。

2. 消防安全

酒店消防安全,要求做到"六不要":不要有消防主机故障、不要有烟(温)感故障、不要有消防通道堵塞、不要有消防水系统无水无压、不要有 15 千克以上液化气瓶、不要有泡沫彩钢板房(一类违建)。

(1) 不要有消防主机故障。消防报警主机确保正常报警,报警显示地址要与实际地址相符合,消防报警系统中客房、员工宿舍无烟感隔离屏蔽点位。

（2）不要有烟（温）感故障。客房须安装烟感报警器且联动有效，厨房安装温感且联动有效，客房必须安装喷淋设备（《消防开业许可证》不要求安装的除外）。酒店范围内员工宿舍、客房走廊、餐厅、会议室、健身房、洗衣房等公共区域，需要安装烟感、火灾探测器且联动有效。酒店范围内消防监控室、仓库、变配电室、锅炉房、电梯机房等酒店后场区域，需要安装烟/温感火灾探测器（锅炉房安装温感火灾探测器）且联动有效。

（3）不要堵塞消防通道。客房通道必须保持畅通，可以通行。消防通道不得堆置任何物体。

（4）消防水系统禁止无水无压。消防水池不得无水，消防管道不得无水，且水压不低于0.1兆帕。

（5）不要有15千克以上液化气瓶。酒店禁止使用规格超过15千克以上的液化气瓶，如使用，必须提供消防部门允许使用的审批函件，且存放在消防审批通过的独立气瓶室内。

（6）不要有泡沫彩钢板房。这属于一类违建，不得使用易燃材料（泡沫彩钢板）搭建员工宿舍、厨房不得使用易燃材料（泡沫彩钢板）搭建，如使用易燃材料必须使用防火材料全部包裹。

3. 信息安全

当前，我们已经进入了大数据时代，数据作为数字经济时代最核心、最具价值的生产要素，正深刻地改变着人类社会的生产和生活方式。在大数据技术使用便利的同时，让渡的是消费者隐私安全，甚至影响到国家安全。数据安全是数字经济健康发展的基础。基于此，酒店在发展数字化经济的同时，需要更多地关注信息安全问题，进而规范门店信息安全操作，提升门店信息安全水平。

酒店要加强员工培训，提升员工保护客人隐私的意识和技巧，制定合理的服务规则，站在客人的角度，将保护隐私细化的员工运营手册中。

4. 卫生安全

酒店卫生安全管理是酒店服务及酒店运营的首要基础，也是影响酒店品牌名声及顾客满意度的重要条件。随着近些年酒店业的快速发展，酒店卫生安全管理也成为影响酒店发展的关键因素。酒店要建立、健全合理的卫生安全制度，将列出的相关安全规定张贴在易于观察的位置，并提示员工和客人注意。

酒店供顾客使用的公共用品用具应严格做到一客一换一消毒，禁止重复使用一次性用品用具；清洗消毒应按规程操作，做到先清洗后消毒，使用的消毒剂应在有效期内，消毒设备（消毒柜）应运转正常；清洗饮具、盆桶、拖鞋的设施应分开，清洁工具应专用，防止交叉传染；清洗消毒后的各类用品用具应达到有关卫生标准的规定并保洁存放；清洗消毒后的茶具应当表面光洁，无油渍、无水渍、无异味，符合《食（饮）具消毒卫生标准》的规定；洁净物品保洁柜应定期清洗消毒，不得存放杂物；客用棉织品清洗消毒前后应分设存放容器；客用棉织品、客人送洗的衣物、清洁用抹布应分类清洗；清洗程序应设有高温或化学消毒过程；棉织品经晒干烘干后应在洁净处整烫折叠，使用专用运输工具及时运送至储藏间保存。

5. 食品安全

食品安全关乎民生，与广大消费者的健康问题息息相关，在影响酒店餐饮品牌的众多因素中，最重要的就是食品安全问题。

食品安全问题来源多元化。酒店食品从原料到餐桌需要经过多道工序,中间环节较多,因此,食品安全问题的来源具有多样化的特征。从物理性特征来看,酒店食品可能因混入杂物而形成污染,如头发丝、碎屑等;从化学性特征来看,酒店食品原材料可能存在农药超标等问题,同时食品加工过程中因添加剂过量使用也会引发食品安全问题;从生物性特征来看,病毒、细菌等因素的侵入同样会引发食品安全问题,并造成食品安全事件。

食品安全事件具有突发性和严重性特征。突发性是食品安全事件的普遍特征。酒店食品安全问题来源的多样化决定了食品安全事件具有突发性的特点,因为任何一个环节和工序出现问题都可能引发食品安全事件。由于酒店在事件发生前很难预估,所以一般只能采取应急措施进行应对。另外,由于在酒店就餐的人群具有集体性的特点,所以食品安全事件波及的人数一般较多,因为食品中毒事件一般都是集体性的,所以造成的后果也比较严重。

三、数字化安全管理

酒店产业对信息技术和信息传播有着根本性的需求。数字化安全管理是用直观、明显的数据代替以往模糊式的定性数据,为安全生产提供更直观、透彻的保障,为酒店决策层提供可靠理论依据。酒店数字化安全的实现促进了酒店安全管理的智能化和高效化。

以华住集团事故上报系统为例,当酒店发生安全事故后,当班最高管理人员和员工应立即查看事故对应的应急预案。应急处置完毕后,总经理登入华通"事故报备"模块进行上报,填写事故基本信息;总经理提报后,系统根据提报内容判定事故等级(一至四级),系统将电话和消息卡片提醒至对应的一至四级安全小组成员,小组在组长带领下开展后续处置,同时系统自动发起相关人员华通建群,并将事故详情在群内进行通报。事故上报系统的数字化、高效化、有序化,为酒店处理各类安全事故提供方便。

四、安全培训的组织和实施

酒店开展安全培训是向学员传递安全知识、安全信息、安全技能、操作技术、经验与教训,通过一系列的培训强化学员的安全意识,提高其安全技能和操作技能,增强其安全技术素质。安全培训方法是完成培训目标的重要手段。安全培训方法是由一系列的教学形式和教学技术及技巧所组成的,是教与学方法的统一。所以,安全培训方法的优劣是决定安全培训质量的关键。随着酒店安全培训工作的不断深入,安全培训方法也在不断创新。几年来,酒店经常运用的安全培训方法有以下几种。

1. 应知应会相结合的培训法

安全培训应侧重于应知应会的掌握与应用,始终坚持把理论学习与实践操作有机结合在一起,坚持把教学的重点放在实践操作上。这样教与练密切结合,从感性认识到理性认识,易懂而且记得牢。在培训结束进行考核时,理论知识和实践操作分别考核,有一项不合格,学员仍要继续参加培训学习,直到理论与实际操作全部合格为止。以某酒店消防安全培训为例,学员通过学习消防设施设备的使用方法和工作原理后,根据酒店的实际制定突发火灾事故紧急预案,这属于理论学习。模拟火灾事故,各部门根据火灾预案进行消防演练,则是实践操作。

2. 典型示范培训法

在开展安全培训中,把本集团先进门店的安全管理经验总结出来,形成典型案例,作为安全培训中的教材,在培训时把这些典型案例作为安全培训中的例证介绍给学员,使大家学有目标,有方向,有针对性。

3. 案例警示培训法

在酒店安全培训中要充分利用酒店典型安全案例进行讲解。这些案例的警示作用是十分明显的:一是可以强化学员安全意识;二是可以加深学员对安全操作规程与防范措施规定的理解和重视;三是通过授课教师深刻的剖析,给学员积累了实践上的经验或教训。

4. 总结对比培训法

酒店在开展职工安全培训中,运用总结对比培训法主要是针对一些新的安全法律法规培训,或者是阶段性的安全意识强化培训,找准其特点规律或相同点、不同点,在讲课时有侧重点的进行讲解。这样的总结对比教学,重点突出,内容具体,学员便于理解和掌握。

5. 互动式安全培训法

这是近几年应用比较广泛的安全培训方法。它的优点主要就是充分调动学员的积极性,让学员充分发表自己的见解和看法,有利于深化主题,提高大家对某一问题的认识程度。

以华住集团的消防安全培训为例,各部门的职责如下。

(1) 工程部的职责。

① 工程部负责酒店消防设施的维护和保养,所有电源配电箱、开关等有标记,保证工程所有员工都了解,确保发生火灾时完好、可使用。

② 火灾发生时,工程值班人员要负责切断着火区域所有非消防电源,保证着火区域消防电源正常供应。

③ 启动警报,发出灾情,切换应急广播;关闭中央空调、通风系统;启动正压送风、机械烟系统。

④ 开启着火层以上层面疏散楼梯间的门自然排烟,关闭防火分区的防火门、防火卷帘等,把电梯切换为消防电源,提供楼层人员紧急疏散;如果客梯无切换消防电梯功能的,应当将电梯降至首层锁好,并禁止使用。

(2) 灭火组的职责。

① 预案开始,灭火组在 3 分钟内赶赴着火现场;赶赴着火现场时沿路应当携带灭火器。

② 利用灭火器、墙式消火栓等对火源根部进行灭火,立即切断着火区域电源,防止火势扩大。

③ 牢记灭火中心思想:"生命第一、财产第二"的原则,当火势无法控制时,立即撤离着火现场;随时向酒店最高行政负责人报告灭火情况。

(3) 疏散组的职责。

① 人员安排。由酒店客房主管(或者客房经理)担任组长,选定其他合适员工等为疏散组成员(疏散组每班至少人数 5 名,根据酒店规模大小和人力配备数量可增加名额)。

② 就近引导客人从安全通道快速撤离,敲门通知着火区域所有客房内的客人(在客房门上用粉笔打钩,做好记录,以防遗漏;护送行动不便的人从消防电梯(电梯已切换消防电源),或从消防通道疏散。

③ 排查着火层办公室／仓库等遗留人员,用粉笔打钩,做好记录,以防遗漏,必要时可采取强行疏散措施。

④ 对现场窒息昏倒人员需有专业人员开展心肺复苏急救(心肺复苏急救不能停止,直到医护救援到场)。

⑤ 疏散人员秩序如下:先着火区域,后着火区域的相邻区域;先着火层以上各层,后着火层以下各层。

(4) 支援组的职责。

① 收取前(总)台收银系统现金及有价证券等,防止在火灾动乱中被他人趁火抢劫、盗窃等。

② 组织好着火区域和外围警戒,疏导酒店附近车辆。

③ 疏散现场围观人群,路口迎接公安消防队,迎接医院救护医疗队,按预案安排好公安消防车及医院救护车的停放车位。

④ 在酒店外安全区集合,清点紧急疏散出酒店的员工数量,核对人数,做好宣传稳定工作,随时服从总经理的安排和调动。

练一练

一、单项选择题

1. 以下不属于安全管理的意义的是(　　　)。

A. 是提高服务质量的基本保证

B. 直接影响酒店的社会效益与经济效益

C. 有助于提高全员安全意识

D. 能够将企业里的每一个员工都凝聚在一起

2. 根据《中华人民共和国消防法》规定,我国消防工作的方针是(　　　)。

A. 预防为主、防消结合　　　　　　　　B. 安全第一、预防为主

C. 预防为主、积极消灭　　　　　　　　D. 安全第一、防消结合

3. 关于治安安全,以下说法不正确的是(　　　)。

A. 住宿访客可以不用登记　　　　　　B. 监控门禁梯控要合规

C. 配备反针孔探测　　　　　　　　　　D. 杜绝小卡片的出现

4. 以下不属于消防故障的是(　　　)。

A. 消防主机故障　　　　　　　　　　　B. 烟(温)感故障

C. 客房插座故障　　　　　　　　　　　D. 消防通道堵塞

5. 关于酒店安全,以下说法正确的是( )。

A. 未成年人入住可以不用登记

B. 消防水泵系统在夜间可以无水无压

C. 发生火灾的疏散过程中,可以使用电梯来疏散人员

D. 客房内发现针孔摄像头应该立即停止售卖该客房

二、判断题

1. 酒店禁止使用规格超过 15 千克以上的液化气瓶,如使用,必须提供消防部门允许使用的审批函件,且存放在消防审批通过的独立气瓶室内。 ( )

2. 对于应急事件必须遵守三大原则:"边处置、边提报"原则;"事发后一小时内提报"原则;"应报尽报"原则。 ( )

拓展资料

俗话说:"食品安全大于天"。食品安全问题已经成为公众关注的社会问题,而在酒店餐饮业中,确保食品安全是酒店树立高品质服务形象的重要组成部分。

扫描二维码,一起学习华住集团食品安全"3+1"的相关内容。

视频:华住集团食品安全"3+1"

后记

随着数字中国建设进程的加快,中国酒店业已迈进数字化发展的新时代。2021年,教育部将高职"酒店管理专业"更名为"酒店管理与数字化运营专业",这标志着职业教育酒店专业数字化的发展进入了新阶段。

为适应新业态对人才的新需求,华住集团坚持把人才作为第一资源,全面实施人才驱动战略,全方位布局赋能行业人才发展。华住集团于2020年12月成为教育部1+X现代酒店服务质量管理职业技能等级证书的培训评价组织。

华住集团高度重视人才培养工作,专门成立了1+X现代酒店服务质量管理职业技能等级证书研究与开发团队,多次召开现代酒店服务质量管理职业技能等级证书体系建设论证会,围绕初级、中级证书配套的教材开发与资源建设进行系统规划设计。

2021年,华住集团和青岛酒店管理职业技术学院共同牵头,与无锡商业职业技术学院、上海旅游高等专科学校、云南旅游职业学院、南京旅游职业学院等院校相关专家合作,共同研发了符合现代酒店业数字化发展的教材,将产教深度融合、校企深度合作落实到开发的全过程。

在教材建设过程中,我们参考和借鉴了酒店行业诸多同仁和专家的优秀研究成果,华住集团各部门也为本教材的出版提供了大量宝贵的一手材料及建议,特此鸣谢(排名不分先后):

陈莺莺、岑元辰、戴克矜、杜雪峰、杜莹、方禹静、冯雪萍、何艳、何毅、胡春华、胡晓飞、华沈勇、黄娜娜、黄先智、姜薇、李杨、李云霞、林彬、凌娜、刘宏宇、刘练、莫荷燕、任彦、石小雷、孙宏莉、王璐、王素、王巍、王雪、王悦、夏菲兰、向容、徐贺昌、荀玉莲、杨岚、杨姝、杨旭、杨玉晶、翟宝权、张丹丹、张睿博、张燕、张战、赵惠、周剑翔、朱克旺。

在本书即将完成之际,有着诸多的感恩、感想与感叹!我们愈感时代之瞬息万变,稍有懈怠可能就会落后于他人、落后于时代。数字化在不断重塑酒店行业的管理和运营模式,酒店业的创新与可持续发展,必须顺应时代潮流,变革传统的经营管理理念。而这一切,都要首先从教育开始。

衷心希望,我们的这一小步尝试,能够启发、鼓励和带动更多的酒店人加入进来,为中国酒店业高质量专业化人才的培养做出更大的贡献!

编者
2023年2月

参考文献

[1] 谢乙琳.企业组织架构的六大设计原则[J].企业改革与管理,2018,(10):7,31.

[2] 都大明.现代酒店管理[M].上海:复旦大学出版社,2014.

[3] 薛永刚,孙勇兴.酒店服务业规范化管理速查实用百科[M].广州:广东经济出版社,2014.

[4] 李克芳,聂元昆.服务营销学[M].北京:机械工业出版社,2020.

[5] 余呈先,魏遥.服务营销与管理[M].合肥:中国科学技术大学出版社,2015.

[6] Islomion Abdumuhtoroy.从员工的视角看酒店制服如何创造酒店形象和竞争力认知案例研究[D].北京外国语大学,2019.

[7] 王丽梅,周雨莹.酒店员工形象对客人服务感知的影响[J].中外企业家,2018,(24):230.

[8] 宫丽.员工形象:企业的"名片"[J].中国物流与采购,2003,(24):42-43.

[9] 黄锐,谢朝武.压力、状态与响应——疫情危机下酒店员工职业前景认知的组态影响研究[J].旅游学刊,2021,36(09):103-119.

[10] 黄梅香.对企业培训效果不佳的探讨[J].中国商贸,2011,(9):53-54.

[11] 王曼.论酒店安全管理及防范[J].农村经济与科技,2021,32(4):140-141.

[12] 林奕芝,程慧,杨梅,等.深圳市福田区涉大场馆、酒店卫生状况及干预效果分析[J].中国卫生检验杂志,2012,22(4):880-882.

[13] 宁豪丁.大运会接待酒店公共卫生风险因素分析[J].现代预防医学,2013,40(13):2559-2560.

[14] 董静,王亚娟.中国经济型连锁酒店的多市场接触与服务质量[J].经济管理,2019,41(11):157-173.

[15] 钟静.高星级酒店商务顾客感知服务质量研究[J].江苏商论,2010,(11):26-28.

[16] 路雷,冯霈.基于服务蓝图的公务酒店服务质量提升研究——以青海省胜利宾馆为例[J].北京工商大学学报(社会科学版),2014,29(4):102-107.

[17] 张焕勇,李峰,张侠.基于顾客满意度的经济型酒店服务质量评价及提升[J].商业时代,2013,(36):68-69.

[18] 汪晓梅.酒店人力资源管理[M].北京:中国轻工业出版社,2011.

[19] 穆林.互联网时代的酒店管理[M].北京:中国轻工业出版社,2021.

[20] 朱承强,童俊.现代酒店管理[M].4版.北京:高等教育出版社,2021.

[21] 菲茨·西蒙斯.服务管理:运作、战略与信息技术[M].张金成,等,译.北京:机械工业出版社,2010.

[22] 赵莉敏.以客户为中心:服务重塑酒店竞争力[M].北京:人民邮电出版社,2020.

[23] 何越 . 酒店前台接待服务质量提升策略[J]. 当代旅游,2022,10:39-41.

[24] 佟安娜 . 课程思政融入"前厅客房服务与管理"的困境与对策[J]. 当代旅游,2021,35:68-70.

[25] 孙维 . 智能宾馆前台服务系统的研究与设计[J]. 价值工程,2020,17:178-180.

[26] 遇娜 . 基于超星平台的混合式教学课程内涵探索——以《以前厅与客房岗位实务》课程为例[J]. 教育教学论坛,2020,15:375-377.

[27] 孟祥山 . 基于岗位职责的客房服务与管理课程内容分析[J]. 职业教育(中旬刊),2020,2:76-78.

[28] 陈希 . 基于工学结合背景下的实践教学探究——以"客房服务与管理"课程为例[J]. 西部皮革,2022,7:88-90.

[29] 花园园 . 刻意练习法在餐厅服务技能教学中的实践研究[J]. 现代职业教育,2021,39:200-201.

[30] 方晓勤 . 课赛融通模式下"餐饮服务与管理"教学改革探究[J]. 当代旅游,2021,30:91-93.

[31] 李岩 . 关于世界技能大赛餐厅服务项目引领酒店专业发展的研究[J]. 辽宁经济,2022,4:72-77.

[32] 杨柳 . 基于工匠精神的"客房服务技能"课程思政路径与措施[J]. 当代旅游,2021,20:85-87.

[33] 朱轶轶 . 在中职"客房服务与管理"教学中进行思政教育的思考与实践[J]. 文科爱好者(教育教学),2022,1:13-15,24.

[34] 朱宪国 . 基于PDCA循环下的酒店质量检查应用探讨[J]. 中国市场,2021,36:80-81.

[35] 蔡凯鹏 . 高星级酒店餐饮服务质量管理影响因素分析及解决措施[J]. 中国食品,2022,9:130-132.

[36] 王妮娜 . 浅谈度假酒店的安全防范[J]. 现代经济信息,2020,3:25-26.

[37] 曹文豪 . 我国酒店餐饮投诉成因与对策探析[J]. 今日财富,2020,20:87-88.

[38] 朱旺杰,黄娟,姜奕颖 . 高星级酒店顾客投诉处理策略研究[J]. 营销界,2020,30:106-107.

[39] 王蔚,张阳荷,赵添添,等 . 宁波W酒店自助餐厅顾客投诉问题研究[J]. 经济研究导刊,2020,11:111-112.

[40] 戚德志 . 未尽之美:华住十五年[M]. 北京:中信出版社,2021.

[41] 井凉 . 酒店私域流量手册[M]. 北京:旅游教育出版社,2021.

[42] 唐颖 . 酒店服务运营管理[M]. 武汉:华中科技大学出版社,2021.

[43] 李勇,钱晔 . 数字化酒店[M]. 北京:人民邮电出版社,2021.

[44] 菲利普·科特勒,约翰·T鲍文,詹姆斯·C麦肯斯 . 旅游市场营销[M].6版. 谢彦君,

李淼,等,译.北京:清华大学出版社,2017.

[45] 胡质健.酒店收益管理[M].北京:旅游教育出版社,2019.

[46] 菲利普·科特勒,加里·阿姆斯特朗.市场营销[M].16版.楼尊,等,译.北京:中国人民大学出版社,2019.

[47] 熊国钺.市场营销学[M].北京:清华大学出版社,2018.

[48] 黄昕,汪京强.酒店与旅游业客户关系管理[M].北京:机械工业出版社,2021.

[49] 杨峻.营销和服务数字化转型:CRM3.0时代的来临[M].北京:中国科学技术出版社,2020.

[50] 新津春子.不烦不累扫一屋[M].张艳辉,译.南京:江苏文艺出版社,2017.

[51] 陈莹.客房服务与管理[M].2版.北京:高等教育出版社,2019.

[52] 蒋双秀,姚海华,隆晓文.课程思政与实践教学相互融合的路径探索——以客房管理实践教学为例[J].创新创业理论研究与实践,2021,4:43–45.

[53] 桑杰夫·波多罗伊,詹姆斯·A菲茨西蒙斯,莫娜·J菲茨西蒙斯.服务管理(运动、战略与信息技术)[M].9版.张金成,等,译.北京:机械工业出版社,2020.

[54] 王晓迪.人工智能在酒店行业中的发展问题研究[J].现代商贸工业,2022,13:175–176.

[55] 赵立航.企业流程再造中的新流程设计[J].企业改革与管理,2005,11:22–23.

[56] 方丰阳.酒店室内设计常见问题浅析[J].中国住宅设施,2021,11:70–71.

[57] 陶鑫婷.生态设计在酒店室内设计中的应用[J].中国建筑装饰装修,2021,1:84–85.

[58] 滕宝红.仓库管理实操从入门到精通[M].北京:人民邮电出版社,2019.

[59] 王晓均.酒店餐饮精细化管理从入门到精通[M].北京:中国铁道出版社,2021.

[60] 孙娴娴.餐饮服务与管理综合实训[M].3版.北京:中国人民大学出版社,2021.

[61] 登顿,罗列,辛格.酒店资产管理原理与实务[M].杨杰,译.北京:中国旅游出版社,2012.

[62] 郑向敏.酒店管理[M].4版.北京:清华大学出版社,2019.

[63] 匡仲潇.现代酒店成本管理与控制实战宝典[M].北京:化学工业出版社,2020.

[64] 刘红专.客房服务与管理[M].2版.桂林:广西师范大学出版社,2021.

[65] 雷明化,郭建华.客房服务与管理[M].2版.北京:中国人民大学出版社,2019.

[66] 刘颖,吴素君.前厅客房服务与管理[M].北京:高等教育出版社,2020.

[67] 李肖楠,刘艳,胡顺利,等.全新酒店前厅运营与管理[M].北京:化学工业出版社,2022.

[68] 陈宇翔.酒店管理中的成本管控要项浅谈[J].财会学习,2017,(8):110,112.

[69] 廖建华.前厅服务与管理[M].北京:清华大学出版社,2021.

[70] 李聪媛.前厅与客房运营管理[M].北京:机械工业出版社,2021.

[71] 姚君虹.酒店营销实务[M].昆明:云南美术出版社,2020.

［72］ 孙梦阳,赵晓燕.酒店市场营销实务［M］.4 版.北京:北京航空航天大学出版社,2022.

［73］ 陈学清,徐勇.酒店市场营销［M］.2 版.北京:清华大学出版社,2018.

［74］ 张胜男,何飞,李宏.酒店管理信息系统［M］.武汉:华中科技大学出版社,2019.

［75］ 章勇刚,沙绍举.Opera 应用教程［M］.北京:中国人民大学出版社,2019.

［76］ 曾琳,朱承强.现代酒店营销实务［M］.2 版.武汉:华中科技大学出版社,2021.

［77］ 邓俊枫.酒店市场营销［M］.北京:清华大学出版社,2020.

［78］ 李安琪.汕头市某五星级酒店营销策略分析及改进研究［J］.现代营销(下旬刊),2018,(5):68-69.

［79］ 成荣芬,黄舒拉.酒店市场营销［M］.2 版.北京:中国人民大学出版社,2020.

［80］ 吴业山.酒店工程管理［M］.北京:中国旅游出版社,2018.

［81］ 孔庆辉.某酒店智能化项目工程质量管理研究［D］.东北石油大学,2017.

［82］ 刘巍,陈小龙.基于 OBE-CDIO 的《现代酒店智能化系统工程》课程教学改革［J］.长江工程职业技术学院学报,2022,39(1):45-47,57.

［83］ 周辉,孙爱民,印伟.酒店安全管理实务［M］.南京:南京大学出版社,2020.

［84］ 王璐,郑向敏,李勇泉.酒店安全事件认知及其演变分析——基于五星级酒店卫生安全事件［J］.旅游研究,2019,11:61-74.

［85］ 皮常玲,焦念涛,郑向敏.酒店安全控制与管理［M］.3 版.重庆:重庆大学出版社,2021.

［86］ 邝美莲.写作课［M］.哈尔滨:北方文艺出版社,2020.

［87］ 刘伟.酒店前厅管理［M］.重庆:重庆大学出版社,2018.

［88］ 王凤生.做最成功的酒店职业经理人［M］.北京:中国旅游出版社,2017.

［89］ 孙燕.如何做好酒店的质检工作［J］.中国经贸,2014,(5):95,135.

［90］ 刘文澔.Y 连锁酒店公司会员精准营销研究［D］.中国地质大学(北京),2017.

［91］ 陆凤杨.T 公司业务服务化营销战略研究［D］.苏州大学,2016.

郑重声明

读者意见反馈

为收集对教材的意见建议,进一步完善教材编写并做好服务工作,读者可将对本教材的意见建议通过如下渠道反馈至我社。

咨询电话　400-810-0598
反馈邮箱　gjdzfwb@pub.hep.cn
通信地址　北京市朝阳区惠新东街4号富盛大厦1座
　　　　　高等教育出版社总编辑办公室
邮政编码　100029

责任编辑:张卫

高等教育出版社　高等职业教育出版事业部　综合分社
地　　址:北京市朝阳区惠新东街4号富盛大厦1座19层
邮　　编:100029
联系电话:(010)58582742
E-mail:zhangwei6@hep.com.cn
QQ:285674764
(申请配套教学资源请联系责任编辑)